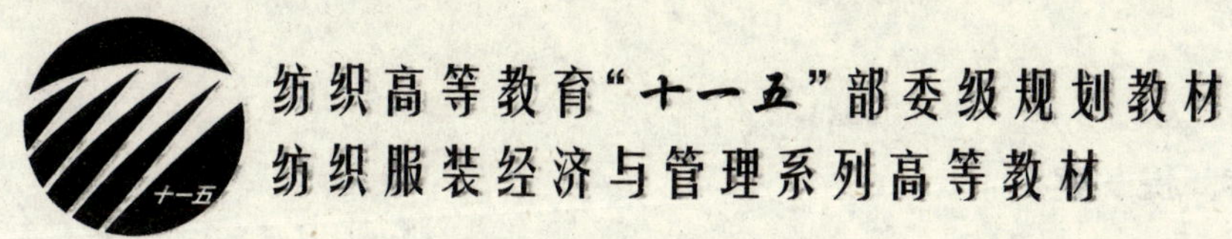

纺织服装贸易概论

王建坤　主　编
祖倚丹　副主编

中国纺织出版社

内 容 提 要

本书主要包括纺织服装贸易体制和政策、纺织服装贸易实务、纺织服装贸易案例与分析三大部分。在前两部分，详细介绍了纺织服装国际贸易的相关体制、相关协议、国际贸易格局、竞争力和发展战略以及国际贸易术语、纺织服装贸易的准备和磋商、合同的签订和履行；在最后，列举了多个纺织服装国际贸易案例并进行了分析。全书内容丰富、数据翔实、视角独特。在与本书配套的教学资源中，有教学课件和中英文对照的常用贸易术语/词汇，以方便学习和使用。

本书可供高等院校纺织工程专业、服装设计与工程专业、纺织与服装贸易专业以及相关国际贸易专业的学生使用，亦可供从事纺织服装贸易、销售、检测以及工程技术的相关人员参考。

图书在版编目（CIP）数据

纺织服装贸易概论/王建坤主编.—北京：中国纺织出版社，2009.10

纺织高等教育“十一五”部委级规划教材

纺织服装经济与管理系列高等教材

ISBN 978-7-5064-5937-2

Ⅰ.纺… Ⅱ.王… Ⅲ.①纺织品-对外贸易-高等学校-教材②服装-对外贸易-高等学校-教材 Ⅳ.F746.81

中国版本图书馆CIP数据核字（2009）第161410号

策划编辑：崔俊芳　责任编辑：赫九宏　责任校对：陈　红

责任设计：李　然　责任印制：何　艳

中国纺织出版社出版发行

地址：北京东直门南大街6号　邮政编码：100027

邮购电话：010—64168110　传真：010—64168231

http://www.c-textilep.com

E-mail:faxing@c-textilep.com

中国纺织出版社印刷厂印刷　三河市永成装订厂装订

各地新华书店经销

2009年10月第1版第1次印刷

开本：787×1092　1/16　印张：13.75

字数：291千字　定价：38.00元

出版者的话

全面推进素质教育，着力培养基础扎实、知识面宽、能力强、素质高的人才，已成为当今本科教育的主题。教材建设作为教学的重要组成部分，如何适应新形势下我国教学改革要求，与时俱进，编写出高质量的教材，在人才培养中发挥作用，成为院校和出版人共同努力的目标。2005 年 1 月，教育部颁发了教高[2005]1 号文件“教育部关于印发《关于进一步加强高等学校本科教学工作的若干意见》”（以下简称《意见》），明确指出我国本科教学工作要着眼于国家现代化建设和人的全面发展需要，着力提高大学生的学习能力、实践能力和创新能力。《意见》提出，要推进课程改革，不断优化学科专业结构，加强新设置专业建设和管理，把拓宽专业口径与灵活设置专业方向有机结合。要继续推进课程体系、教学内容、教学方法和手段的改革，构建新的课程结构，加大选修课程开设比例，积极推进弹性学习制度建设。要切实改变课堂讲授所占学时过多的状况，为学生提供更多的自主学习的时间和空间。大力加强实践教学，切实提高大学生的实践能力。区别不同学科对实践教学的要求，合理制定实践教学方案，完善实践教学体系。《意见》强调要加强教材建设，大力锤炼精品教材，并把精品教材作为教材选用的主要目标。对发展迅速和应用性强的课程，要不断更新教材内容，积极开发新教材，并使高质量的新版教材成为教材选用的主体。

随着《意见》出台，教育部组织制订了普通高等教育“十一五”国家级教材规划，并于 2006 年 8 月 10 日正式下发了教材规划，确定了 9716 种“十一五”国家级教材规划选题，我社共有 103 种教材被纳入国家教材规划。在此基础上，中国纺织服装教育学会与我社共同组织各院校制订出“十一五”部委级教材规划。为在“十一五”期间切实做好国家级及部委级本科教材的出版工作，我社主动进行了教材创新型模式的深入策划，力求使教材出版与教学改革和课程建设发展相适应，充分体现教材的适用性、科学性、系统性和新颖性，使教材内容具有以下三个特点：

（1）围绕一个核心——育人目标。根据教育规律和课程设置特点，从提高学生分析问题、解决问题的能力入手，教材附有课程设置指导，并于章首介绍本章知识点、重点、难点及专业技能，增加相关学科的最新研究理论、研究热点或历史背景,章后附形式多样的思考题等,提高教材的可读性,增加学生学习兴趣和自学能力,提升学生科技素养和人文素养。

(2)突出一个环节——实践环节。教材出版突出应用性学科的特点,注重理论与生产实践的结合,针对性地设置教材内容,增加实践、实验内容。

(3)实现一个立体——多媒体教材资源包。充分利用现代教育技术手段,将授课知识点制作成教学课件,以直观的形式、丰富的表达充分展现教学内容。

教材出版是教育发展中的重要组成部分,为出版高质量的教材,出版社严格甄选作者,组织专家评审,并对出版全过程进行过程跟踪,及时了解教材编写进度、编写质量,力求做到作者权威,编辑专业,审读严格,精品出版。我们愿与院校一起,共同探讨、完善教材出版,不断推出精品教材,以适应我国高等教育的发展要求。

中国纺织出版社

教材出版中心

纺织服装经济与管理系列高等教材
编写委员会

（按姓氏笔画排序）

Foreword

前 言

纺织工业是世界工业发展史上率先走上社会化大生产的先导产业，国际纺织服装的生产和贸易几乎和人类文明的发展是同步的。我国纺织工业的发展经过了古代“丝绸之路”的辉煌，在新中国成立后，我国的纺织生产和贸易得到了极大的发展，成为我国国民经济中重要的支柱产业、民生产业和出口创汇产业，是具有国际竞争力的产业，为我国的经济建设、外汇储备和社会繁荣稳定做出了贡献，对世界纺织经济和国际贸易的发展起到了不可替代的作用，使我国成为名副其实的世界纺织大国。进入21世纪以来，我国的纺织服装产业更是释放出前所未有的活力，但发展中也凸显出一些不足和问题。这些不足与问题一部分是来自外部国际环境的，如各种旨在限制我国纺织品服装出口的措施、法规、标准等；而另一部分则来自我们自身，如产业结构、产品结构亟待调整和提升，出口方式急需转变，产业地域发展不平衡等。为此，我国政府出台了一系列调整和振兴的政策措施和保障条件。所有这些，需要我们认真学习和深入研究，掌握其实质，并能灵活运用，为把纺织大国建设成为纺织强国出力。为此，编者在多年教学科研积累的基础上编写了本书。

本书分为绪论、纺织服装贸易体制和政策（上篇）、纺织服装贸易实务（中篇）和纺织服装贸易案例与分析（下篇）四部分。

在绪论部分，介绍了新中国成立后我国纺织服装生产和贸易的快速发展以及2009～2011年的规划目标；在上篇纺织服装贸易体制和政策部分，介绍了纺织服装国际贸易的相关体制以及与我国纺织服装贸易的相关协议，分析了国际纺织服装贸易格局、中国纺织服装贸易竞争力和发展战略，并从多方面阐述了提高我国纺织服装国际竞争力的发展战略，阐述了多种纺织服装贸易壁垒及其应对之策；在中篇纺织服装贸易实务部分介绍了纺织服装国际贸易术语、纺织服装贸易的准备和磋商以及纺织服装贸易合同的签订和履行；在最后列举了多个纺织服装国际贸易案例并进行了分析。

全书内容丰富、数据翔实、视角独特，紧密结合当今我国纺织服装产业的发展，对国际纺织服装贸易格局和中国纺织服装贸易竞争力与发展战略进行了分析。在每章前有本章知识点,在每章后配有思考题,在与本书配套的教学资源中附有教学课件和常用贸易术语/词汇的中英文对照,以方便学习和使用。

本书由王建坤任主编,祖倚丹任副主编。绪论、第三章第一节、第四章由天津工业大学纺织学院王建坤编写,第五章第四节由天津工业大学纺织学院王建坤、嘉兴学院服装与艺术设计学院裘玉英编写,第二章、第五章第一节、第二节、第三节、第八章第一节由河北科技大学纺织服装学院祖倚丹编写,第一章、第三章第二节、第三节、第六章由天津工业大学纺织学院张璐编写,第七章由西安工程大学服装与艺术设计学院梁建芳编写,第八章第二节由天津工业大学经济学院马晓红编写,下篇由天津工业大学经济学院马晓红、河北科技大学纺织服装学院祖倚丹编写。教学课件由王建坤、祖倚丹、张璐、梁建芳、马晓红制作,常用贸易术语/词汇中英文对照由张璐编写。在本书的编写过程中,天津工业大学纺织学院硕士研究生赵小平在资料的收集、整理等方面做了大量的工作。本书参考了天津工业大学纺织工程专业部分本科生的毕业论文,大量近期发表的中外期刊、图书等文献资料以及相关中外网站发布的数据等,并在每一章的后面列出了一些主要的参考文献资料,在此,对参考文献的作者和帮助过本书编写出版的所有人员表示衷心地感谢。

由于书中所涉及的内容新、范围广,加之编者水平有限,书中难免存有不足之处,希望广大读者给予批评指正。

编　者

2009 年 5 月

课程设置指导

本课程设置意义 “纺织服装贸易概论”课程主要涉及国内外纺织品服装贸易政策与体制、国际贸易术语、合同条款、合同的签订和履行、贸易方式等有关进出口的相关内容，是一门理论联系实际、政策性、专业性、应用性较强的专业学科，要求结合我国涉外经济活动的实务，力求正确阐述和介绍纺织品服装贸易的相关政策、体制、发展战略和基本专业实务。

本课程教学建议 “纺织服装贸易概论”课程作为纺织工程专业“纺织服装贸易”“纺织品商务与检测”等方向的主干课程，建议60课时，每课时讲授字数建议控制在4000字以内，教学内容包括本书全部内容。

纺织工程专业，其他专业方向，如“纺织科学与技术”“纺织品设计与应用”“家用纺织品设计与工艺”等方向以及有关染整、服装和相关贸易类专业作为必修课，建议学时45课时，每课时讲授字数建议控制在4000字以内，选择与专业有关内容教学。

本课程教学目的 通过本课程的学习，学生应掌握我国与国际纺织品服装贸易政策与相关体制，我国纺织品服装贸易管理体制及竞争力与发展战略、国际贸易壁垒、国际贸易术语、贸易合同的签订和履行等知识。

Contents
目录

上篇　纺织服装贸易政策与体制

中篇　纺织服装贸易实务

下篇　纺织品服装贸易案例与分析

绪论　中国纺织服装生产与贸易的发展

国际纺织服装生产的发展经历了从原始手工纺织、手工机械纺织到大工业化纺织的漫长历程。世界不同国家和地区开始纺织生产的时间不同,大约在公元前5000年,世界文明发祥地就已出现了纺织生产。

我国的纺织工业经过了古代"丝绸之路"的辉煌,在近代中国100多年的历史进程中,纺织生产的历史是引进、消化和推广西方近代纺织技术的历史,也是近代纺织大工业在我国形成的历史,这一段历史同我国的社会发展史相同,历经沧桑,经历了曲折的发展进程。

一、新中国纺织生产的发展

新中国成立后,我国的纺织生产和贸易得到了极大的发展,成为我国重要的民族支柱产业和出口创汇产业,为我国的经济建设、外汇储备和社会稳定等做出了杰出的贡献,对世界纺织经济和国际贸易的发展起到了不可替代的作用。目前,我国已成为世界纺织大国。

21世纪以来,我国纺织工业规模成倍增长。2000~2007年,纺织加工总量增加1.6倍(从1360万吨增加到3530万吨),平均年增长率15%;纺织工业总产值增加2.4倍(从0.89万亿元增加到3.1万亿元),平均年增长率19.5%;化纤产量增加2.5倍(从695万吨增加到2413万吨),平均年增长率20%;纱产量增加2.1倍(从660万吨增加到2068万吨),平均年增长率18%;我国纺织加工总量已占世界的44.84%(3530万吨/7872万吨)。纺织出口增加2.4倍(从521亿美元增加到1756亿美元)。运行质量不断提高,规模以上企业的利润总额增加1.3倍,劳动生产率增长1.5倍。技术和装备水平也明显提升,其中棉纺织业先进装备占有率达到65%。

我国的纺织工业已拥有许多高新技术设备。如喷气织布机的入纬、打纬、提综每分钟高达1500~2000次;气流纺纱机的纺杯速度每分钟高达16万转;每台自动络筒机各个锭位的自动接头、自动清纱,由几十个"小机器人"完成;化纤超细纤维的线密度(纤度)为0.0005dtex,并已实现了产业化。

下页图1~图6中的数据充分说明了新中国成立之后,我国的纺织生产和贸易发展情况。

(一)纺织纤维加工总量(图1)

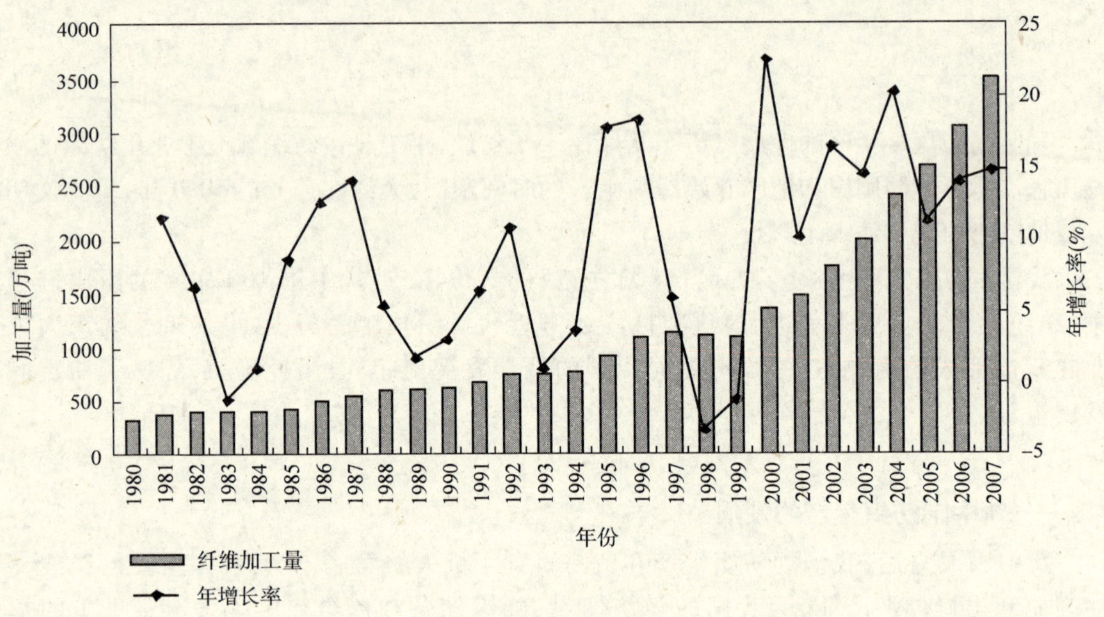

图1　1980~2007年我国纺织纤维加工总量变化

(二)棉纺工业生产能力(图2)

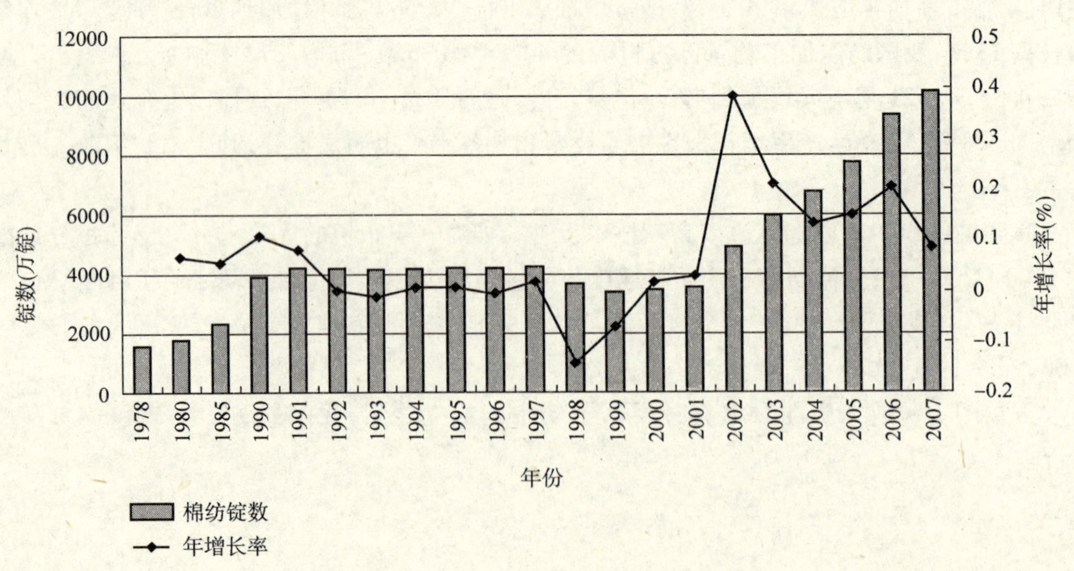

图2　1978~2007年我国棉纺工业产能变化

(三)化学纤维产量(图3)

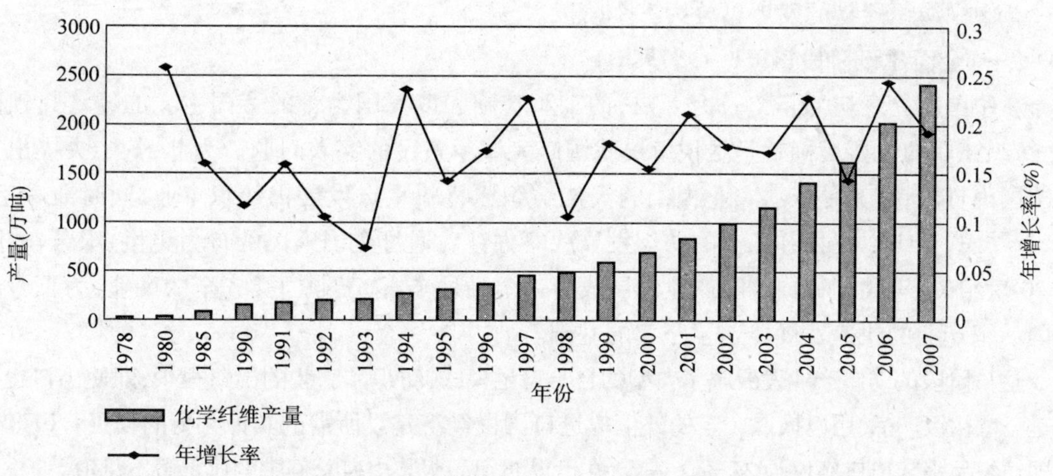

图3　1978～2007年我国化学纤维产量变化

(四)产业用纺织品产量(图4)

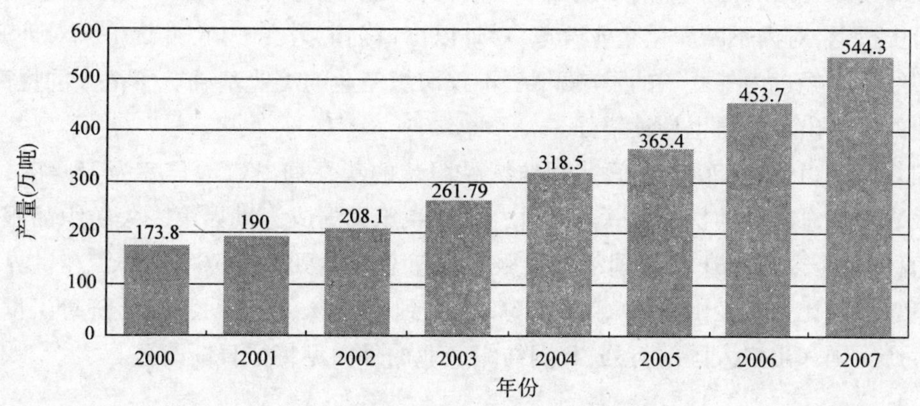

图4　2000～2007年我国产业用纺织品产量变化

(五)家纺行业产值(图5)

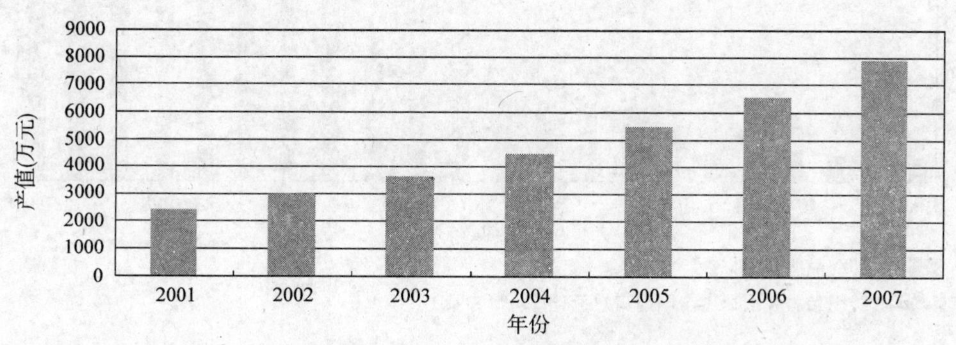

图5　2001～2007年我国家纺行业产值变化

二、新中国纺织贸易的发展

新中国纺织贸易的发展可分为三个阶段。

（一）全面建设阶段（1950～1979年）

新中国成立之初，面对“一穷二白”的工业基础和以美国为首的帝国主义的经济封锁政策，纺织产业的首要目标就是尽快解决我国广大城乡人民的穿衣问题。为此，党中央提出立足于国内资源，尤其是依靠农业提供的天然纺织原材料重点发展棉纺织工业，同时兼顾毛、麻、丝纺织、针织以及化纤工业的纺织发展战略方针。通过全国人民的自力更生、艰苦奋斗，到20世纪70年代末我国纺织产业发展成为一个品种丰富、工业门类齐全的产业，为下一步我国纺织产业的快速发展奠定了坚实的基础。

这一阶段的纺织产业发展属于典型的自给自足模式，纺织品服装的出口很少，即使出口也主要是一些初级产品，用以换取一定的外汇以进口国民经济建设所需的其他必要的物资。1978年我国纺织品服装出口额仅为24.3亿美元，在世界纺织品服装出口总额中的比重微不足道。

（二）快速发展阶段（1980～2001年）

20世纪80年代以后的改革开放，使我国纺织产业的发展驶入了一个新的快车道，纺织产业的发展模式开始从内需导向型向出口导向型转变。这一时期的纺织产业抓住我国改革开放的历史机遇，对内不断深化企业改革，对外以出口创汇为突破口，继续扩大对外开放，发展外向型经济。经过内外并举的发展思路，不仅纺织产业的工业基础有了很大的提高，同时纺织产业的外贸出口能力也持续增强。

如图6所示，1980～2001年间我国纺织品服装的年平均出口增长率为15.4%，在世界纺织品服装出口总额中的份额也一直攀升，到1994年我国成为世界第一大纺织品服装出口国，并一直保持至今。2001年我国纺织品服装出口总额达到534.76亿美元，在世界纺织品服装出口总额的比重已经由1980年的4.6%上升到15.7%，这说明我国已跻身于世界纺织品服装生产大国和出口大国的行列，我国纺织产业的外向型特征日渐凸显。

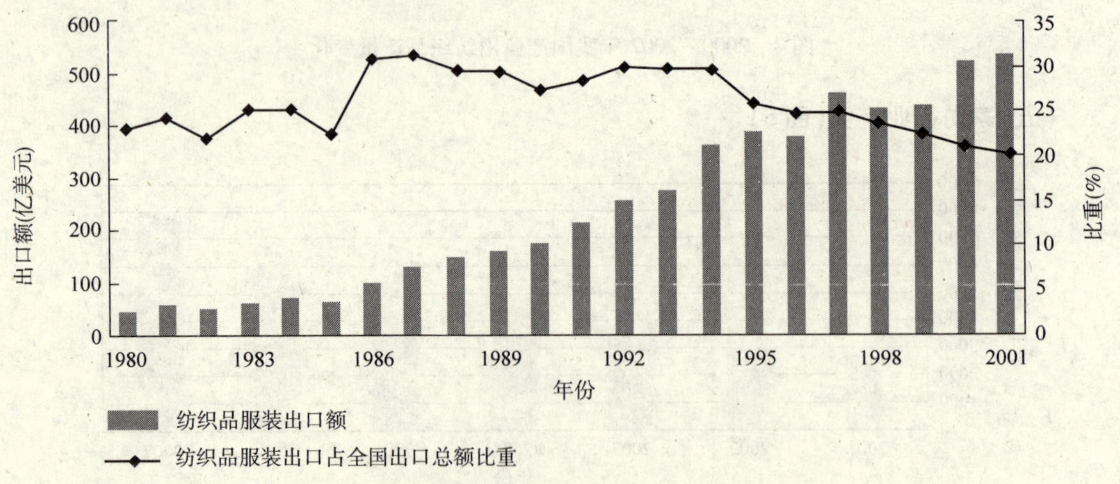

图6　1980～2001年我国纺织品服装出口情况统计

注　图1～图6数据均来源于我国纺织工业协会。

(三)全面提升阶段(2002 年以来)

2002 年以后我国正式以世界贸易组织(WTO)成员国的身份参与国际贸易与国际事务。“入世”给我国纺织产业发展增添了新的活力,带来了无限商机。首先,“入世”大大减轻了配额对我国纺织品服装出口的束缚,使我国纺织产业可以在更加自由的空间里参与国际纺织品竞争,使我国在欧、美、加等纺织品设限国家和地区的出口能力大大增强。其次,我国纺织产业可以在国内、国外两个市场上更好地发挥自身的劳动力成本优势、纺织原料供给优势、生产加工优势、上下游产业配套优势以及综合成本优势。广阔的发展空间使我国纺织产业能够更好地参与国际分工,分享专业生产的高效、优质和规模经济效益。最后,国际门户的开放给我国纺织产业提供了更多学习国际先进生产技术、国际营销经营和品牌经营之道的机会,使我国的纺织品服装产业在品种、档次、工艺、设计以及环保等方面得到了全面提升,加快了我国纺织产业经济体制改革的步伐,促进了我国纺织产业竞争优势的进一步形成。但与此同时,我国纺织品服装在国际贸易中的摩擦和产生的纠纷也随之迅速增多。因此,如何应对和解决贸易纠纷,使我国纺织品服装贸易健康、稳定、持续发展成为我国纺织品服装贸易中的重要课题。

总之,“入世”大大扩展了我国纺织产业的发展空间,促进了我国纺织产业的全面提升和快速发展,尤其是我国纺织品服装的出口能力得到了很大提升。2007 年我国纺织品服装出口总额为 1756 亿美元,2008 年为 1852 亿美元。2002 ~ 2008 年平均年增长率为 18.9%,是全国商品出口总额的 14%,世界纺织品服装出口总额的 30%,约占全国产量的 27% 左右。从 2002 ~ 2008 年,我国纺织出口顺差 7920 亿美元,是全国贸易顺差的 83%;纺织出口的价格指数提高了 27%。2002 ~ 2008 年我国与世界纺织品服装出口比较如下表所示。

2002 ~ 2008 年我国与世界纺织品服装出口比较

年份	中国纺织品服装出口		世界纺织品服装出口		中国占世界出口(%)
	出口额(亿美元)	增长率(%)	出口额(亿美元)	增长率(%)	
2002	619	15.69	3573	5.01	17.31
2003	790	27.64	4050	13.32	19.50
2004	953	20.64	4528	11.28	21.04
2005	1150	20.73	4790	5.90	24.02
2006	1440	25.15	5300	9.62	27.16
2007	1756	21.97	5834	10.08	30.10
2008	1852	5.47	6173	5.81	30.00

数据来源:WTO 统计数据库。

三、2009 ~ 2011 年的规划目标

(一)继续保持平稳增长

纺织工业产值从 2007 年的 8126 亿美元增加到 2011 年的 12000 亿美元,年增长 10%;

出口从2007年的1756亿美元增加到2011年的2400亿美元,年增长8%,主要以水平、质量取胜,而非以量取胜。

(二)继续优化产业结构

纺织产业结构从2007年的服装、家纺、产业用比例52:33:15调整到2011年的49:32:19;中西部纺织产值比重从2007年的14%增加到2011年20%;自主品牌出口比重从2007年的10%增加到2011年的20%。

(三)提高科技支撑力

碳纤维等高性能纤维实现产业化;生物质溶剂法纤维素纤维等高技术纤维实现产业化;国际先进水平装备的比重由2007年的30%提高到2011年50%;劳动生产率由2007年的7.4万元/人提高到2011年的11万元/人,年增长10%。

(四)节能减排

单位能耗年均降幅5%,水耗年均降幅7%,污水排放年均降幅7%。

(五)淘汰落后产能

随着科技进步、技术改造,淘汰高污染、高耗能、高耗水、技水平低和老化陈旧应予退役的设备(包括印染、化纤、棉纺、毛纺等)。

思考题

分析现阶段我国纺织服装产业的发展和现状。

参考文献

[1]王丽萍.我国纺织品服装进出口贸易发展历程(一)[J].纺织科技进展,2007(6):5-6.

[2]王丽萍.我国纺织品服装进出口贸易发展历程(二)[J].纺织科技进展,2008(1):23-25.

[3]张其伟.我所认识的中国纺织工业[J].中国纺织,2008(10):60-61.

上篇　纺织服装贸易政策与体制

第一章　纺织品服装国际贸易相关体制

本章知识点

1. 纺织品服装贸易相关国际协议与组织。
2. 与中国纺织品服装贸易相关的协议。
3. 中国纺织工业发展与世界贸易组织。

第一节　相关纺织品服装贸易协议和组织

一、关税与贸易总协定与世界贸易组织

(一)关税与贸易总协定(GATT)

1. *关税与贸易总协定简史* 1943 年,由于美国一心要在“二战”结束后树立自己在全球经济贸易中的主导地位,便在国际上提议成立一个旨在减少贸易进出口关税,促进不同国家间贸易自由化的国际经济贸易组织。1944 年,在美国召开的国际货币与金融会议上,建议成立国际货币基金组织、世界银行和国际贸易组织。1945 年,美国随即向成立不久的联合国经社理事会提出召开世界贸易和就业会议的建议,并同时起草了《国际贸易组织宪章(草案)》。1946 年 2 月联合国经社理事会通过了这一建议,并成立了筹备委员会。1947 年 4 月,各成员国和地区在瑞士的日内瓦市召开了关税减让谈判会议,作为会议的一项重大结果,各成员国和地区签订了 123 项关税减让协议。1947 年 10 月,《国际贸易组织宪章》出台,然而,由于以美国为首的一些国家认为该宪章与其相关法律相抵触,因此这个组织的发起最终未能成功。为了最终达到促进世界贸易自由化,扩大经贸合作,减少贸易关税的目的,各成员国和地区将在关税减让谈判中取得的协定和《哈瓦那宪章》中的有关贸易政策统合在一起,制定了《关税与贸易总协定》(General Agreement of Tariffs and Trade,简称 GATT),并于 1948 年 1 月 1 日起开始实施,共有 23 个国家和地区作为 GATT 的创始缔约国签署了这个协议。

“充分利用世界资源,扩大商品生产和交换,促进各缔约国的经济贸易发展,彼此减让关税,取消其他贸易壁垒和消除国际贸易上的差别待遇”成为 GATT 的宗旨。该协定的基本原则是无差别对待与非歧视原则,它要求每个缔约成员给予任何一个成员的关税减免或其他贸易上的优惠原则,其他缔约成员都自动地、无条件地享有;互惠和对等的关税减让原则;公

平贸易原则；关税递减原则；关税为唯一保护手段原则，即不允许采用非关税手段保护本国的产业。此外，还有一些例外条款，如允许发展中国家关税制度有较大的弹性；允许发展中国家在一定限度内进行补贴等。

值得一提的是，中国也是 GATT 的创始缔约成员之一。1950 年，台湾当局非法以中国名义退出 GATT。1986 年 7 月，中国政府正式提出要求恢复其 GATT 缔约成员的申请。然而，尽管中国政府为此做出了巨大的努力，但由于一些发达国家的百般阻挠，中国始终未能恢复其在 GATT 的成员身份。

2. GATT 与纺织品服装贸易　在 20 世纪 60 年代以前，同其他种类货物贸易一样，纺织品和服装贸易亦在 GATT 的框架范围之内，享受着贸易自由化的优惠政策。进入 20 世纪 60～70 年代，美国等发达国家和地区的纺织品和服装贸易进口关税先后有较大幅度的下降。然而 20 世纪 70 年代之后，由于发展中国家纺织品和服装工业的高速发展，发达国家的贸易保护主义又逐渐抬头，开始对来自发展中国家的纺织品和服装贸易的进口实施限制，非关税壁垒手段的使用层出不穷。1959 年，美国在 GATT 第 15 次缔约国大会上首次提出了所谓“市场扰乱”概念，并声称由于少数几项商品在短期内的大量进口将会在政治、经济和社会三个方面对进口国造成严重后果；为消除这种对现有市场突然、大量的涌入而对进口国造成的不利影响，将纺织品和服装贸易作为 GATT 的例外。美国提出 GATT 应当允许进口国采取相应措施。在 1960 年 11 月，GATT 缔约国大会承认了美国提出的“市场扰乱”理论，开始了发达国家对纺织品和服装贸易进口实施限制的时代，也为发达国家采取进口贸易保护性措施提供了法规依据。自此，纺织品服装国际贸易逐渐由多边调节向双边安排的方向发展，并长期游离于 GATT 规则之外。

1961 年，GATT 设立了棉纺织品委员会。在美国的提议和推动下，16 个主要的纺织品贸易国家和地区签订了有史以来第一个国际多边棉纺织品协议，即《国际棉纺织品贸易短期安排》，并于 1961 年 10 月正式开始实行。《国际棉纺织品贸易短期安排》的有效期为 1 年，其主旨是寻找一种限制出口国的限制，以避免增加对进口国产生市场扰乱，控制并使纺织品有秩序地进入实行限制的市场。然而，由于纺织品国际贸易国众多且各有各的利益集团，因此该问题不可能在仅仅 1 年时间内解决，在此情况下，各纺织品进出口国在 GATT 纺织品委员会的主持下，制定了有效期为 5 年的《国际棉纺织品贸易长期安排》，该安排从 1962 年 10 月 1 日开始实施。相对于之前的短期安排，长期安排的范围几乎扩大到所有的纺织品贸易国，对全部棉纺织品都实行了有选择的歧视性限制。《国际棉纺织品贸易长期安排》到期后，又延长了两次，并且每次都使实行限制和被限制的国家的数目有所增加。

（二）世界贸易组织

1. 世界贸易组织（WTO）与 GATT　世界贸易组织与 GATT 是不同的。应当说，前者在后者的基础上又增加了更多的内容。GATT 有两层含意，首先它是一个国际性的协议，包含了从事国际贸易所应遵守的规则；同时它又指随后建立的用以支持该协议的国际性组织。世贸组织取代 GATT 之后，GATT 作为一项国际性协议仍然存在，但已不再是国际贸易的主要规则。现在,GATT已成为新的世贸组织的一部分,其内容已被更新。

世贸组织与GATT的主要区别是:前者拥有"成员",后者拥有"缔约国",只是一个法律文本,且是临时性的;前者争端解决机制与后者体制相比,速度更快,做出的裁决不会受到阻挠;另外,前者除包含一般意义上的货物贸易外,还涉及服务贸易和知识产权,而后者只涉及货物贸易。

2. 世界贸易组织 1995年1月1日世界贸易组织正式宣告成立,并正式采用了"世界贸易组织"的英文缩写WTO这个名字,其全称World Trade Organization。世界贸易组织又称世贸组织。世贸组织与世界银行、国际货币基金组织被并称为当今世界经济体制的"三大支柱",也被称做经济联合国。

世贸组织是约束其各成员贸易行为、保证多边贸易体制正常运行的组织。其规则由1个前言、16个条款以及4个附件构成。世贸组织的基本职能是:制订和规范国际多边贸易规则,解决成员之间的贸易争端,组织多边贸易谈判。其宗旨是提高人们的生活水平,保证充分就业,大幅度和稳定地增加实际收入和有效需求,扩大货物和服务的生产与贸易,按照可持续发展的目的,最优运用世界资源,保护环境,并以不同经济发展水平下各自需要的方式,加强采取各种相应的措施;积极努力,确保发展中国家,尤其是最不发达国家在国际贸易增长中获得与其经济发展需要相称的份额。

世贸组织的根本宗旨是建立一个完整的、永久性的多边贸易体制,以巩固关贸总协定为贸易自由化所作的努力。各成员应通过互惠互利的安排,切实降低关税和其他贸易壁垒,在国际贸易中消除歧视性差别待遇。

根据相关资料,世贸组织的一些法律条规是以GATT所确定的一些法律基本原则为基础而制定的,下面介绍一些基本的条规。

(1)世贸组织的公平竞争与贸易原则。各成员的出口贸易商不得采取不公平的贸易手段,进行或扭曲国际贸易竞争,尤其不能采取倾销和补贴的方式在他国销售产品。世贸组织强调,以倾销或补贴方式出口本国产品,给进口方国内工业造成实质性损害,或有实质性损害威胁时,该进口方可以根据受损的国内工业的指控,采取反倾销和反补贴措施。同时世贸组织强调,反对成员滥用反倾销和反补贴措施达到其贸易保护的目的。

(2)世贸组织的非歧视性贸易原则。该原则中有最惠国待遇原则,是指如果一方成员给予另一方成员某种优惠的贸易待遇,它就应该"立即、无条件地"将同样的优惠待遇扩展到所有世贸组织其他成员,以保证没有任何成员受到"歧视性"待遇。非歧视性贸易原则还包括国民待遇原则,该原则规定世贸组织成员禁止在税收或其他方面对国外商品进行歧视,该国与贸易相关的法律规则不应当对本国产品提供照顾致使对国外产品产生不公平的影响。

(3)世贸组织的透明度原则。该原则要求其各成员必须及时公布有关管理对外贸易的各项法律、法规、司法判决、行政规章等,这样其他成员和贸易经营者才能对其贸易政策等做到及时了解、掌握;各成员政府之间或政府机构之间签署的影响国际贸易政策的现行协定和条约也应及时对外公布。

(4)世贸组织的关税减让原则。关税减让谈判一般在产品主要供应国与主要进口国之间进行,其他国家也可参加。双边减让的谈判结果,其他成员可按照前文提到的最惠国待遇原则,不经谈判而适用。

(5)世贸组织的“国有贸易企业”原则。世贸组织成员的国有贸易企业在进行有关进出口的购买或销售时,应只以商业上的考虑作为标准,并为其他成员企业提供参与这种购买或销售的充分竞争机会。

(6)世贸组织的一般禁止数量限制原则。世界贸易组织仅允许其成员进行“关税”保护,而禁止应用其他非关税壁垒在国际贸易中,尤其是以配额和许可证为主要方式的“数量限制”。但禁止数量限制也有一些例外,一种是国际收支困难的国家被允许实施数量限制,另一种是发展中国家的“幼稚工业”也被允许加以保护。

可以说,世贸组织秉承了GATT所规定的“协商一致”原则。因为,在需要真实反映国际贸易体制的实际情况时,“一国一票”的决策机制不能达到很好的效果。众所周知,美国、欧盟等发达国家和地区在世界贸易额中占了很大比重,为了维持多边贸易体制,必须反映这些国家和地区的意见和情况,而单纯的多数票制并不能做到这一点。在这方面,“协商一致”的决策机制较好地做到了真实反映各成员的贸易利益并为之提供了利益保障的作用。当然,在期限内所协商的问题无法达成一致的情况下,世贸组织才会通过“一国一票”的方式对问题进行投票表决。

二、《多种纤维协定》(MFA)

(一)《多种纤维协定》概念

为了解决一揽子多种纤维产品的贸易争端问题,GATT纺织品委员会在1972年成立了一个工作组,42个纺织品贸易国经过艰苦的谈判,达成了《国际纺织品贸易协议》,亦称《多种纤维协定》(Multi Fiber Agreement,简称MFA)。《多种纤维协定》于1974年1月1日正式生效,有效期为4年,该协议适用范围涉及棉、羊毛、再生纤维及其制品。《多种纤维协定》是纺织品进出口国之间签订双边纺织品贸易协议的重要依据。同时,GATT为了监督《多种纤维协定》的实施,建立了两个机构,即“关税及贸易总协定纺织品委员会”和“纺织品监督机构”。

《多种纤维协定》的宗旨是扩大世界纺织品贸易,减少贸易障碍与摩擦;有条不紊地进行纺织品国际贸易,避免出口国和进口国相关工业与经济受到破坏性影响;促进发展中国家的经济和社会发展,保障他们的收入显著增加,并为他们提供更多的纺织品国际贸易机会。

(二)《多种纤维协定》的主要条款

1.《多种纤维协定》中的“市场扰乱”条款　“市场扰乱”条款是指当进口国认为它受到市场扰乱,损害了其国内生产时,应先与有关出口国进行磋商,尽可能在两国之间采取措施,消除扰乱。若60天之内双方就限制出口要求或其他可选择的解决办法均未能达成协议的情况下,进口国可单方面实施进口数量限制措施,但这些措施必须是临时性的且限制时间不得超过1年。

2.《多种纤维协定》中的年增长率条款　该条款指纺织品进口国给予纺织品出口国的年配额增长率不低于6%。

3.《多种纤维协定》中的"合理背离"条款　合理背离条款是指进口方在与出口方达成协议的情况下，可以在一定程度上部分免除《多种纤维协定》有关配额伸缩性和出口增长率等条款的适用与约束。

4.《多种纤维协定》中的双边协定条款　该条款根据公平和灵活的原则，承认天然纤维、人造纤维和合成纤维之间的进口限额可以相互调用，同一品类的限额可以借用和留用。

《多种纤维协定》的使用期限再三地延长，自1974年该协议生效后，又于1978年、1982年和1986年分别延期3次。其中，最后一次延期后的《多种纤维协定》比前3个协定的进口限制更加严格。比如，产品限制范围有所扩大，由原来的棉、毛、再生纤维及其产品扩大到所有植物纤维、丝混纺和混纺植物纤维产品。将原来不受限制的苎麻、亚麻和丝混纺产品都列入了限制范围。另外，发达进口国单方面限制的权力扩大了，进口国在实施了不超过12个月的单方限制后，无需经过双边同意即可单方面决定延长限制1年。表1-1简单列出了《多种纤维协定》的演变过程。

表1-1　MFA演变过程

协议及名称限期	限制范围	主要规定内容
MFA Ⅰ(1974～1977)	毛、棉、再生纤维纺织品和服装	1. 对"市场扰乱"的威胁做出了更具体的规定 2. 对基本限度、年增长率、配额的灵活性作了新的规定 3. 对新、小纺织品出口国的照顾 4. 建立纺织品监督机构对双边协议实行监督
MAF Ⅱ(1978～1982)	毛、棉、再生纤维纺织品和服装	同MFA Ⅰ，另增"合理背离条款"，允许背离要求MFA(如基本限额、增长率)
MAF Ⅲ(1982～1986)	毛、棉、再生纤维纺织品和服装	同MFA Ⅰ，取消"合理背离条款"，另增"反激增"条款，以防止进口急剧、大量增加
MAF Ⅳ(1986～1991)	毛、棉、再生纤维纺织品和服装，并扩大范围到植物纤维、混纺植物纤维、丝混纺产品	同MFA Ⅰ，另增：恢复"合理背离"条款，单方面进口限制延长一年，对最不发达国家棉毛制品生产国优惠

资料来源：世界银行：乌拉圭回合多边贸易谈判手册，1987年英文版。

与GATT相比，《多种纤维协定》的宗旨在于扩大国际纺织品贸易，提高纺织品贸易自由化程度，增进发达国家与发展中国家经济的共同增长。但在多年的实际实行中，《多种纤维协定》更多地成为美国等发达国家实行纺织品贸易保护的工具，在很大程度上背离了GATT的基本原则。

分析其原因有以下几点：首先，《多种纤维协定》违背了无差别待遇原则，即无歧视待遇原则。该原则是GATT中重要的基本原则之一，它规定一个缔约国在实施某种限制或禁止措施时，不得对其他缔约国实施歧视待遇。无歧视待遇原则在 GATT 中是通过国民待遇条款与最惠国待遇条款得以实现的。然而，《多种纤维协定》中的配额制度在某些时候却成为一些发达国家从发展中国家捞取政治、经济好处的工具，这使得很多发展中国家由于经济实力的差距，在对外经济贸易活动中处于不利地位。其次，按照 GATT 的规定，原则上各成员应取消进口数量限制，各国对本国工业的保护只能通过关税手段得以实施，与此同时应按要求逐步降低关税税率。其例外是，作为发展中国家，他们为了达到发展本国经济的目的，在国际收支发生困难时可以采取或维持数量限制手段。然而，根据《多种纤维协定》的有关规定，发达国家可以堂而皇之的利用配额机制作为掩护，对发展中国家纺织品进口配额的增长实施限制，且有愈演愈烈之势，发达国家对配额借用、挪用、结存等的灵活性规定也严加限制，使发展中国家很难真正地达到扩大其纺织品出口的目的。最后，《多种纤维协定》某些条款的实施违背了国际贸易公平性原则。发达国家利用配额制度，限制发展中国家的纺织品进口，一旦发现纺织品进口的年增长率超过6%，就会用反倾销条款制裁发展中国家，这一行为扭曲了自由、公平、公正的贸易原则。

（三）中国与《多种纤维协定》

1978 年以来，随着中国对外开放政策的贯彻执行，我国的对外贸易有了长足的发展。其中，纺织品服装贸易最为突出，成为我国出口换汇的主要产品之一，同时也进一步奠定了我国纺织品服装工业在国内、外的重要地位。

《多种纤维协定》回归 GATT，对我国纺织品服装的对外贸易产生了有利与不利的影响。尤其是如果中国可以尽快恢复在 GATT 缔约国的身份，就可以享受应有的权利，当然也包括随之而来的必须承担的义务，其影响更为重大和深远。

在 20 世纪 80 年代初以前，我国与一些主要发达国家签订了双边纺织品贸易协定，这些协定成为我国与这些国家纺织品贸易的主要依据。因此，虽然我国在那时还不是《多种纤维协定》的成员，然而在某种程度上已经受到了《多种纤维协定》的影响。随着世界纺织品服装贸易的飞速发展以及发展中国家在纺织品服装贸易上的不断崛起，欧、美等发达国家及地区迫切感到应该对纺织品服装贸易加强控制。因此，以这些国家为首，国际上对非《多种纤维协定》成员的纺织品出口贸易的监督和限制越来越严格。为了促进纺织品服装贸易，我国在 1980 年参加了第三个《多种纤维协定》的谈判，多次参加了纺织品出口国协调会，最终在 1984 年正式成为《多种纤维协定》的成员。在此后的 11 年中，我国纺织品年出口增长了大约 4 倍，年平均增长幅度为 16.7%，高于同期全国商品出口 14.9% 的增幅。

在《多种纤维协定》的实施过程中，其贸易保护主义的本质越来越明显且不断加强，具体表现在它对产品的限制种类及程度都有所提高，某种意义上说，《多种纤维协定》是发达国家限制发展中国家纺织品服装出口的贸易保护主义的工具，是他们用合法的手段来抵制发展中国家低成本优势的工具。在我国加入《多种纤维协定》后，我国的纺织品服装对外贸易也在一定程度上受其所制，如根据其中有关中美纺织品服装贸易协议，中美第一个纺织品贸易协议规定的限制类别只有 8 个，第二个纺织品贸易协议规定的限制类别有 33 个，第三个纺织品贸易协议规定的限制类别就有 84 个，而到第四个、第五个纺织品贸易协议规定的限制类别已达到 104 个左右。

当然,尽管多种纤维协定更多的是保护了发达国家和地区的贸易利益,是一项背离 GATT 自由贸易原则的临时安排,但加入《多种纤维协定》,在很大程度上改变了我国在世界纺织品服装出口贸易中被动的状态,提高了我国在双边协定谈判中的地位,规避了进口国对我国施加更为严厉的单方面限制,同时也增进了我国与其他发展中国家的贸易合作,也为我国增加了解决纺织品服装贸易争端的合法渠道。

三、《纺织品与服装协议》(ATC)

(一)《纺织品与服装协议》概念

《纺织品与服装协议》(Agreement of Textiles and Clothing,简称 ATC)是 GATT 乌拉圭回合谈判达成的一揽子协定中的一个重要文件,是发展中国家的纺织品服装出口国在世界贸易组织多边贸易谈判中取得的重大硕果。《纺织品与服装协议》自 1995 年 1 月 1 日开始实行,到 2004 年 12 月 31 日结束。该协议的主旨是根据《多种纤维协定》分阶段取消纺织品服装的进口贸易配额,最终实现纺织品服装的自由贸易。按该协定的最终目标,到 2005 年 1 月 1 日,《多种纤维协定》就结束其历史使命,正式退出历史舞台,而国际纺织品服装贸易也将由以配额制为主导的保护贸易回归到自由贸易。

(二)《纺织品与服装协议》的主要内容

《纺织品与服装协议》的具体规则与内容有很多,由于篇幅所限,下面我们将对几条主要的内容进行介绍。

1. 关于一体化比例的说明 根据《纺织品与服装协议》的规定,它将以 10 年为期分四个阶段逐步取消《多种纤维协定》项下的数量限制。第一个阶段以 1990 年为基础,于 1995 年 1 月 1 日之前,至少 16% 基期进口额须纳入世贸组织;第二个阶段是在 1998 年 1 月 1 日之前,至少 17% 基期其余进口额须纳入世贸组织;第三个阶段,在 2002 年 1 月 1 日之前,至少 18% 基期进口额须纳入世贸组织;第四个阶段,于 2005 年 1 月 1 日之前,余下的所有限制将全部取消。

2. 关于增长率的规定 为了使过渡期内的各个阶段顺利衔接,该协议规定了现有受限产品配额的追加增长率。所谓追加增长率,是指在《多种纤维协定》项下,现行双边协议在加权年增长率基础上,每年再追加的增长率。具体规定分别为:1995 ~ 1997 年为 16%;1998 ~ 2001 年为 25%,2002 ~ 2004 年为 27%。

3. 关于反舞弊规定 各成员应通过法律或行政命令,对转运、假报原产地和伪造官方文件等舞弊行为予以管制。由于上述问题引起的纠纷,缔约方应充分合作解决。若磋商没有令人满意的解决办法,可提交纺织品监督机构进行解决。如果一方有足够证据证明上述舞弊行为的存在,则可拒绝货物进口,或扣减原产国的配额,上述行动可以在磋商之后采取。

4. 关于过渡保障条款(TSG) 过渡保障条款就是指对进口产品征收反倾销税或扣减配额。如果进口国确定,某一产品总进口量急剧且大量地增加,对其生产同类产品或直接竞争产品的国内工业造成严重危害或实际威胁时,即可采取保障措施。该条款的前提是,严重损害或实际威胁必须被证明是由于该产品的总进口量的急剧增长所引起的，而不是由于其他因素如技术上的变化或消费者喜好的变化所造成的。通常来说，确定对进口国相关产业或经济造成损害的经济参数有：产量、生产率、市场份额、出口、就业、工资、国内价格、利润以及投资等。一般情况下，进口国应在通过一系列磋商并实行了通知程序之后才可以采取保障措施，当然在紧急特殊情况下，也可先采取措施再通知出口方并与之进行必要的磋商。该条款也规定了保障措施的期限不能超过三年，并于该产品纳入世贸组织时终止。对已受到协议限制的缔约方的出口产品不得实施此保障措施。

5. 旨在加强 GATT 的有关规定　《纺织品与服装协议》的很多条款主旨在于削减和约束关税，减少或取消非关税措施，简化贸易行政管理手续，以增加纺织品的市场准入。各国应确保执行纺织品公平贸易条件的政策，包括倾销和反倾销规则，补贴和反补贴等措施，尽量避免在采取一般贸易政策措施时歧视纺织品进口。

（三）《纺织品与服装协议》的意义

《纺织品与服装协议》是发展中国家和经济转型期国家在乌拉圭回合谈判中取得的最重要的成果之一。长期以来，国际纺织品服装贸易一直受《多种纤维协定》的双边配额限制。乌拉圭回合谈判第一次把纺织品服装贸易纳入 GATT，同时具体地提出以 10 年为过渡期，共分 3 个阶段逐步取消所有的歧视性数量限制。《纺织品与服装协议》的第 9 条中做出明确规定，该协议在 2005 年 1 月 1 日到期，且不得延长，确保实现纺织品和服装贸易自由化的目标。

（四）与《多种纤维协定》相比之下的《纺织品与服装协议》

与《多种纤维协定》相比，《纺织品与服装协议》有其自身的新变化和新特点，具体如下：

（1）《多种纤维协定》在某种程度上是发达国家获得贸易利益的工具。例如，该协定规定纺织品服装贸易保持适度增长，并允许设限国“合理背离”，这有助于发达国家对发展中国家的贸易保护措施的实施。而《纺织品与服装协议》中已做出规定，明确了以 10 年为过渡期，在此期限内逐步取消对纺织品和服装贸易的所有限制，如进口许可证制度、价格管制以及数量限制等措施，并提高现行双边协议中的年增长率，这些规定将为包括发展中国家在内的各个国家都带来重大的贸易利益。

（2）《多种纤维协定》的“市场扰乱”条款已经成为发达国家向发展中国家纺织品出口设限的法律依据，这使得发达国家对来自于发展中国家的产品设限品种越来越多，设限面越来越广，严重损坏了发展中国家纺织品服装国际贸易的利益。而《纺织品与服装协议》以 GATT 的规则和法律为准绳，通过执行相关法律、法规，保障了纺织品服装贸易的自由化，并利用一体化和提高配额增长率的方式使纺织品贸易回归自由，并最终废止了市场扰乱条款。

（3）由于《多种纤维协定》的使用期限被一再延长，使得其短期安排变为长期安排，同时也使国际纺织品贸易逐渐背离关贸总协定的规定。而《纺织品与服装协议》中已明确规定，2005 年 1 月 1 日即停止适用，使纺织品贸易回归关贸总协定。

（4）《多种纤维协定》的成员方只有 40 多个，而《纺织品与服装协议》适用于所有世贸组织成员，范围扩大了许多，该协议实际上是世界贸易组织协议框架中的附件之一。

第二节 纺织品服装贸易相关协议

纺织品服装贸易作为多年游离于自由贸易的特殊贸易品，呈现出很强的阶段性特征。中国与世界上众多国家和地区及经济体就纺织品服装贸易所签署的协议，也曾为中国纺织品服装出口带来稳定的贸易环境，保证了中国纺织品贸易的有序发展。在众多的纺织品服装贸易协议中，本节主要对中美、中欧及中加纺织品服装贸易协议进行详细介绍。

一、中美纺织品服装贸易协定

在中美两国正式开始贸易来往的几十年间，贸易摩擦不断，尤其是较为敏感的纺织品服装贸易波动幅度较大，产生的问题较多。以 20 世纪 90 年代为例，中美两国的纺织品服装贸易停滞不前，甚至有些品种出现了负增长。表 1－2 表明了 20 世纪 80～90 年代中美纺织品与服装贸易的发展情况。

表 1－2　20 世纪 80～90 年代中美纺织品与服装贸易的发展概况

商品类别	占美国此类商品进出口额的比重(%)				年平均增长率(%)		
	1980 年	1985 年	1990 年	1996 年	1994 年	1995 年	1996 年
纺织品	5.9	8.0	10.3	10.3	3	10	－10
服装	4.0	6.5	13.7	15.3	2	－7	7
全部进口商品	0.5	1.2	3.1	6.7	23	17	12

资料来源：《世界贸易组织年报 1997》。

20 世纪 70 年代末中国实行对外开放，开始大力发展国际贸易，其中以纺织品服装产品的出口最为显著。由于从我国出口到美国的纺织品服装产品增长速度非常快，引起了美国的关注与不满。为了保护国内市场，美国与中国签订了第一个《纺织品服装贸易协定》，从此开始了两国之间就纺织品服装出口问题的漫长磋商历程。

1980 年，中美两国达成了一项关于纺织品服装产品的协议，该协议适用于棉花、羊毛和再生纤维等纺织品及纺织原料。协商条款规定，当从中国进口的纺织品服装增长被认为在破坏市场或有破坏市场的威胁时，可以对无配额类的商品制定限额，该协议于 1982 年年底期满。随后，在 1983 年 8 月，中美两国在经过七轮谈判之后又签订了一项新的五年协议。1986 年，美国国会通过了《纺织品和服装贸易实施法》，即《詹金斯议案》。该《实施法》旨在大幅度削减从所有亚洲主要纺织品生产国进口的纺织品及服装。当时的美国总统里根否决了《詹金斯议案》，认为这个议案是一个有保护主义性质的议案，与美国对《多种纤维协定》和一些纺织品双边协议应尽的义务相违背。之后，这个议案再次在国会中被提出，并被修改成 1987 年《纺织品和服装贸易法》。截至 1987 年，美国从中国进口的纺织品服装达到了大约 14.2 亿平方米，占美国市场的 12.4%，中国已是美国最大的纺织品和服装的供给国。

1988 年 2 月，中美双方又签署了一份新的协议，该协议长达四年之久，这项协议把中国向美国出口的纺织品和服装的总增长额限制在每年 3.3% 左右。根据美国官方统计，仅 2001～2002 两年之间，美国从中国进口的纺织品服装总额分别为 95.17 亿美元和 109.31 亿美元，分别占美国纺织品服装进口总额的 12.66% 和 14.29%。同时，2001～2002 年，美国对中国的纺织品服装出口总额分别为 1.36 亿美元和 1.17 亿美元，分别只占美国同时期纺织品服装出口总额的 0.81% 和 1.07%。

在这种情况下，为了保护本国的市场及国内相关工业，美国政府开始诉诸各种非关税壁垒手段，如技术壁垒来限制发展中国家纺织品服装的进口，通过立法或制订严格的技术标准，限制纺织品服装的进口。

2005 年 1 月 1 日，持续了 30 多年的纺织品和服装贸易配额制度终于彻底结束，然而，美国在配额制度取消仅仅 4 个月后就开始对第一批中国纺织品服装产品实行进口限制。最终，经过中美两国双方谈判代表的长期不懈努力，第七轮谈判终于取得成功，两国最终达成了协议。根据中美双方签署的协议，从 2006 年 1 月 1 日到 2008 年 12 月 31 日三年的时间里，美国对中国的棉制裤子等 21 个类别产品实施了数量管理。以 2005 年美国从中国的实际进口量为基数，协议产品 2006 年增长率为 10%～15%，2007 年增长率为 12.5%～16%，2008 年增长率为 15%～17%。

二、中欧纺织品服装贸易协定

中国作为世界上第一大纺织品服装出口大国，与世界上大多数国家均有贸易往来，其中，欧洲作为纺织品服装的消费胜地，也是中国的一大出口客户，双方的纺织品服装贸易由来已久。1979 年，中欧签订了第一个双边纺织品协议。其后，中欧一共签订了六个纺织品双边协议。其中第六个中欧双边纺织品协议于 1998 年 11 月在布鲁塞尔达成，有效期到 1999 年 12 月 31 日。该协议的正本包括以下几个部分：一般条款，中国进口，向共同体出口安排，共同条款，最后条款等。“协证正本”中对手工制品、外加工、灵活条款、反舞弊条款、原料供应条款、磋商条款、协议有效期等问题做出了规定。其主要内容有以下几点：

（1）一般条款。产自缔约国方的纺织品贸易，将根据协议规定的条件在协议期限内予以自由化。共同体承诺暂停实施当时的进口数量限制，并且不采用新的数量限制。

（2）中国进口。作为中国纺织品向共同体的出口机会，中国将对原产于共同体的纺织品进入中国市场给予鼓励和提供方便。中国将为此采取必要措施，以便在协议的执行期内，避免加剧并尽可能减少与共同体在纺织品贸易方面的不平衡。中国确认任何在纺织品和服装贸易领域中向第三国提供的减让的利益或优惠都将自动地和立即地，在双边贸易经济合作协议规定的最惠国待遇的基础上，适用于欧共体。

（3）向共同体出口安排。中国同意确立和保持每个日历年度按照规定的限额向共同体出口，该类出口将按照双边核查制度的规定执行。在任何一个协议年度内，每个类别借用下一协议年度的数量额可准予达到每个类别当年度数量限额的 1%，并在磋商后可能达到

5%。提前使用的数量应从下一年度的相应数量限额中扣除。任何一个协议年度内，从上一协议年度中未用完而结转下来的数量可准予达到当年度每个类别数量限额的3%，并在磋商后可能达到7%。当共同体发现，某一类别原产自中国的产品的进口水平与共同体上一年度从各种来源进口的该类别总数量相比超过5%～10%，即可要求按本协议规定的程序进行磋商，以便为这些产品的适当限额水平达成协议。

随着纺织品服装国际贸易的不断发展以及中国成为世贸组织成员，中欧纺织品服装贸易也出现了新气象。欧盟委员会和中华人民共和国商务部在遵循WTO鼓励成员之间通过协商方式解决分歧的原则的指导下，就2008年底之前部分纺织服装产品对欧盟的出口于2005年6月10日在上海进行了磋商，并签订了《中华人民共和国与欧盟委员会关于中国部分输欧纺织品备忘录》。

三、中加纺织品服装贸易协定

20世纪90年代末，中国在加拿大对外贸易中的比例约为0.8%，继美国（70%以上）、日本（6%）、德国（2.5%）、法国之后，位列第5。加拿大推行对外贸易多元化的政策，积极发展与亚太地区包括与中国的经济贸易联系，为中加贸易的发展开辟了更为广阔的前景。其中，纺织品和服装贸易在中加两国的经贸往来中起到了支柱作用。

早在1979年，中加两国政府就签订了第一个纺织品服装双边协议。1987年3月又签订了第三个纺织品服装双边协议，有效期为5年，随后分别在1992年、1993年、1995年、1997年、1998年5次延长。1998年2月26日，中加两国又签订了中加纺织品贸易备忘录，该备忘录期限3年，从1998年2月1日起至2000年12月31日期满。

中加纺织品协议（第三个双边协议）共32款，包括序言、协议期限、配额协议量、设限范围、管理、有序出口、类转、结转和预借、数据交换、协商、修改和终止、公平条款、附件、过渡期安排、最后条款15个部分。经多次续延，协议发生了一定变化。设限类别有所减少，配额协议量、年增长率和灵活条款数量则有所增加。为履行WTO一体化义务，加拿大于1997年和1998年陆续取消了一些服装类别的配额限制。虽然当时中国尚未成为世贸组织成员，但加方将这些措施也适用于中国。

第三节　中国的纺织工业与世界贸易组织

一、世界贸易组织对中国纺织品服装贸易的影响

世贸组织成立后，ATC取代《多种纤维协定》，建立起国际纺织品服装贸易的新体制，并于1995年1月1日正式实施。根据ATC，国际纺织品和服装贸易将从1995年1月1日起到2005年1月1日彻底完成贸易一体化，在未来10年的过渡期内，将不断提高纺织品服装的出口增长率，并逐步取消数量限制，直至最终实现贸易自由化。按照世贸组织的规定，ATC条款只适用于世贸组织成员。

因此，在中国未加入世贸组织之前，中国与主要的纺织品服装进口国之间进行的纺织品

和服装贸易不能适用于ATC,而只能以签订的双边纺织品服装贸易协议为基础进行国际贸易,这在很大的程度上影响了中国纺织品服装国际贸易的稳定发展。

中国于2001年12月正式加入世界贸易组织,极大地改善了中国的国际贸易环境,特别是对中国纺织品服装这个传统的外向型产业产生了深远的影响。第一,加入世贸组织后,我国将无条件地享受缔约国之间的最惠国待遇和发展中国家的优惠待遇、享受在ATC项下的权利,我国纺织品服装出口的国际环境明显得到改善。第二,加入世贸组织可以扩大我国的出口市场。入世之前我国的贸易均以双边贸易谈判为基础,纺织品服装的出口市场主要集中在美国、欧盟、日本、中国香港等国家和地区。对上述国家和地区的出口额占我国纺织品服装出口总额的80%。然而,要扩大对这些地区的纺织品服装出口相对空间已经不大,尤其自《北美自由贸易协定》正式生效后,美国增加了从墨西哥进口服装的数量,墨西哥逐渐取代我国成为美国纺织品服装市场最大供应国。成为世贸组织成员后,我国的对外贸易可以享有所有缔约国所受到的优惠待遇,这为我国纺织品服装出口开拓新的市场提供了有利条件。第三,我国加入世贸组织后,可以提高纺织品出口的整体竞争力。我国的纺织服装业与国际市场接轨,纺织品服装的出口面临与日俱增的外部压力。这个压力将迫使国内纺织企业加速技术改革,提高产品质量、调整并优化产业结构,从而提高行业竞争力。第四,加入世贸组织将有利于我国的纺织服装工业更充分地利用国内和国际资源。一方面,可以按照ATC,获得"额外增长率"和"一体化比例",争取到贸易增长利益;另一方面,可以通过多边谈判及时获得多边优惠待遇并及时解决与其他国家的纺织品服装贸易的争端。

值得注意的是,加入世贸组织对我国纺织品服装贸易具有积极影响的同时也存在着一些不利的影响。首先,入世后,纺织品服装贸易依然存在区别对待。许多符合世贸组织规定的非关税壁垒仍然是发达国家限制外国产品进入的有利手段。按世贸组织关于最惠国待遇的例外规定,边境贸易、自由贸易区及关税同盟属于贸易自由化的例外。北美自由贸易区使得美国能够灵活掌握纺织品服装贸易区别对待问题,而且这一例外还将长期存在。其次,纺织品服装贸易限制的取消将对中国国内企业形成巨大的冲击,根据ATC的规定以及我国入世的承诺,纺织品服装进口关税税率将大大削减。我国纺织品服装缺乏较强的竞争力,出口产品档次和附加值较低,并且没有自己的品牌,国内企业之间的相互竞争给国外同类产品提供了占领中国市场的机会。

二、应对策略

中国纺织服装业要想保持竞争优势,实现可持续发展,就必须走科技含量高、资源消耗低、经济效益好、环境污染少、人力资源得到充分发挥的新型工业化道路。因此,入世后中国纺织品服装工业首当其冲的是完善企业自身和整个行业,了解国际市场的最新走势,强化企业及其行业品牌的运作,实现从世界纺织品服装加工厂向时尚策源地、从"中国制造"向中国品牌的转变。

(一)调整产业结构、转变生产模式,走以质取胜、创知名品牌之路

当今社会,消费者对科技含量高、知识密集型产品的需求量日益增加。中国纺织服装业

要想实现出口贸易持续发展,就必须走提升产品品质的技术密集型道路,逐渐摆脱传统的劳动密集型生产方式,同时还要走品牌化经营的高附加值之路,即重视产品质量,注重产品创新,提高产品的科技含量,打造国内国际知名品牌。中国的纺织服装企业应找出适合自己的方式来打造企业与民族品牌,如在国外设生产基地,依靠全球供应链及销售链。另外,各个企业应充分利用产业集群优势,在建立为本地区中小企业服务的公共服务体系的基础上,逐步创建区域品牌形象,并在国际市场上提升“中国制造”的国际形象。

(二)纺织服装企业及其产品与国际市场接轨

国际标准是对某类产品统一的衡量尺度,是世界各国协调一致的结果,反映了国际上普遍达到的科学技术水平,既是国际贸易的主要条件也是各国在处理国际贸易纠纷时的重要依据。我国的企业应当积极和国家有关部门以及国际组织合作,出台与国际接轨并符合中国实际的中国标准,同时在行业内部加强对企业及从业人员的培训,积极与国际贸易伙伴沟通并使之得到认可。

(三)规避贸易摩擦的风险,投资纺织服装业发展潜力大的国家

随着近几年我国经济的飞速发展,生产成本也在不断地提高,很多亚洲国家的劳动力成本均低于中国。因此,进行贴牌生产和低端产品生产的企业可以走出国门,将他们的生产车间转移到生产成本更加低廉的地方去,在当地生产并在当地销售,以便更好地适应当地消费者需求的变化。在转移低端产品的生产基地的同时,应该把更多的高附加值产品引入国内,实现我国纺织服装企业在价值链中向高端转移的目标。另外,我国的纺织服装企业还应积极增加生产过程中的科技投入,加强生态纺织加工技术、后整理技术、染料更新等项目的研究,开发绿色产品,力求通过使用国际认可的技术及无害染料逐渐取代有害染料及其他有毒有害化学助剂,同时开发生产低甲醛和无甲醛树脂整理剂,努力改进染料合成工艺路线等,力图用领先的生产技术及过硬的产品来战胜发达国家为限制我国纺织品服装进口所设定的绿色贸易壁垒。

(四)注重技术改革与生产多元化,积极开拓国际市场

众多企业应主动到海外寻求发展,充分利用政府为纺织服装企业提供的咨询、培训和推介服务,以减少投资风险,提高投资效益。同时,为了更充分地利用我国世贸组织成员的有利条件,以求生产利益和社会效益的最大化,中国企业应当利用各种国际组织,维护纺织品和服装出口利益。

思考题

1. 列举出本章中所介绍的纺织品服装国际贸易相关组织。
2. 简述世贸组织与关税与贸易总协定的区别。
3. 简述《多种纤维协定》的三次延期及其主要新增内容。
4. 简单比较《多种纤维协定》与《纺织品与服装协议》。
5. 简述中美两国之间签订的纺织品服装协议。

参考文献

[1]冯予蜀.国际贸易体制下的关贸总协定与中国[M].北京:中国对外经济贸易出版社,1992.

[2]李俊,杨小川,李萍.WTO与国际贸易教程[M].北京:中国对外经济贸易出版社,2003.

[3]陈学军.服装国际贸易概论[M].北京:中国纺织出版社,2002.

[4]王邦宪.贸易保护主义对中美经济关系的影响——中美纺织品贸易争端[M].上海:复旦大学出版社,1987.

[5]武桂馥.最惠国待遇与中美关系[M].北京:中共中央党校出版社,1992.

[6]施禹之.WTO与中国纺织工业[M].北京:中国纺织出版社,2001.

[7]陈澄宇.国际纺织品贸易[M].北京:纺织工业出版社,1990.

[8]赵居礼,等.国际贸易[M].北京:机械工业出版社,2003.

[9]张礼卿.国际贸易概论[M].北京:中国财政经济出版社,1998.

[10]薛荣久,刘东升,等.国际贸易竞争学——世界贸易新体制下的国际贸易竞争[M].北京:对外经济贸易大学出版社,2005.

[11]中国与北美贸易课题组.机遇与挑战:中国与北美贸易[M].北京:中国对外经济贸易出版社,1996.

[12]王明明.国际贸易理论与实务[M].北京:机械工业出版社,2003.

[13]赵景华.全球竞争与企业战略[M].济南:黄河出版社,2000.

第二章　国际纺织品服装贸易格局

本章知识点

1. 世界纺织品服装的主要生产、市场和消费格局。
2. 在配额取消后新的国际贸易环境下，主要发达国家和发展中国家纺织品服装的产业结构特征、发展趋势以及调整对策。
3. 新的国际贸易环境下，主要发达国家和发展中国家纺织品服装在世界贸易中所占的地位和作用。
4. 新的国际贸易环境下，主要发达国家和发展中国家纺织品服装进出口的主要市场、规模、消费习惯等。

第一节　国际纺织品服装的生产格局

目前国际纺织品服装的生产格局主要表现为：发达国家主要生产和出口高科技含量的纺织品和高附加值服装，纺织服装工业呈现技术密集型、资本密集型和知识密集型的特点；新兴工业国家和地区，如韩国、中国台湾、中国香港正在调整生产结构，增加高科技含量纺织品服装的种类和数量；墨西哥、加勒比海国家以及中东欧地区凭借关税、区域优惠制度保持纺织品服装的出口优势；亚洲地区得益于劳动力成本、土地成本、自然资源优势，使纺织服装生产和出口不断增长。

一、世界发达国家和地区纺织品服装的生产格局

20 世纪 70 年代以后，随着西方发达国家产业结构的调整，新兴工业部门对经济增长的拉动作用明显超过传统产业，纺织工业在工业和国民经济中的地位和作用明显下降。20 世纪 80 年代以后，纺织服装制造业的工人平均工资不断增长，生产成本大幅提高。与此同时，发展中国家的纺织服装业迅猛突起，这使发达国家传统纺织服装产品在国际上的竞争优势越来越弱。在这种形势下，发达国家不得不调整生产经营策略，将传统纺织品服装的生产逐渐向劳动力成本低的发展中国家转移，而在国内将研制的重心转向能够提高科技含量和附加值的高科技产品上。

（一）美国

美国纺织工业中心集中在美国的南部诸州，南卡罗来纳州、北卡罗来纳州、佐治亚州是美国主要的纺织工业基地，服装加工集中在加利福尼亚州和纽约等地。20 世纪 80 年代以

来,美国的传统纺织服装业由于受到国际新兴工业国家以及南美和亚洲低工资国家巨大的竞争压力,开始呈现衰落态势。近些年美国工业总产值稳定上升,但纺织服装工业总产值呈现逐年下降的趋势。

20 世纪 80 年代以后,美国开始主动放弃科技含量低、生产过程中对环境污染严重的纺织产品,而普遍采用高新技术。同时,不断寻求一切能够提高劳动生产率、降低产品成本和增加产品效益的有效措施和手段,使美国始终处于世界纺织工业技术发展的尖端位置。

另外,美国还是世界棉花生产和出口大国。世界上四大棉花出口国和地区分别是美国、乌兹别克斯坦、澳大利亚、非洲西部地区。2007 年美国棉花产量位居世界第三,产量 410 万吨左右,其棉花的出口量占到全球棉花总出口量的 2/3 以上。

(二)欧盟

欧盟纺织服装的生产和贸易在欧盟经济发展中占有重要地位。2007 年欧盟大约有 17 万纺织服装企业,就业人数约 247 万人,年销售额 2113 亿欧元。德国、意大利、法国、英国是传统的纺织服装工业发达国家,这些国家不仅能生产高科技含量的纺织品服装、精密的现代纺织机械,而且还是世界高档时装的大本营。

1. 德国　德国的纺织服装企业绝大部分是中小企业,主要产品为丝、棉、化纤、毛线、工业用非织造布。在过去的几十年中,德国传统的纺织服装行业规模总体呈现缩减的态势,生产逐年下降,就业人数逐年减少,已成为日渐衰退的夕阳工业。为了改善这种状况,德国加大了对技术及资本密集型纺织产品的开发和投资力度,开发出了一批技术含量高、既有个性化和高档化特点、又符合流行趋势和注重环保要求的产品。目前,德国高附加值技术纺织品营业额占整个德国纺织业的 40% 以上。

德国是著名的纺织机械生产国家,德国设备技术先进,可靠性强,价格高。德国是我国纺织机械进口的最主要国家,我国从德国进口最多的是针织机械和纺纱机械。

2. 意大利　纺织服装业是意大利经济的支柱产业之一,在意大利整个国民经济中占有重要地位。意大利多年以来形成的以时装设计师自主设计、创新品牌的文化底蕴和传统,是意大利纺织服装产业发展运行的坚固基础,也是其拥有强大国际竞争力的主要原因,这是新兴纺织服装发展中国家无法比拟的。米兰、罗马是世界时装业中心之一,其高档品牌时装享誉全球。意大利拥有众多世界著名的服装设计大师,其纺织服装产品以其独到的设计风格,高质量面料和尖端的加工工艺享誉世界,尤其是在顶级服装领域,意大利产品控制全世界大约 20% 的市场。

意大利的纺织服装企业有 99% 以上为中小企业,在发达国家中首屈一指。并且这些中小企业在国际市场上具有较强的竞争力,这与国内的中小企业支撑服务体系以及国家的税收扶持政策有密切关系。

意大利的时装产品、皮鞋、皮包等制品在世界纺织业中占有举足轻重的地位。意大利是世界皮鞋制造业大国,2006 年意大利生产了 3.5 亿双鞋,总值 81.7 亿欧元,出口 3.22 亿双鞋,价值 67.8 亿欧元。中国进口的高档皮鞋中,70% 以上是意大利生产的。意大利是世界上最大的印染丝绸及色织丝绸的生产和出口国,意大利的丝绸领带一直被公认为引领世界时尚潮流。

(三)日本

日本是世界第二经济大国,也是亚洲纺织工业最早兴起的国家,纺织工业对日本经济的振兴曾经发挥了巨大的作用。20世纪80~90年代以后,日本的劳务成本逐年增高,纺织业生产持续下滑,致使纺织服装就业人数明显减少。日本纺织工业放弃了"量产型、低价格、技术层次低"的产品,将其移往国外生产,在国内则集中资源生产附加值较高的高级流行成衣、服饰用品以及工业用、汽车用、医疗用纺织品等获利较高的产品。

日本纺织业拥有强大的技术开发和产品策划能力,无论差别化纤维的开发,还是将纤维制成面料用于服装或其他制成品的应用技术能力,在世界上都是遥遥领先,从而使得日本纺织业在高端纺织品领域占据越来越重要的位置。

二、世界发展中国家和地区纺织品服装的生产格局

自20世纪50年代起,发展中国家和地区开始了纺织服装工业化进程,逐步提高制造能力和技术水平,利用廉价的劳动力生产出口技术含量较低的工业制品。70年代以后,韩国、墨西哥、土耳其、中国香港、中国台湾等国家和地区的纺织业迅速发展,20世纪80年代以后,包括中国在内的亚洲发展中国家的纺织服装业迅猛崛起,对世界纺织服装经济贸易的发展起到了重要的作用。

(一)南亚地区

南亚包括孟加拉国、不丹、印度、马尔代夫、尼泊尔、巴基斯坦和斯里兰卡7个国家。纺织服装业在南亚制造业中占有十分重要的地位,对于这些国家的经济发展及外汇收入具有十分重要的意义。南亚地区各国纺织服装生产的共同特点是:纺织工业的劳动力价格比较低廉、产业机械化进展较缓慢、工人生产技能相对较差。由于廉价的劳动力成本,使得南亚的纺织服装产品在价格上具有较强的国际竞争力。

印度是南亚地区重要的纺织服装生产国。印度纺织业2007年直接聘用的员工人数逾3500万名,仅次于农业。印度纺织产品的覆盖面很广,织机产品约占印度布料总产量的62%,其他还包括棉花、再生纤维、羊毛产品、丝织物、黄麻、手工艺制品等。印度的棉花生产数量充足,价格低廉。据国际农业生物技术应用推广协会报告,2007年印度棉花产量迅猛提高,总产达到了520万吨,超过美国成为全球第二大产棉国,仅次于中国。印度也是全球黄麻织品的最大生产国及第二大外销国。此外,印度还是全球第二大产丝国,占全球总生丝产量的18%。

目前,印度的纺织工业结构正在经历巨大变革,一方面保留传统的手工纺纱和织造;另一方面发展先进的机械生产,加快技术升级。为了改善现有生产条件,提高生产力,印度纺织业已开始从德国、法国、瑞士进口纺织机械。

由于中国纺织机械价格便宜,而且比印度本国的设备质量好,不少印度纺织厂也选择从中国进口大量纺织机械。

(二)东盟地区

马来西亚、菲律宾和泰国于1961年7月31日在曼谷成立东南亚联盟。1967年8月7日至8日,印度尼西亚、新加坡、泰国、菲律宾四国外长和马来西亚副总理在曼谷举行会议,发表了《曼谷宣言》,正式宣告东南亚国家联盟(简称东盟,Association of Southeast Asian Nations,ASEAN)成立。之后,文莱、越南、缅甸、老挝、柬埔寨相继加入。东盟现已成为东南亚地区以经济合作为基础的政治、经济、安全一体化合作组织,并建立起一系列合作机制。20世纪70年代以来,东盟国家相继发展纺织服装业,努力使之提升为具有比较优势的民族产业之一,并取得明显成效,纺织服装行业产值和就业规模在各国各行业中居领先地位。

1. 印度尼西亚 纺织服装业是印度尼西亚制造业中的骨干行业。印度尼西亚的纺织服装劳动力成本较低,因此印度尼西亚的纺织服装产品具有一定的价格优势。

印度尼西亚纺织业存在的最大问题是设备老化、工艺落后、生产设备急需升级。机器平均使用已达数十年的时间,除了影响产量以外,能源消耗更为严重。自2007年4月印度尼西亚开始实施“纺织机械更新计划”,主要通过贷款利息补贴的方式鼓励纺织企业更新设备。2007年共有92家企业参与该计划,使用资金1533亿盾,2008年175家企业参与更新,使用资金1817亿盾,2009年印度尼西亚工业部将拨款2400亿盾,计划吸纳200家企业参与。

由于印度尼西亚不产棉花,纺织制衣的主要原料棉花98%依赖进口,每年棉花输入总额约40万吨。进口棉花必须课征10%的关税,这大大加重了印度尼西亚纺织制衣厂的成本。除此之外,印度尼西亚基础设施不足,缺电现象严重,各纺织制衣厂一般都自备发电机发电,地方政府还要企业交纳“公路照明费”,所有这些都加重了产品的生产成本,企业负担较重。

2. 泰国 纺织服装业是泰国最大的制造业,2007年共有4500家工厂,就业人员达到108万人,占整个制造业就业人数的近20%。泰国注重更新机器设备,但劳动力成本不像其他亚洲一些国家那样便宜,它高于菲律宾,甚至比印度、印度尼西亚、斯里兰卡、越南、巴基斯坦和孟加拉国等高出约2倍。而且,泰国大学几乎没有服装方面的专业教育,纺织行业普遍缺乏高技术的熟练工人,尤其是服装业更是如此,这也影响了许多企业的生产效率。目前,泰国纺织品及成衣行业正逐步选择将生产基地转移至老挝、柬埔寨等邻国,利用当地廉价劳动力和普遍优惠关税待遇优势生产成衣,然后销往欧盟及美国。

3. 越南 越南纺织业已有近50年的历史。近几年,成衣及纺织业已经发展成为越南最主要的行业。2008年,业内有逾2000家纺织及成衣企业,共聘有超过200万名工人。这2000家企业中,约一半属国有,25%由外资拥有,其余为私人企业。根据越南纺织服装公司(VINATEX)资料显示,行业每年生产约1万吨棉纤维、5万吨再生纤维、26万吨短毛及纱线、1.5万吨针织布料、6.8亿平方米机织布料,以及18亿件纺织及成衣产品。总产量中,约有70%外销。与印度尼西亚相似,越南的棉花主要依赖进口,大约90%棉花都是从国外进口。要提高印度尼西亚、越南等国纺织服装业的竞争力,就必须发展国内棉花原料的生产和加工能力,以解决成本高昂的问题。

(三)中国台湾地区、韩国

1. 中国台湾地区 虽然新型工业在中国台湾的经济发展中已经脱颖而出,但是在传统产业中纺织业依然扮演着重要角色。纺织业不仅提供了大量的就业机会,而且是中国台湾重要的创汇产业。

20 世纪 80 年代后期,很多纺织服装企业为了保持产品的竞争力而将生产转移到南亚和中国内地。留在中国台湾的纺织服装公司则被迫做新的调整以求生存,原先一些小的、家庭式的作坊通过增加经济投资和采用新型管理方法已转变为中等或大型的公司,大幅提高生产效率和产品质量。由于中国台湾基本不生产棉花、羊毛、丝绸、亚麻以及其他一些天然纺织原材料,所以本土企业大力发展化学纤维。经过多年的努力,如今中国台湾化学纤维行业已经在世界纺织领域占有重要地位。2007 年 1 ~ 10 月,聚酯弹力变形长丝产量 61.9 万吨,在世界位于第二位;化学纤维产量 203.9 万吨,在世界排名第三,锦纶产量 32.3 万吨,居于第三位。近两年中国台湾已经开始大量生产聚丙烯腈、碳纤维、弹力纤维和粘胶纤维。

另外,高附加值的纺织品和服装也在中国台湾纺织生产和出口方面发挥了重要作用。例如阻燃纺织品、吸湿排汗织物、远红外织物、拒水织物、电磁屏蔽纺织品以及纳米纺织品等领域都取得了良好成绩。目前中国台湾纺织企业一方面积极致力于多功能纺织品的开发,另一方面将环保新要素增加到功能纺织品中。

2. 韩国 韩国纺织服装业兴起于 20 世纪 60 年代。20 世纪 70 ~ 80 年代,韩国纺织服装业凭借低劳动力成本优势,保持着强大的势头。20 世纪 90 年代初,韩国纺织业由于劳动力成本不断增加,国际竞争力越来越小。据威纳国际咨询公司调查显示,2007 年韩国纺织业工人工资的平均水平已经上升到世界第 15 位。

为适应新形势的变化,21 世纪后,韩国政府重新进行产品结构的调整,强化高附加值产品,实施差异化策略,由内需转为出口导向,发展自我品牌产品,使得纺织业在韩国的经济发展中仍居重要地位。

韩国的纺织品及服装种类繁多,款式新颖、时尚,尤其是休闲服饰呈现出高档化、个性化、时尚化的发展特征,大量地出口到其他国家。在中国,韩国的服装服饰受到特定消费群体的欢迎。随着服装生产逐步转移到中国,韩国服装业正欲把中国发展成其“第二内需市场”。

(四)墨西哥

墨西哥是拉丁美洲国家,面积 197 万平方公里,人口约为 1.09 亿人。墨西哥是第三世界中经济比较发达的国家之一,经济水平在拉丁美洲居于第 2 位,仅次于巴西,在全球居于第 13 位。

在《北美自由贸易协定》实施之前的 1993 年,墨西哥有 392 家成衣加工厂,雇佣了 6.4 万名员工。1994 年《北美自由贸易协定》实施之后,墨西哥的纺织服装业开始蓬勃发展。2000 年墨西哥有 1058 家登记在案的服装企业,雇佣了 27 万名员工。由于 2001 ~ 2003 年间美国经济减缓,并受到来自中国与中美洲国家低成本制造国的极度竞争,以及本国的高生产成本等因素的影响,自 2002 年起墨西哥的成衣加工厂数目以及就业人数开始减少。这种趋势迫使部分加工厂将生产由墨西哥转往中美洲和加勒比海地区,或干脆停止生产。根据墨西哥服装工业商会的数据,仅 2006 年 12 月份到 2007 年 4 月,墨西哥就有 300 家服装企业关门,直接减少就业岗位1600个。

墨西哥化学纤维产业同样出现了严重的下滑态势。从业人数由2001年的6643人减少为2005年的3202人。2000年化学纤维国内交货量为55万吨,但在2005年时则仅约40万吨。

2000年以后,墨西哥国内的化纤消费量一直在扩大,但是墨西哥国内生产的化纤所占比例正在缩小。2000年时的墨西哥国内化纤生产量为62.92万吨,而2005年减少到40.93万吨。

(五)土耳其

土耳其是传统的纺织服装生产大国。土耳其的纺织业历史可以追溯到奥斯曼时期。在16世纪和17世纪,土耳其的纺织业非常普及并且在世界上居于领先地位。到了20世纪,土耳其纺织生产迅速发展,无论是在国民生产总值及工业总产值,还是在就业率及出口创汇等方面都做出了巨大的贡献。目前土耳其纺织服装业的主要优势包括:

1. 纺织原料丰富　土耳其棉花年生产量约90万吨,居于世界第六位,合成纤维和再生纤维数量也非常可观。土耳其的养殖业非常发达,为皮革业以及毛纺织的发展提供了强大的保障。

2. 技术水平先进　完善的纺纱、织造、后整理技术使土耳其可以生产出高附加值、高质量产品。

3. 产品时尚,紧跟国际潮流　尽管土耳其目前主要信奉伊斯兰教,但并不封闭,意识比较开放,特别是在服装流行方面,对意大利的流行趋势跟得非常紧,使其产品的时尚性非常国际化。目前在伊斯坦布尔设立的服装设计学院每年都为产业提供许多优秀的设计师,也为该市场的持续发展提供了人才条件。

4. 纺织工人具有良好的劳动素质　由于土耳其是传统的纺织国家,在织造以及产品深加工方面都有着悠久历史,当地工人技术熟练程度高,劳动素质好。

近年来,土耳其开始把力量集中在优质面料的研发生产上,将投资更多地转向培养熟练的创新型设计师和技术人才,将更多的精力放在发展高端纺织品服装市场以期与中国和印度的产品拉开差距。

(六)非洲国家

非洲地域辽阔,资源丰富。作为尚未完全开发的地方,许多国家都具有单一经济结构的特点。在非洲,很多国家的纺织业被当作是仅次于矿业的产业来发展,但是目前非洲整体的纺织服装行业比较落后。随着社会的逐步稳定,非洲发展纺织经济的要求也日益迫切。

非洲有着良好的投资和合作政策,从非洲生产的纺织服装出口到欧美不受配额限制,还可以享受普惠制待遇。根据美国《非洲增长与机会法案》和欧盟的《科托努协定》,在纺织品和服装出口方面给予非洲国家特别优惠待遇。

目前埃及和苏丹已经取代印度和巴基斯坦成为世界上最重要的长绒棉出口国。埃及的服装制造业具有一定的规模,生产的产品主要出口欧美市场。但是埃及纺织厂的设备比较陈旧,纱线、织物等产品的质量较差,有待于设备的更新换代以提高产品的质量。

第二节 国际纺织品服装的市场格局

一、国际纺织品服装市场格局整体情况

(一)三大纺织品服装市场和三大贸易圈

目前,国际纺织品服装贸易已经形成了三大纺织品服装市场和三大贸易圈。三大纺织品服装市场是指:以美国、加拿大为中心的北美市场,周边地区包括墨西哥、加勒比海地区等;以欧盟为中心的欧洲市场,周边地区包括俄罗斯、东欧、非洲国家和地区;以日本为中心的东亚市场,周边地区包括中国、印度、巴基斯坦、东盟等国家和地区。

纺织品服装的三大贸易圈是指:泛欧洲贸易圈,即西欧国家向土耳其、中东欧及波罗的海国家和地区出口纺织品,加工成服装后返销西欧;美洲贸易圈,即美国、加拿大向中美洲和南美洲国家和地区出口纺织品,加工成服装后返销北美;亚洲—欧盟—北美贸易圈,即美国、加拿大、欧盟等国家和地区向亚洲发展中国家和地区出口纺织品,加工成服装后返销西欧和北美。亚洲国家在地理位置上与欧美市场距离遥远,并且还受到泛欧洲贸易圈和美洲贸易圈区域优惠贸易安排的影响。随着配额的取消,亚洲国家已经获得了更多扩大出口的机遇。

(二)近年世界纺织品服装进出口情况

近年来,世界纺织服装贸易发展迅速。据世界贸易组织统计,2006 年世界纺织品服装贸易额增长 9.7%,达到 5300 亿美元;2007 年世界纺织品服装贸易额增长 9.2%,达到 5834 亿美元(表 2-1)。

表 2-1 2004~2007 年世界纺织品服装贸易额统计

年份	纺织品服装贸易额(亿美元)	纺织品贸易额(亿美元)	服装贸易额(亿美元)
2004	4528	1947	2581
2005	4790	2030	2760
2006	5300	2186	3114
2007	5834	2381	3453

资料来源:World Trade Organization, International Trade Statistics。

1. 纺织品服装出口情况 在 2007 年,纺织品主要出口国家和地区分别是欧盟、中国内地、中国香港地区、美国、韩国、中国台湾地区、印度、土耳其、巴基斯坦、日本。在这些主要的出口国家和地区中,发达国家地区以及新兴工业化国家占 6 席,说明在纺织品领域发达国家仍旧占有优势,同时也反映了中国、土耳其、巴基斯坦、印度等发展中国家在技术和资金相对密集的上中游纺织产业取得了较大的进步。

2007 年服装出口方面,中国内地排名第一,其次是欧盟、中国香港地区、土耳其、孟加拉国、印度、越南、印尼、墨西哥和美国。服装出口国家相对来讲比较分散,相互之间的竞争激

烈。在这些主要的出口国家中,发达国家地区和新兴工业化国家仅占3席,发展中国家占到7席,分别是中国、印度、孟加拉国、印度尼西亚、土耳其、越南、墨西哥。这说明劳动密集型的服装产业进一步从发达国家退出,并转移到发展中国家,而发达国家仅生产高附加值的服装产品。

2. 纺织品服装进口情况　2007年,欧盟是最大的纺织品进口地区,其次是美国,中国内地排名第三,接下来是中国香港地区、日本、土耳其、墨西哥、越南、加拿大和俄罗斯。发达国家进口纱线和坯布等上游产品,在本国经过深加工和后整理再出口到其他国家和地区。

2007年欧盟也是最大的服装进口地,进口金额占到世界总进口金额的46%,美国占到24%,日本占7%,其他依次为中国香港地区、俄罗斯、加拿大、瑞士、阿拉伯联合酋长国、韩国、澳大利亚。可见,服装的主要进口和消费市场集中在发达国家。

二、世界发达国家和地区纺织品服装的市场格局

(一)美国

1. 美国纺织品服装市场在世界上的地位　多年来,美国一直是全球纺织品服装最大的消费市场和第一大进口国。根据美国商务部纺织品服装贸易办公室(OTEXA)发布的统计数字,2007年美国进口各类纺织产品共计531亿平方米,进口金额为964亿美元。其中,进口服装233亿平方米,金额739亿美元;进口纺织品298亿平方米,金额225亿美元。2008年受全球经济衰退的影响,美国进口各类纺织产品共计504亿平方米,同比减少5.2%,进口金额为932亿美元,同比减少3.3%。

2. 美国纺织品服装进出口分析

(1)纺织服装进口来源主要集中在亚洲和加勒比地区。美国纺织品市场竞争激烈。竞争方式除价格竞争外,主要还有品牌竞争和技术创新的竞争。

按金额计算,2007年美国纺织品服装进口前十大来源地依次为:中国、墨西哥、印度、越南、印度尼西亚、孟加拉国、巴基斯坦、洪都拉斯、柬埔寨、意大利,这其中主要集中于亚洲和加勒比地区。这十大来源地合计占美国全部纺织品服装进口数量的64%。多年来占重要地位的加拿大和中国香港地区已经退出了前十名。

按金额计算,2008年美国纺织品服装进口前十大来源地依次为:中国、越南、印度、墨西哥、印度尼西亚、孟加拉国、巴基斯坦、洪都拉斯、柬埔寨、意大利,这十大来源地合计占美国全部纺织服装进口数量的71%。2008年美国从越南进口的纺织服装产品数量增长20.6%,金额增长19%,按金额计算已超过印度、墨西哥两国,一跃成为美国第二大进口来源地,墨西哥则跌落至第四位(表2-2)。

(2)服装在纺织品服装进口总额中所占比例很大。2006年全球纺织品贸易额大约是服装贸易额的70%以上,而美国的纺织品贸易额仅是服装贸易额的40%,服装进口占到总金额的78%以上。2008年服装进口金额占到总金额的76.8%。

3. 中国进口情况分析　2005年以来中国一直居于美国纺织品服装供应国的第一位。2007年,美国从中国进口的纺织品服装金额323亿美元,同比增长19.4%,进口平均单价提高4%。

表 2-2 2007~2008 年美国纺织品服装进口主要国家和地区数据统计

进口地 \ 年份	2007		2008	
	金额(亿美元)	所占百分比(%)	金额(亿美元)	所占百分比(%)
全球	964	100	932	100
中国	323	33.5	327	35.1
越南	45.6	4.7	54.3	5.8
印度	51	5.3	50.8	5.5
墨西哥	56.3	5.8	49.6	5.3
印度尼西亚	42	4.4	42.4	4.5
合计	517.9	53.7	524.1	56.2

资料来源:OTEXA。

其中,服装进口金额 227 亿美元,同比增长 22.8%。按数量计算,从中国进口的纺织服装产品占美国总进口的市场份额为 40.2%;按金额计算,占有的市场份额为 33.5%。

2008 年美国从中国进口的纺织品服装总金额 327 亿美元,同比增长 1.1%,进口平均单价提高 4.9%。其中,服装进口金额 229 亿美元,同比增长 0.8%。按数量计算,从中国进口的纺织服装产品占美国总进口的市场份额上升至 40.9%;按金额计算,上升至 35.1%。

(二)欧盟

1. 欧盟纺织品服装市场在世界上的地位 欧盟是世界上第一大纺织品服装进口地,第一大纺织品出口地和第二大服装出口地。据欧盟纺织服装工业联合会(EURATEX)统计,2007 年欧盟 27 国纺织品服装出口额为 360 亿欧元(不包括欧盟成员之间),其中纺织品出口 193.8 亿欧元,服装出口 166.3 亿欧元;纺织品服装进口额为 789 亿欧元(不包括欧盟成员之间),其中纺织品进口 208.6 亿欧元,服装进口 580.8 亿欧元。

2. 欧盟纺织品服装主要进口国家和地区 欧盟的纺织品服装进口来源地中,以欧盟内的进口为主,欧盟外部纺织品服装进口国家主要有:中国、土耳其、印度、巴基斯坦等(表 2-3)。

表 2-3 2007 年欧盟 27 国纺织品、服装进口主要国家和地区数据统计

纺织品			服装		
进口地	金额(亿欧元)	所占百分比(%)	进口地	金额(亿欧元)	所占百分比(%)
全球	208.6	100	全球	580.8	100
中国	54.3	26	中国	218.8	37.7
土耳其	38.2	18.3	土耳其	89.4	15.4
印度	23.9	11.5	孟加拉国	43.9	7.6
巴基斯坦	15.4	7.4	印度	38.4	6.6
合计	131.8	63.2	合计	390.5	67.3

资料来源:Eurostat(欧盟统计委员会)。

中国是欧盟纺织服装的第一供应国。2007年欧盟从中国进口纺织品和服装金额分别占欧盟进口纺织品和服装金额的26.0%和37.7%。2008年中国对欧盟纺织品、服装出口仍高速增长,达到399.26亿美元,同比增长36.66%,占出口总额的21.06%。

虽然目前我国纺织品服装在欧盟和美国市场所占比重较高,但出口欧盟和美国市场还有种种阻力存在。一方面,欧盟和美国对我国纺织品设限以及各种"特保"手段,对我国纺织服装企业出口欧美市场产生了较大的影响;另一方面,来自印度、巴基斯坦、越南等纺织业发展迅速的国家的竞争也会愈发激烈,我国所拥有的劳动力优势已逐渐减弱。因此,我国纺织服装行业必须在加快产业结构调整、提高产品附加值、培育国际品牌、科技创新等方面下工夫,以确保我国不仅是纺织服装的输出大国,也是纺织服装生产的强国。

(三)日本

日本在世界纺织品服装进出口贸易中占有重要地位。近年来,日本纺织品服装进出口稳步上升。WTO数据显示,2006年日本服装进口239亿美元,在全球服装进口市场中排名第3位,占全球服装进口总额的7.4%;纺织品进口61.8亿美元,在全球纺织品进口市场中排名第5位,占全球纺织品进口总额的2.7%。2006年日本纺织品出口69.3亿美元,在全球纺织品出口市场中排名第10位,占全球纺织品出口总额的3.2%。

日本纺织服装市场,尤其是服装市场严重依赖进口。日本纺织品所需天然原材料的80%、服装成品的50%需要从国外进口。日本的主要纺织品服装进口国包括:中国、意大利、韩国、越南、美国。日本从这5个国家进口的纺织品服装金额占总额的85%以上。东南亚国家是日本纺织服装的主要供应地,其中中国所占份额最大,这与两国运输距离近、交货及时等因素有关。2007年,从中国进口的服装金额占日本服装总进口金额的83.9%。

三、世界发展中国家和地区纺织品服装的市场格局

(一)亚洲地区

1. 韩国　早在20世纪60年代,纺织服装业就已经是韩国最大的出口产业。进入21世纪,由于受到以中国为首的亚洲国家的竞争而渐呈下降趋势。在2005年,纺织品服装出口下降到139.46亿美元。与此相反,纺织品服装的进口不断上升,2005年达到67.65亿美元。韩国目前依然在世界纺织服装贸易中占有重要地位。据WTO数据统计,2006年韩国纺织品服装出口101.1亿美元,排在第5位,占全球总额的4.6%。2007年韩国的纺织品服装出口在高科技产品和技术带动下,实现了新的增长,出口额达到135.8亿美元,同比增长2.7%。

韩国纺织品服装的主要进口地包括:中国、日本、意大利、印度、美国、印度尼西亚、越南、中国台湾地区、泰国、巴基斯坦等国家和地区。中国是韩国纺织品服装的第一大供应国,意大利和法国向韩国出口的纺织品服装金额也在迅速增加。

韩国纺织品服装的主要出口地包括:中国、美国、中国香港、越南、日本、印度尼西亚、阿拉伯联合酋长国、沙特等。中国已经成为韩国纺织服装产业最主要的出口和投资对象国。据韩国纤维产业联合会提供的统计数据,目前已成功进入中国市场的韩国服装品牌共有60多个,覆盖了女装、男装、运动装、休闲装、童装、时装等种类。韩国正在努力实现出口市场多

元化，以避开与发展中国家在世界主要纺织服装进口国发生直接碰撞。

2. 中国台湾地区　纺织服装产品是中国台湾地区出口创汇的重要支柱产业之一，也是主要的贸易顺差产品。依据中国台湾海关统计，2007 年中国台湾纺织品服装出口值为 115.96 亿美元，占中国台湾出口总值（2467 亿美元）的 4.7%，贸易顺差 89.43 亿美元；2008 年纺织品服装出口值 109.03 亿美元，占中国台湾出口总值（2556.6 亿美元）的 4.3%，贸易顺差 82.01 亿美元（表 2－4）。

表 2－4　2005～2008 年中国台湾进出口纺织品服装统计

年　份	出口额（亿美元）	变动幅度（%）	进口额（亿美元）	变动幅度（%）
2005	118.11	－6	26.09	－3
2006	117.62	－0.4	27.04	4
2007	115.96	－1	26.53	－1
2008	109.03	－6	27.02	2

资料来源：纺拓会产经信息处。

2006 年，中国台湾出口纺织品金额在全球排第 6 位，占全球纺织品出口总额的 4.5%。在出口的纺织品中以面料为主要产品，2008 年，面料出口 66.25 亿美元，占纺织服装出口总值的 61%；其次是纱线，占纺织服装出口总值的 18%。

从出口对象来看，第一大出口伙伴是中国大陆，其次是中国香港和美国，此三处合计出口金额约占 50%。第 4 名和第 5 名分别是越南和欧盟。主要进口来源方面，中国大陆仍居首位，其余依序为欧盟、日本、美国及越南，合计约占进口总值的 60%。

受全球经济增长下滑与国际原料价格上涨以及环保意识高涨的影响，中国台湾地区纺织服装业更加注重研发能力与市场拓展，以应对瞬息万变的国际市场，同时在专业领域中，强化人力资源素质，推动产业升级，以非价格策略超越竞争对手。

3. 巴基斯坦　巴基斯坦纺织业在世界范围内居于前列，据 2007 年统计该行业在制造业生产总值中占 46%，纺织行业就业人口约 1500 万人，占制造业劳动力 38%，成为巴基斯坦国民经济中的支柱产业。巴基斯坦是全球纺织品服装的重要输出国。巴基斯坦的主要出口服装以男式服装和针织外套为主，纺织品以棉纱、棉布、棉制床单、毛巾等为主。主要出口国家为欧盟、美国，其他出口国和地区包括澳大利亚、加拿大、东南亚以及非洲等。

巴基斯坦的纺织品服装出口增长较为缓慢。2005～2007 年间巴基斯坦纺织业增长速度为 2%，而与此同时越南增长 27%。据巴基斯坦联邦统计局发布的数据，2007/08 财年（2007 年 7 月至 2008 年 6 月）纺织品出口金额为 105.61 亿美元，同比下降 2.1%。纺织品出口占总出口比例由上财年的 64% 下降到 55%。

纺织品配额取消后，亚洲一些发展中国家包括中国、印度、孟加拉、越南等国从中受益，而巴基斯坦在这场角逐中则处于劣势，失去了相当部分市场份额。

巴基斯坦属于能源缺乏的国家，国内能源供应紧张，经常停电、停气，严重影响了纺织企业的正常生产。能源价格上涨和能源短缺使得巴基斯坦纺织产品的生产成本高，在国际市场上重要的价格优势逐渐丧失，这是巴基斯坦纺织品出口增长乏力的另一主要因素。面对全球经济衰退，政府没有能够及时采取有效措施扶持已经陷入困境的纺织工业，致使纺织业的国际竞争力进一步下滑。

4. 印度 纺织业是印度第一大创汇产业，每年出口金额超过总出口额的20%。为了加强印度纺织服装产品的国际竞争力，印度政府采取了一系列的重要措施和制度，提高印度纺织服装业的生产效率和产品的档次和质量。

印度纺织服装生产总量的大约50%用于出口，其中60%出口到美国和欧盟国家。2005年以后印度纺织业出口连续三年高速递增。在2006～2007年间，运往欧洲各国的纺织品占到印度纺织品总出口额的22%，服装占到43%；出口美国的纺织品占到纺织品总出口额的19%，服装占到32.6%。2008年受全球经济衰退的影响，西方世界纺织服装的需求大大降低，从而使印度纺织服装工业也受到重创。

5. 东盟 东盟是世界纺织品服装主要的出口地区，出口地主要有美国、欧盟、日本。印度尼西亚是东盟重要的纺织服装出口国家。2006年，印度尼西亚纺织品出口36.1亿美元，占全球纺织品总出口额的1.6%；服装出口57亿美元，占全球服装总出口额的1.8%，分别是世界纺织品、服装的第11大和第8大出口国。

越南自2007年加入世贸后，成功克服了国际及区域间的挑战，凭借其廉价的劳动力成本，在国际纺织服装市场上的优势越来越明显。2007年越南纺织服装出口额约77.5亿美元，约占国家整体出口总值15%，在全球153个成衣出口国中排名16；2008年越南纺织服装出口约90.5亿美元，增长16.3%，并跻身全球服装出口国的第十位。美国是越南纺织品及成衣产品的最大输出国。越南纺织品的其他主要输出国家和地区还有欧盟、日本、俄罗斯、韩国、东南亚、加拿大等。目前越南不断加强同其他东盟国家在纺织品原材料生产领域的合作，并推进国有纺织企业的股份制改革，以提高纺织品行业的竞争力。

（二）墨西哥

墨西哥是世界主要的纺织品服装进出口国。自20世纪80年代初墨西哥开始实施对外开放政策，现与多个国家和地区有贸易关系，并与多个国家签订了自由贸易协定，鼓励其他国家到墨西哥投资建厂，制成品向美国和加拿大出口，可以享受区域优惠待遇，也可以向拉丁美洲自由贸易协定国家出口。1991年，墨西哥是对美输出服装第七大出口国。随着《北美自由贸易协定》的实施，墨西哥对美国的服装出口总值由1990年的12亿美元增加到1999年的88亿美元。在1998～2001年间，它持续稳坐美国市场第一名。但由于2002年部分纺织品配额解除设限，中国纺织品服装出口增长迅速，很快占有领先地位，并拉开与墨西哥等其他竞争者的差距。2006年，墨西哥出口服装占全球的2%，低于土耳其、印度、孟加拉等国，排名第7位；纺织品出口21.9亿美元，占全球出口纺织品的1%，排名第14位。

美国是墨西哥纺织服装产品的主要外销市场。目前，墨西哥出口美国的纺织品及成衣有80%集中在20个类别（主要包括牛仔裤、棉质裤类以及针织品等），而其中18个类别为中国内地受美国特保措施设立配额的项目。

（三）土耳其

土耳其于1995年加入世贸组织，1996年与欧盟订有关税同盟。欧盟2005年给予土耳其市场经济地位。此外，土耳其还与其他一些国家签订了自由贸易协议。自从全球纺织品配额取消以来，中国对西欧国家出口的纺织品大幅增长，给土耳其的纺织业造成了一定的压力。但目前土耳其通过技术改造和提高产品质量和设计水平已经逐渐克服了这一困难局面。2006 年纺织品服装出口总额 203.09 亿美元，纺织品出口排在出口国的第 8 位，服装排在第 4 位；2007 年纺织品服装出口 219 亿美元，其中纺织品出口 160 亿美元，增长 14.8%；2008 年受金融危机的影响纺织品服装出口略为下降 0.2%，达到 218.8 亿美元。

土耳其出口的主要纺织服装产品包括棉纺产品、成衣、针织物、化学长丝及其织物、化学短纤及其织物、地毯、被单、包装袋等。其中，棉纺产品如棉花、纱线、机织物等大约占到纺织品出口量的 21.8%。

由于地理位置的优势，土耳其出口的主要市场是欧洲。土耳其是欧盟纺织品、服装的第 2 大输入国，仅次于中国。每年土耳其出口到欧盟的纺织品服装占其总出口额的 2/3 以上。出口的主要国家包括意大利、德国、罗马尼亚、保加利亚、英国、波兰、西班牙、希腊等，俄罗斯和美国也是土耳其纺织品服装的主要出口国。

自从全球贸易自由化以来，土耳其一直努力摆脱廉价供应商的印象，从低价出口政策向优质高价计划过渡，向着质量、品牌、设计和创新方面发展，以求树立在国际市场的新形象。

第三节　国际纺织品服装的消费格局

一、世界发达国家和地区纺织品服装的消费格局

（一）美国

美国是世界上最大的消费市场。每年近 74000 多亿美元的国内生产总值，其中 65% 以上是“消费”。据美国人口统计局调查，2006 年，美国服装服饰零售店销售额为 2143 亿美元（其中包括零售店中销售的非服装商品，服装是其销售的一个重要部分），普通服装店销售额为 1561 亿美元，男装店销售额 97 亿美元，女装店销售额 390 亿美元，家居及休闲装店销售额 824 亿美元，鞋店销售额 261 亿美元，运动商品店销售额 350 亿美元，百货公司销售额 2180 亿美元。受金融危机的影响，2008 年和 2009 年大多纺织服装产品销售呈现下滑态势。

棉制品是美国纺织品消费市场上最受喜爱的纺织产品，目前其销售量占美国全部纺织品消费市场的 70% 以上，位居第二的是非织造布制品。吸湿快干、抗皱、排汗、防水等功能性纺织品尤其受到 35 岁以下年轻人的欢迎，这样的功能性纺织品主要用于运动装的制作。

美国的纺织品服装大部分都是从劳动力成本低廉的国家进口的。如美国每年大约有 98% 的鞋子都是从国外进口的，而且大部分是从中国和亚洲等国进口的。近年在美国非常盛行一些中等价位的、完全由美国制造生产的服装产品，其销售目标主要是针对青年消费群体，例如 Allen Edmonds 品牌鞋就是全部在美国制造的。

在购买服装时,美国消费者最关心的是价格和品牌。据统计,美国服装市场上,国家级名牌商品占市场零售额的48%。面对日益多元化的消费群体的需求,定位准确的零售商往往能够经营得更加成功。

(二)欧盟

欧盟国家的纺织服装市场从整体上可以分为两个消费档次:德国、法国、意大利、英国等发达国家属于第一个档次,对纺织服装的品质要求较高,消费数量较大;其次是希腊、葡萄牙、爱尔兰等国家,国民收入水平较低,纺织品服装消费相对较少。

据英国著名市场研究公司 Verdict 的报告表明,欧洲人在服装上每花 5 英镑,其中就有 4 英镑来自意大利、英国、德国、法国、西班牙和荷兰。意大利人的服装开销近年来一直居欧洲之首,英国人在服装上的开销也日益增多,2006 年位居欧洲第二。与此同时,葡萄牙、爱沙尼亚等国家的纺织服装消费也在不断增加。调查显示,爱沙尼亚年人均开支从 2001 年的 106 英镑增长到 2005 年的 209 英镑,几乎翻了一番。

另外,欧盟各国的纺织服装消费又各有其特点。法国人对服装服饰的时尚性要求很高,无论男女老幼,都衣着得体,搭配适宜。市场分析显示,法国人对于服装品牌非常重视,77%的 18 ~ 35 岁的消费者认为品牌是服装质量的第一保证。意大利服装消费支出约占个人消费支出的7%。轻松、休闲、宽松是意大利人日常服装的主要特点,另外运动装和户外服装已经成为意大利服装业销售增长最快的产品。与讲究浪漫和时尚的法国、意大利服装相比,德国服装更注重简洁、朴素和严谨。随着纺织服装绿色消费的兴起,德国消费者对纺织品和服装的需求已从传统的实用、美观日益趋向重视安全和卫生,特别对面料色质和偶氮染料等技术指标的要求明显提高。

(三)日本

日本是一个高度信息化、消费成熟化的国家。作为全球最具实力的消费市场之一,日本一直领先于亚洲其他各个国家市场。但最近 10 多年,日本纺织服装销售整体不景气。流行趋势的变化、消费者收入差距的逐步拉大以及人口年龄层次的增多都对企业未来营销策略造成深刻影响。目前日本消费市场的具体特征表现为以下几个方面。

1. 市场消费呈现出多元化　在日本市场中,消费者按照出生和成长年代被分为若干层次,每一代人都由于其所处历史时期和经济背景而被赋予鲜明的特征,这也使消费者具有多元化和复杂化趋势。

2. 年轻群体消费实力较强,且数量庞大　日本市场年龄层次在 20 多岁的消费者占全部消费者比例最高。由于他们中的大部分人都与父母居住在一起,从而不需要支付高昂的住所费用,因此用于购置服装的金额明显高于其他年龄段的消费群体。而其他大多数国家市场占比例最高的消费人群都在 40 岁左右。

3. 品牌忠诚度高　奢侈品牌在日本市场的畅销,是其消费市场最典型的特征之一。日本消费者对于很多拥有国际声誉的时尚大牌有着让人难以置信的忠诚度,比如路易·威登和古姿,这些品牌在日本市场受到消费者们的大力追捧。虽然市场竞争也非常激烈,但这些品牌销售额稳步增长。顶级欧美奢侈时尚品牌在日本市场的收入几乎能占到其全球市场总销售额的 35% ~50%。

4. 崇尚新奇化和个性化的产品　日本消费者对于国际时尚市场流行风潮的走向极为敏感,他们喜欢追逐那些与众不同的新奇服装。在这种思想的带动下,许多大学生和年轻职员喜欢购买二手服装产品,尤其对一些磨得面目全非的牛仔服、古董般的首饰格外欣赏,以显示自己卓尔不凡的品位。

二、世界发展中国家和地区纺织品服装的消费格局

亚洲国家纺织品服装的消费潜力正在逐步显现出来。2007 年世界著名咨询集团 AT 科尔尼公司公布其市场调查结果显示:全球包括服装在内的时尚零售市场发展指数排名榜上,前 10 位中,有 6 个国家市场来自亚洲,包括印度、中国、越南、马来西亚、乌克兰和沙特阿拉伯,另外泰国及韩国,也排名靠前。

(一)韩国

韩国的纺织品服装消费市场分布非常广泛,除了连锁店、专卖店,还有很多大型市场。如首尔的东大门纺织品服装市场,每年约有 12 万人次的外国游客光临。像这样规模的纺织品服装批发零售市场,韩国至少有 30 多个。

不同年龄段的韩国消费者在购买服装时呈现出不同的特点。40 ~55 岁年龄段的消费群体中,年花销金额约 495 美元;而 55 岁以上的消费群体年平均购置服装的金额约为 148 美元。另外,婴幼儿和 30 岁左右的消费群体,年均购置外衣 8. 4 件和 8. 1 件,购买数量最多,而 55 岁以上的消费群体年人均仅购买 2. 1 件服装。在购置内衣方面,30 多岁的消费群体无论采购数量和开销的费用都列居首位。目前,韩国的服装消费两极分化日益加深,来自亚洲的低档服装产品和来自欧洲的高档产品在市场上都占有优势。

(二)墨西哥

墨西哥为中等收入国家,拥有排名世界第 10 的人口数(2007 年约 1. 09 亿人口),其纺织品服装市场颇具吸引力。

以美元计算,墨西哥的人均收入比该地区其他国家高,然而收入的分布却极不平均,导致墨西哥的纺织服装消费呈现出明显的两极分化。墨西哥 20% 的人口享有近 60% 的家庭财富,这少部分形成了墨西哥纺织服装的高消费群体;而最贫穷的 20% 人口则仅能享用不超过 3. 5% 的家庭财富。有超过一半的墨西哥人每天靠不到 2 美元过日子,这部分人形成了非常低价成衣的消费族群。

目前,墨西哥国内服装市场受非法进口冲击严重,大约 60% 的服装市场被非法贸易商所控制,导致每年纺织服装业损失近 100 亿美元。墨西哥成衣产业商会(National Chamber of the Mexican Clothing Industry)的资料表明,墨西哥每年消费成衣 180 亿美元,但是其中 58%(约 104 亿美元)是消费在“非法”成衣上,这其中包括走私、偷窃、仿冒或由非正式工厂生产。据称非法成衣主要来源是自美国进口中国内地的服装。由于每天穿越美墨边界的人超过 100 万人,只有 5% 会被盘查,很难制止这种形式的进口品。

（三）俄罗斯

近年来，随着俄罗斯经济状况的好转，居民收入不断提高，市场上对纺织品服装的需求日趋旺盛，也大大促进了纺织品服装进口市场的繁荣。据俄官方统计，俄罗斯每年消费各类纺织品约170亿美元，服装大约360亿美元，消费棉布48亿平方米，丝绸9亿平方米，袜子约6亿双，鞋类63亿双，以及大量服装及枕巾、浴巾、床上用品等家用纺织品。

俄罗斯民族人口构成复杂，居民贫富差距很大，消费层次呈多元化。高消费阶层一般购买国际知名品牌服装，包括欧洲和莫斯科著名设计师的品牌。他们对服装的要求是质地好、品味高，设计精良、能突出个性化。但这类消费者在整个消费群中所占比例不大，仅为4%左右。中高档消费阶层占俄罗斯居民总数的20%，他们对衣着的要求是质量好，设计新颖大方，能体现个人气质，其购物场所多为一些较高档的大商店或超市。工薪消费者人数最多，约占居民总数的50% ~60%。他们把衣物作为生活必需品，基本上在大市场上购买，很少在成衣商店里消费。该消费群体对服装的基本要求是舒适大方、价格适中，同时也很注意服装的款式与工艺。低收入的贫民阶层约占居民总人数的20% ~30%，一般只购买清仓甩卖的服装。

俄罗斯大部分地区冬季长达6个月，为了抵御寒冷的冬天，俄罗斯人历来就有穿裘皮、革皮制品的习惯。在俄罗斯市场，当地人对裘皮及皮衣的需求量很高。俄罗斯每年的裘皮消费量达到1000万张，拥有约1亿人的庞大消费群体。俄罗斯也是针织服装的消费大国，市场销售所涉及的针织产品包括：羊毛衫、针织罩衫、针织外套、裙子、女用薄羊毛衣或化纤外衣等。

思考题

1. 目前国际纺织品服装形成了怎样的生产格局?
2. 三大纺织品服装市场和三大贸易圈分别指的是什么?
3. 美国的纺织品服装进出口贸易有哪些特点?
4. 试分析亚洲国家在当前的国际纺织品服装贸易中的地位和作用。
5. 试分析墨西哥和土耳其在国际纺织品服装贸易中的竞争优势。
6. 欧盟的纺织品服装进口国主要有哪些？各国的纺织服装生产具有怎样的特点？

参考文献

[1]中国纺织品进出口商会. 中国纺织品服装对外贸易年鉴2005/2006[M]. 北京：中国农业科学技术出版社，2006.

[2]杨以雄，富泽修身. 21世纪的服装产业[M]. 上海：东华大学出版社，2006.

[3]Michela Pellicelli. The new economics of outsourcing: empirical evidence from italian textile - apparel industry. Economia Aziendale online[J]. 2006(4):83 - 93.

[4]戴红梅. 变革中的印度纺织业. 纺织信息周刊[J]. 2005(3):16.

[5]吴崇伯.东盟国家拯救纺织服装业的新策略与成效分析[J].南洋问题研究,2007(1):9－16.

[6]墨西哥纺织服装业概况.纺织信息周刊[J].2005(1):39.

[7]易全.墨西哥寻求强化本土纺织及服装业实力.中国经贸[J].2007(7):70－71.

[8]郝杰.土耳其纺织服装:力求在国际市场树立新形象.纺织服装周刊[J].郝杰,译.2007(22):11.

[9]上海对外经济贸易协会.非洲纺织服装业的新商机国际市场[J].2006(9):23.

[10]赵敏,马丁.日本时尚零售市场:变则通　通则久[N].中国服饰报,2007－8－16.

[11]赵京霞,等.后配额时代的国际纺织品贸易[M].北京:中国纺织出版社,2006.

第三章　中国纺织品服装贸易竞争力分析

本章知识点

1. 纺织工业在中国国民经济中的作用。
2. 我国纺织服装工业的进出口现状、劳动力资源优势、品牌发展、技术现状、资源优劣势、企业规模、市场反应速度。
3. 加入世界贸易组织对中国纺织品服装国际竞争力的影响。

第一节　纺织工业在中国国民经济中的作用

纺织工业是我国国民经济的支柱产业。这主要体现在:第一,纺织工业是我国重要的民生产业;第二,纺织工业是我国在国际贸易中有竞争优势的产业;第三,现代纺织工业是可持续发展的常青产业。

一、纺织工业是重要的民生产业

(一)为全国人民提供了小康衣着

2007 年我国人均纺织品消费水平 16kg,比世界人均消费水平 11kg 高 46%,是 30 年前(1978 年)人均消费 2.9kg 的 5.5 倍。

(二)创造就业

2008 年我国在纺织服装企业就业的职工约达 2000 万人,其中规模以上企业 4.5 万个,1100 万人,占全国工业企业就业人口的 14%,并且 3/4 来自农村。

(三)衔接、支持“三农”

我国的纺织原料中约有 1000 万吨农产品,关系到 1 亿农民的作业和生计,农民一年有 2500 亿元现金收入来自生产纺织原料。如 2007 年我国纺织原料产量:棉花 762 万吨、羊毛 42 万吨、麻 73 万吨、蚕茧 95 万吨。

二、纺织工业在国际贸易中有竞争优势

2007 年我国纺织品服装出口额达到 1756 亿美元,2008 年出口额 1852 亿美元,2001 ~ 2008 年平均年增长率为 18.9%,是全国商品出口总额的 14%,是世界纺织品服装出口总额的 30%,我国纺织品服装的出口量约占全国产量的 27%左右。2001 ~ 2008 年我国纺织出口顺差 7920 亿美元,是全国贸易顺差的 83%。

我国出口的纺织品服装在进口国中的进口比重大。如2006年,在美国占29%,欧盟占31%,日本占76%,加拿大占37%,以上4个国家和地区占我国纺织品服装总出口的63%。我国出口到东南亚的主要是纱、面料、化纤,可起到互补共赢的作用;出口到俄罗斯、拉美地区,可补充他们的不足。总体看,我们纺织品服装的出口产品是比较好的,是实惠的,受到外国消费者和采购商的欢迎,这也是国外著名品牌来我国订货的原因之一。

另外,从2006年世界纺织品服装出口市场的结构来看,中国内地占27.2%、欧盟(对外)8.8%、中国香港地区8.0%、印度3.7%、土耳其3.7%、巴基斯坦2.2%,可以看出中国是遥遥领先的。

三、纺织工业是可持续发展的常青产业

(一)国内市场前景看好

我国是发展中国家,人民衣着虽已基本达到小康,但还没有达到全面小康。我国人均纤维消费16kg/年,比发达国家30~40kg/年还有较大差距,还有较大的提升空间。

我国农村人口7.3亿,占全国55%,城镇人口5.9亿,占全国45%。城镇居民对衣着提出了更高要求,个性化、多功能的高档纺织品服装越来越受到人们的欢迎;随着我国经济的持续发展,居住条件的极大改善,家纺市场将不断扩大;随着工业发展,产业用纺织品的需求将快速增长;随着农业经济的发展,生活水平的提高,农民将会有更多的衣着消费。据统计,2007年全国人均衣着类消费:城镇1042元/(年·人)、农村193元/(年·人),农村和城镇的衣着消费水平是1:5.4,差距较大,因此农民的服装需求水平有待于进一步提高。

(二)国外市场前景仍然看好

1. 世界纺织品服装生产与消费持续增长 2000~2006年世界纤维产量年均增长4.8%,从5438万吨增加到7190万吨,世界纺织品服装出口年均增长6.9%,从3548亿美元增加到5300亿美元。

美国2000~2006年纺织品服装消费量年均增长2%,从1105万吨增加到1246万吨;纺织品服装进口额年均增长5%,从747亿美元增加到1073亿美元;欧盟2000~2007年纺织品服装进口值年均增长11%,从683亿美元增加到1035亿美元;日本2002~2007年纺织品服装进口额年均增长3%,从245亿美元增加到300亿美元。

2. 发达国家的纺织生产总体下降 发达国家的纺织工业,初加工生产已大大萎缩。美国棉纺锭已从1950年的2179万锭下降到2006年的123万锭;英国棉纺锭已从1950年的1036万锭下降到2006年不到30万锭,欧盟2000~2007年纺织工业生产指数年均下降3%,日本棉纺锭已从1970年的1176万锭下降到2006年151万锭,日本2002~2007年纺织工业生产指数年均下降4%。由此可见,只要我们把纺织产业升级做好,我国纺织品服装的国际贸易优势是可以保持和提升的。

(三)我国的纺织品服装出口市场已向多元化发展

我国的纺织品服装出口在地域上,已在向多元化发展。就2007年统计,我国纺织品服

装出口总额 1756 亿美元，其分布如表 3－1 所示。

表 3－1　2007 年我国纺织品服装出口额分布（亿美元）

国家和地区	美国	欧盟	日本	加拿大	东盟	俄罗斯	非洲
金额	266	292	203	46	109	101	91
国家和地区	韩国	土耳其	澳洲	墨西哥	中国香港	中国澳门	合计
金额	57	29	29	18	182	10	1756

由表 3－1 可见，我国纺织品服装出口既有重点地区，又向全球多元拓展，有弹性、可调节性和主动权。2008 年，我国纺织品服装出口总额 1852 亿美元中，至美国、欧盟、日本的共计 856 亿美元，已下降到我国纺织品服装出口总额的 46%。

第二节　国际竞争力与产业竞争力理论

一、国际竞争力理论及其应用

（一）国际竞争力理论

20 世纪 80 年代初以来，主要发达国家的官方机构、民间组织和学术界对国际竞争力的研究日趋活跃。其中影响最大的有三种：国际贸易观、波特的国家竞争优势理论、世界经济论坛（WEF）瑞士国际管理发展学院（IMD）的国际竞争力评价体系。

1. 国际贸易观　这种观点认为，一国的国际竞争力就是其对外贸易竞争力，一国的国际竞争力可以其外贸竞争力来反映和衡量，影响对外贸易活动的内在因素可以用来解释一国国际竞争力的强弱。

外贸竞争力是指一国或地区在国外市场份额并获取长期利润的能力。外贸竞争力是一国国际竞争力的主要表现之一，它集中体现了一国输出扩张的国际竞争力。

2. 波特国家竞争优势理论　哈佛商学院的迈克尔·波特 1990 年出版的《国家竞争优势》一书及其理论是他与同事对遍布 10 个国家的 100 个行业进行研究后的成果。波特认为现有的国际贸易理论存在一定的缺陷，即问题的关键是应当揭示为何一个国家在某个特定行业能够获得国际性的成功，进而取得垄断性的行业地位。

（1）波特理论的中心思想。波特理论的中心思想是一个国家的四个基本方面的特质构成该国企业的竞争环境，并促进或阻碍国家竞争优势的产生。这些特质包括：

①资源与才能要素：指一个国家的生产要素状况，包括熟练劳动力以及在某一行业竞争所必须具备的基础设施条件。

②需求条件：指对某个行业产品或服务的国内需求性质。

③关联和辅助性行业：指国内是否存在具有国际竞争力的供应商和关联辅助行业。

④企业战略、结构和竞争企业：指一国内支配企业创建、组织和管理的条件，以及竞争的本质。

波特将这四方面的特质构成一个菱形，并认为当某些行业或行业内部的菱形条件处于最佳状态时，该国企业取得成功的可能性最大。波特菱形同时还是一个互相促进增强的系统，任何一个特质的作用发挥程度取决于其他特质的状况。比如，良好的需求条件并不能导致竞争优势，除非竞争的状态已达到促使企业对其做出反应的程度。

机遇和政府是另外两个能够对国家菱形条件产生重要影响的变量。比如，包括重大技术革新在内的一些机遇事件会产生某种进程中断或突变效果，从而导致原有行业结构解体与重构，给一国的企业提供排挤和取代另一国企业的机会。政府部门通过政策选择，能够削弱或增强国家竞争优势。例如，法规可以改变国内需求条件，反托拉斯政策能够影响行业内竞争的激烈程度，政府在教育领域的投资可以改变才能资源等。

(2)波特理论的贡献。波特的国家竞争优势理论弥补了其他国际贸易理论的不足，较圆满地回答了理论界长期未能解答的一些问题，对国际经济理论的发展做出了贡献。同其他的贸易理论（特别是比较利益理论）相比，波特理论的贡献可以归纳为以下几点：

①提出了一个重要的分析工具。波特提出的国家竞争优势的决定因素系统，为我们分析各国竞争优势的基础，预测它们竞争优势的发展方向以及长远发展潜力提供了一个非常有用的分析工具。

②强调动态的竞争优势。传统的比较利益理论强调的是静态的比较利益，注重的是各国现有的要素禀赋，比如丰富的自然资源、廉价的劳动力等初级要素，因此它不能解释为什么像日本、韩国这类资源稀缺的国家在众多领域获得竞争优势，而许多资源丰富的国家却长期落后的原因。波特从动态的竞争优势角度比较圆满地解决了这一问题：日本、韩国这类国家的竞争优势来自不断创造的要素优势。不断创造的要素比静态的要素更能持久，其优势会随着时间的推移、知识的积累而增加，而靠静态的要素禀赋获得的竞争优势则会随着要素禀赋的消耗而减少。随着科学技术的迅猛发展，新能源、新材料的大量问世，初级要素的相对重要性进一步降低，动态竞争优势的重要性将进一步加强。

③强调国内需求的重要性。国内需求对企业竞争优势的影响是被传统的贸易理论忽视了的。波特的理论则毫不含糊地指出了国内需求同国家竞争优势之间的因果关系。国内买主的结构、买主的性质、需求的增长、需求结构的变化都对一国的竞争优势有决定性的作用。

④强调国家在决定企业竞争力方面的关键作用。随着生产的全球化，许多学者认为国家在决定企业竞争优势方面的作用越来越小，企业可以摆脱国家的束缚，在全球范围组织经营，在成本最低的地方生产，在利润最高的地方销售。国际环境可以代替国内环境。波特提出的国家竞争优势理论无疑是对上述观点的反驳，其理论强调加强国家对企业竞争优势的培育和促进，对企业竞争优势的发展无疑是有积极意义的。

3. 世界经济论坛和瑞士国际管理发展学院的国际竞争力评价体系　WEF和IMD自20世纪80年代创立国际竞争力评价体系以来，无论从概念到理论，还是从统计方法到分析方法都在不断发展。两机构不断谋求对复杂经济过程的更系统科学地描述和分析，谋求新的经济增长理论，谋求社会、政治与经济过程的一体化研究模式。目前参加这一评价体系的有59个国家和地区，其总产出、贸易总量和投资总量占整个世界的95%以上，包括了世界经济活动中的全部主要国家和地区。

(1)对国际竞争力概念的扩展。国际竞争力比较研究的重点是受环境左右而形成的竞争力,也就是探讨外部环境或经济体制对一国企业形成国际竞争力的作用程度。从本质上说,一国国际竞争力的高低取决于经济体制的设计、改革和经济政策的选择。因此,国际竞争力不能狭义地理解为仅仅是企业竞争力。

(2)国际竞争力评价理论。瑞士国际管理发展学院的《世界国际竞争力年鉴》从国际竞争力的定义出发,强调国家整体的现状、实力和发展潜力,兼顾国际竞争的资产条件和竞争过程、国内经济与全球经济、引进吸收与输出扩张、个人风险与社会凝聚力的整个国家经济社会发展的四大平衡关系,强化市场经济理论在系统描述中的评价原则的开发与运用,建立系统科学的综合评价体系。

(3)国际竞争力评价的准则。WEF 和 IMD 于 1994 年 9 月联合发表了《1994 年国际竞争力报告》,该报告修改了国际竞争力的定义和评价准则。它们认为:"国际竞争力是指一国或公司在世界市场上均衡地生产出比其竞争对手更多财富的能力。"国际竞争力是竞争力资产与竞争力过程的统一。资产是指固有的(如自然资源)或创造的(如基础设施);过程是指将资产转化为经济结果(如制造),然后通过国际化(在国际市场测量的结果)产生出国际竞争力。国际竞争力可用下述公式表述:

$$国际竞争力 = 竞争力资产 \times 竞争力过程$$

(4)国际竞争力评价的指标体系及方法。在指标体系上,1997 年的《全球国际竞争力报告》包括 195 个指标,其中硬指标 68 个,软指标(通过全球专家问卷调查得到的指标)127 个。指标体系划分为 8 大要素和主要经济指标 9 个部分,8 大要素是:开放度、政府管理、金融、基础设施、技术、企业管理、劳动力、法规和社会文明。

1997 年《世界国际竞争力年鉴》包括 244 个指标,其中硬指标 160 个,软指标 84 个。指标体系划分为 8 大要素,它们是:国内经济实力、国际化、政府管理、金融、基础设施、企业管理、科学技术、国民素质。

从总体上看,世界经济论坛的评价体系中软指标占全部指标的绝对多数,而瑞士国际管理发展学院的评价体系中硬统计指标占了绝对多数。在多指标综合评价方法上,两家机构所采用的基本方法是一致的,即在统计标准化之后加权综合,但是各自选择的权数不同。

(二)国际竞争力理论的应用

1. 世界市场整体发展竞争格局和主要因素分析　国际竞争力理论最直接的应用莫过于用来揭示世界各国在世界市场竞争中所处的位置,从而揭示世界市场整体发展的竞争格局。进一步地,通过对国际竞争力内部八大要素及其子要素竞争力的分析,又可以推断出国际竞争力格局演变的主要决定因素,从而有助于对未来竞争力格局做出正确预测并作出相应决策。

2. 国际竞争力在国家发展中的提高与发展作用　国际竞争力研究的出发点即是为了比较和分析国家间竞争实力的差异,因而利用国际竞争力资料和理论,通过国际比较,有助于发现一国的竞争优势与劣势所在,并能学习其他国家发展的经验,达到取长补短,共同提高与发展国际竞争力之目的。

3. 国际竞争力与重大发展关系的实证研究　国际竞争力涵盖的范围很广,对于进行重大发展关系的实证研究很有好处。WEF 就全球经济中的七大重要现象利用国际竞争力资料进行了分析，包括外国直接投资与市场增长研究，吸引外国直接投资的因素分析，信息技术角色的研究，中美洲经济变动研究，环境管制与竞争力研究，追赶与差距弥合的研究，国际竞争力中不可测度问题的研究等。当然国际竞争力还可以运用于更广泛的领域，如产业结构与国际竞争力的关系研究等，因此国际竞争力是开发价值很大的研究课题。

4. 国际竞争力对经济理论发展的作用　在对国际竞争力进行实证分析的过程中，不仅可以验证已有的经济理论，而且可以针对新现象和新问题对已有经济理论进行补充或修正，甚至可以发展出新的理论。如在 WEF 对环境与竞争力的研究中，就得到了许多很有价值的结论，对可持续发展理论有重要意义。

二、产业竞争力理论及应用

产业竞争力亦称产业国际竞争力，指某国或某一地区的某个特定产业相对于他国或地区同一产业在生产效率、满足市场需求、持续获利等方面所体现的竞争能力。竞争力实质上是一个比较的概念，因此，产业竞争力内涵涉及两个基本方面的问题：一个是比较的内容，一个是比较的范围。具体来说：产业竞争力比较的内容就是产业竞争优势，而产业竞争优势最终体现于产品、企业及产业的市场实现能力。因此，产业竞争力的实质是产业的比较生产力。所谓比较生产力，是指企业或产业能够以比其他竞争对手更有效的方式持续生产出消费者愿意接受的产品，并由此获得满意的经济收益的综合能力。产业竞争力比较的范围是国家或地区，产业竞争力是一个区域的概念。因此，产业竞争力分析应突出影响区域经济发展的各种因素，包括市场占有率、资源优势、成本比较、产业规模等。

纺织服装工业是我国的传统优势产业，是我国具有较强国际竞争能力和对国际市场依存度较高的产业。竞争力是体现出一个企业能够比其他企业更有效地向消费者或者市场提供产品或服务的能力，同时能够获得自身发展的能力或者综合素质。

加入世贸组织，中国的产业对外开放程度大大加强，地区产业竞争的基本格局发生了根本性变化，促使我国各种产业完成从封闭式发展到开放性竞争的转变。封闭式发展使得这些产业高度垄断，严重削弱了他们的竞争意识和竞争能力。世贸组织的加入，使得这些产业面临国际竞争国内化的严峻挑战。同时，“入世”后的国际国内环境对我国的国有企业改革、金融体制改革、社会保障体系改革、市场环境改善等方面都产生了深刻的影响，而这些影响很大程度上改变了提高我国产业竞争力的宏观环境。因此，对产业竞争力理论的研究与实践应用，对于我国应对“入世”所带来的机遇与挑战具有重要意义。同时，通过对我国现阶段产业竞争力现状的分析，明确其中有利和不利因素，为提高我国产业竞争力提供参考。

第三节　中国纺织工业国际竞争力分析

一、中国纺织服装产品的国际市场占有率

据统计，截至 2009 年初，中国纺织服装产业直接就业 2000 余万人，从事纺织上下游相

关行业就业近5000万人，占全球纺织服装贸易额30.1%，服装出口雄踞全球第一，纺织工业为我国经济的起步和腾飞、居民真实财富增长和社会持续稳定做出了重大贡献。1995～1997年随着国内外虚拟经济的持续升温，我国纺织服装业一度被认为是夕阳产业和弱势产业，伴随着全球虚拟财富幻觉的灭失，21世纪初期，我国纺织服装重新被正确定位为“国民经济的支柱产业”“国际竞争优势明显的产业”。

近几年，受国际需求减缓、人民币对美元持续升值、综合要素成本不断上涨、加工贸易门槛提高、企业融资环境趋紧等因素影响，虽然我国纺织品服装出口增长有所放缓，但仍保持着增长的势头。2008年1～8月，我国纺织品服装出口1190亿美元，同比增长9..2%。其中，8月纺织品服装出口190亿美元，同比仅增长2.7%，服装当月出口下降了0.8%。欧盟、美国、日本和中国香港仍为我国纺织服装主要出口市场。其中，对欧盟出口261.7亿美元，增长40.1%；同期，对美国出口164亿美元，增长0.7%；对日本出口129.7亿美元，增长6.1%；对中国香港出口107.1亿美元，下降12.3%。上述四个市场合计占同期我国纺织服装出口总值的55.7%。据海关统计，2008年我国纺织服装产品出口主要特点有：

1. 纺织纱线织物及制品出口增速明显快于服装出口增速　2008年，我国服装及衣着附件出口400.9亿美元，增长9.3%，纺织纱线、织物及制品出口260.4亿美元，增长26.3%，高于2007年同期服装出口增速17个百分点。而2007年同期的情况则完全相反，2007年我国服装出口增速高于2006年同期纺织纱线、织物及制品7.3个百分点。

2. 对欧盟出口增长迅猛，对美国和日本出口平缓　2008年，我国纺织品服装对欧盟出口136.1亿美元，比上年同期增长43.1%；美国86.4亿美元，比上年同期增长1.4%；日本80亿美元，比上年同期增长7%，上述3个市场合计出口302.5亿美元，占同期我国纺织服装出口总值的45.7%。此外，对东盟出口41.1亿美元，比上年同期增长29.3%。

3. 一般贸易仍居主导地位，边境小额贸易成为重要拉动力量　2008年，我国以一般贸易方式出口纺织服装456.3亿美元，比2007年增长12.2%，占同期我国纺织服装产品出口总值的69%；其中纺织纱线、织物及制品187.6亿美元，比2007年增长29.6%，服装及衣着附件268.7亿美元，比2007年增长2.6%。同期，加工贸易出口155.2亿美元，比2007年增长8.8%；边境小额贸易出口37亿美元，比去年激增1.7倍，对同期纺织服装出口增长的贡献率高达26.3%。

4. 私营企业增长迅速　2008年初，我国私营企业出口纺织服装260.5亿美元，比去年同期增长23.2%。此外，外商投资企业225.7亿美元，比去年同期增长13.8%。

从整体看来，我国纺织品服装出口仍具有较强的竞争力，特别是劳动密集型的服装出口竞争力比较高。

二、资源优势

原材料成本是影响纺织服装业竞争优势的另外一个较为重要的因素。作为纺织服装业的主要原料，中国具有世界上独一无二的天然纤维资源和正在迅速发展的化学纤维资源优势。

中国是棉花生产大国，从1985年以来我国的棉花产量一直位居世界第一，占世界棉花产量的25%左右，棉花的自给率达80%，大部分棉纺织品生产规模位居世界第一位，棉纺织品出口有很大的比较优势。下图为我国2000～2007年的棉花产量变化图，从图中可以看出，2007年我国棉花产量已达762万吨左右。此外，我国还是羊毛生产大国，仅2007年全年我国羊毛产量就达到42万吨，同时，麻与蚕丝等天然纤维的产量也成绩喜人，分别为73万吨和95万吨。化学纤维方面，2007年中国的化纤产量达2400万吨左右。中国是涤纶生产大国，产量一直位居世界第一，既能满足国内消费又可大量出口。

另外，中国还有丰富的兔毛、大麻等天然纤维资源，近几年又发展了很多新型纤维，如大豆纤维、竹纤维等。由此可知，中国具有较充足、较便宜的纺织原料资源，这为纺织服装业的发展提供了先决条件，与其他国家及地区相比是一个明显的比较优势。

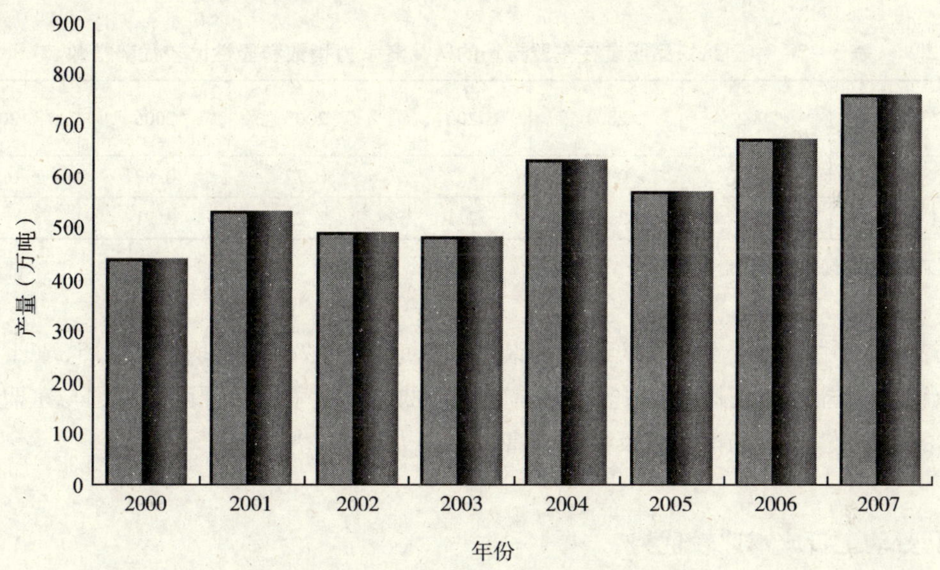

我国2000～2007年的棉花产量变化图

三、竞争力指数和显性比较优势指数

我们用贸易竞争力指数和显性比较优势指数来分析中国纺织品服装的竞争力。

贸易竞争力指数（Trade Special Coefficient，TC）是指一国进出口贸易差额占进出口贸易总额的比重。计算公式为：

$$TC = \frac{V_e - V_i}{V_e + V_i}$$

式中，TC 代表产品贸易竞争力指数；V_e 代表某类产品的出口值；V_i 代表某类产品的进口值；TC 的取值范围在 -1 和 1 之间。通常，$TC \geqslant 0.8$，则该产品具有很强竞争力；若 $0.5 \leqslant TC < 0.8$，则该产品具有较强竞争力；若 $0 \leqslant TC < 0.5$，则具有强竞争力，若 $TC = 0$，则该产品具有一般竞争力；若 $-0.5 \leqslant TC < 0$，则该产品具有低竞争力；$-0.8 < TC < 0.5$ 则具有较低竞争力；$TC \leqslant -0.8$，则是有很低的竞争力。贸易竞争力指数从产品的进出口的数量来分析某类产品在国际市场上的表现，具有简单、直观的特点，能够快速反应产品在某一时点或连续某一阶段产品竞争力的变化。

显性比较优势指数(RCA)指一国总出口中某类产品所占份额相对于该产品在世界贸易总额中所占比例的大小。其公式为:

$$RCA = \frac{X_e / X}{W_e / W}$$

式中:X_e 为一国某类产品的出口额;X 为一国所有产品的出口额;W_e 为该类产品的世界出口总额;W 为所有产品的世界出口总额。一般认为,若 $RCA \geqslant 2.5$,则具有强的竞争力;若 $1.25 \leqslant RCA < 2.5$则具有较强的竞争力;若 $0.8 \leqslant RCA < 1.25$,则具有一般的竞争力;若 $RCA < 0.8$,则具有弱的竞争力。

以中国纺织品服装在东盟市场的贸易竞争力指数为例来分析(表3-2)。

表3-2　中国纺织品服装在东盟市场的贸易竞争力指数和显性比较优势指数

指数＼年份	2002	2003	2004	2005	2006	2007
TC 指数	0.56	0.69	0.73	0.77	0.82	0.86
RCA 指数	2.00	2.20	2.10	2.22	2.21	—

数据来源:山东国际商务网。

从表3-2中可以看出中国纺织品服装在东盟市场的 *TC* 指数均大于0.5,*RCA* 指数均大于2,说明中国纺织品服装在东盟市场具有较强的市场竞争力。原因是中国与东盟相比拥有成熟的生产技术、市场推广以及极为丰富的劳动力。

四、劳动工资成本比较优势

我国是一个发展中国家,具有丰富的劳动力资源。尤其是在我国的西部地区及一些经济不发达地区,劳动力资源极其丰富且成本更加低廉。目前,我国制造业的整体工资成本仍处于较低水平,这将在相当长一个时期内保持我国纺织品和服装在价格上的竞争优势。与其他纺织品服装出口国和地区相比,我国在劳动力工资成本方面具有较强的竞争力。表3-3为美国国际咨询研究所提供的2007年世界主要纺织服装产品的生产或贸易大国劳动力成本情况,其中我国的劳动力工资成本最低。2007年我国纺织业每小时工资平均为0.7美元,分别相当于美国的1/24、日本的1/32。

表3-3　2007年主要国家和地区纺织业劳动力成本比较　单位:美元/(人·h)

国家或地区	美国	日本	英国	中国香港	土耳其	中国沿海	中国内陆	印度
劳动力成本	16.92	22.69	23.42	6.21	2.96	0.85	0.55	0.69

数据来源:WERNER国际纺织权威统计所。

此外,与很多新兴的纺织服装生产国相比,我国劳动力具有较高的综合素质,这反映出中国劳动力在素质价格比方面的优势。同时,中国纺织服装工业具有较完整的传统工业体系,正在改革的产业技术和企业机制、良好的外部配套设施和基础设施,丰富的原材料和能源等,这些因素为发挥我国劳动力成本优势提供了有利条件。

从表3-3中的数据分析,除印度的劳动力工资水平比我国沿海地区的略低以外,其他国家或地区均远高于我国。土耳其是欧盟纺织品服装的最大出口国,其劳动力工资成本是我国沿海地区的3.48倍、内陆地区的5.38倍。虽然印度纺织服装业的劳动力工资低于我国该产业的平均工资[0.7美元/(人·h)],但是由于其劳动力素质、产品质量、生产的总体规模等因素的影响,目前其纺织服装出口额还不能与我国相比。可以看出,我国的纺织服装出口在世界出口总量中的领先地位,且这一地位在今后很长一段时期内仍然是稳定的。

五、企业规模优势

规模以上工业企业是指全部国有企业(在工商局的登记注册类型为"110"的企业)和当年产品销售收入500万元以上(含)的非国有工业企业。

尽管近几年来国际经济形式多变,但我国的纺织工业仍保持了较平稳的发展势态。据统计,2007年我国纺织服装业规模以上企业工业总产值达到30800亿元,提高了21.15%,主要产品产量大幅增加:化纤产量2457万吨,同比增长18.5%;纱产量2014万吨,同比增长15.6%;布产量506万吨,同比增长12.7%;服装产量600亿件,同比增长17.6%;全年加工纤维总量约达3530万吨,比上年提高15%。

据国家统计局2007年1~11月数据,我国纺织企业约44232户,实现利润1063.46亿元,其中,规模以上企业约1.4万户,实现利润957.11亿元,其利润率大于3.97%。

充分利用我国纺织服装企业的规模优势,提高企业自主创新能力,加快产业发展方式和出口增长方式的转变,有利于我国纺织服装业国际竞争力的增强。

六、市场反应速度与反应机制

在现代纺织服装的生产中,市场反应速度与反应机制对于企业的发展至关重要,它甚至涉及企业的生死存亡。由于我国的一些纺织服装企业缺少必要的方法手段来及时地掌握市场变化信息和服装行业的发展趋势,因此企业对市场变化的反应速度与应变能力较差,产品的更换赶不上国内国际市场的发展要求。相比之下,很多发达国家的纺织服装企业对市场的要求及变化可以做出非常快的反应,如美国的服装生产企业从接单到交货的周期一般为三周,而我国的一些企业需要三个月。另外,我们的服装面料及服装款式跟不上国外流行趋势的变化。因此,对于我国服装企业来说,要想改变现状、跟上国内国际市场的变化,就只有利用网络通信技术、网络人才,通过增加投资,才能及时了解和跟上国内国外纺织服装市场的发展信息,并且及时反馈给企业的供销和设计部门。

七、品牌意识及其发展

虽然,我国已经成为世界纺织品服装产品的出口大国,但若仔细分析其出口产品的结构,我们可以清楚地看到,在所有的出口产品中,加工贸易仍然占有一定比重,尤其是我国出口的服装产品大都为低附加值的产品，没有自己的品牌。例如，2008 年我国的纺织服装出口量约占国际市场的 30%，但在出口成衣中，没有国际公认的知名品牌，出口服装的单价不及意大利服装的 10% 甚至 1%。可见我国出口商品一直处于价值链的低端。

综上所述，目前的中国既是纺织品服装的一个制造大国，也是出口贸易大国，但不可否认的又是一个品牌弱国，与世界上发达国家的品牌相比还有很大的差距。其一，在品牌的营销方式、力度和经营模式上存在很大的差距。当今国际市场的竞争是品牌的竞争，要想占领市场、赢得竞争就需要拥有品牌，拥有品牌就意味着占有市场份额，此二者相辅相成，互相促进，某种情况下甚至可以说拥有品牌比拥有工厂更为重要。放眼世界，国际上众多著名品牌成功的要素之一就是做好品牌的营销工作，而我国服装产品的品牌在这方面与国际品牌有很大的差距。世界知名时装品牌如“古琦”“夏奈尔”“范思哲”“老板”等以他们独特的品牌经营模式，在国际服装界取得了巨大的成功并垄断了世界时尚服装的消费市场。其次，我国品牌服装在市场占有率方面仍不尽人意。据统计，国际知名品牌在全球品牌中所占的比例不到 3%，但市场占有率却高达 40%，销售额超过 50%，而我国拥有的自主世界知名品牌寥寥无几。再次，我国企业缺乏应有的知识产权保护意识。要想创一个好的品牌，不仅需要一个漫长的时间去打造品牌，也需要用心保护所创品牌，才能使之持久。而我国的一些企业经营者却没有或缺乏品牌的知识产权保护意识，常常因此受到很大损失。

八、生产效率

在市场经济的环境下，衡量一个企业是否成功的唯一指标是利润最大化。企业要实现利润最大化关键是要提高企业内部的管理效率。

我国棉纺行业随着科技进步和产业升级，比如推动紧密纺等先进纺纱技术，推广细络联合机的使用，通过采用先进装备技术和加强管理的方法，减少万锭用工量，已经达到每万锭用工 50 ~ 60 人（国际最先进水平为每万锭 25 人）。现在棉纺织行业的从业人员有 300 多万人，减少万锭用工后，生产效率可以大幅提高。

对于服装行业来说，服装企业所面对的市场具有明显不同于其他企业的特点：一是交期短。客户一般会在服装畅销时，立即向生产企业发出订单，并且要求在短期内交货，避免由于气候的轻微变化而引起的服装滞销，最后不得不淡季降价促销，或者积压至第二年时销售。二是花样繁多。当前的社会是个性化十足的社会，每个消费者都希望自己所穿着的服装能够彰显个性，甚至希望在全世界不存在完全相同的两件服装。客户总希望店铺中所陈列的服饰花样繁多，能够满足不同消费者的不同需求。三是批量小。由于穿着服装的消费者身材各异，客户在订单中均要求大小型号不同数种，且数量较小，以避免造成成品的积压。特殊的市场特点要求服装企业要具备高生产效率才能及时抓住商机，否则就会失去客户。例如，我国某服装企业从接单到交货，通常需要一个多月的时间，而客户可以承受的交货期是 25 天。这家企业由于不能按时交货，经常不得不改变交货方式，由海运改为空运，企业为此每年支出空运费数十万元。因此，生产效率的提高是保证顺利交货，使企业获得较高利润回报的先决条件，也是提高企业竞争力的有力保证。

九、国际、国内环境

（一）国际环境

截至2008年，世界上已有的区域经济组织共有22个，例如：欧盟、北美自由贸易区、东南亚国家联盟。以下重点介绍欧盟、东盟对我国纺织服装业的影响。

2007年5月，欧洲纺织品服装生产商就敦促欧盟委员会采取行动，以应对2007年底中欧配额制度到期时，中国纺织品可能给他们带来的猛烈冲击。面对联盟内部纺织服装生产商的压力，欧盟委员会一方面宣布取消对我国纺织品配额限制；另一方面根据中国入世协议，欧盟在2012年前可以采用特定产品过渡性保障条款，即一旦世贸组织成员认为原产于中国的产品对其国内市场造成扰乱，就可提请采取"特保措施"进行限制。除"特保措施"外，其他的贸易保护手段如反倾销措施、反补贴和保障措施等，对中国纺织品出口的危害要比单纯的配额限制大得多。

面对欧美国家频繁启动保护措施和设立贸易壁垒，我国一些纺织企业正在利用中国—东盟自由贸易区的各种优惠条件加快"走出去"步伐，在越南、缅甸、老挝和柬埔寨等国家投资建厂以实现"曲线出口"。

中国—东盟自由贸易区的建立，使我国纺织行业面临重大发展机遇。中国和东盟纺织产业相对较弱的国家进行合作，如在东盟国家开展纺织品加工，可以规避贸易摩擦、降低贸易风险。

（二）国内环境

1. 新《劳动合同法》的实施　纺织服装行业似乎每年都会面临一些新课题。2008年实施的《劳动合同法》无疑意味着一个挑战，而其挑战的正是典型的劳动密集型产业，依靠低劳动力成本发展起来的纺织服装行业。对于用工制度规范的企业来说，《劳动合同法》实施后，企业用工成本的增加主要体现在固定期限合同期满终止时（除法定情形外），企业也需依法向员工支付经济补偿金。而对于用工制度不规范的企业来说，《劳动合同法》实施后的用工成本则将大大增加。比如企业违法解除或者终止劳动合同，需要按照经济补偿金标准的2倍向劳动者支付赔偿金。对未按照劳动合同的约定或者国家规定及时足额支付劳动者劳动报酬、低于当地最低工资标准支付劳动者工资或是安排加班不支付加班费的用人单位，劳动行政部门将责令限期支付，逾期未付的，用人单位需按应付金额50%以上100%以下的标准向劳动者加付赔偿金。此外，《劳动合同法》将社会保险条款作为劳动合同的必备条款，对于之前未替员工缴纳社会保险金的企业来说，无疑更是一笔庞大的支出。

现实情况是，国内规模以上纺织企业往往拥有较为完善和规范的用工制度，而高新产品的不断研发问世，也使这些企业的利润率普遍高于行业平均水平，因此《劳动合同法》的实施对这些企业的影响甚微。而在用工方面不规范的，往往是那些低成本、低利润的中小民营企业。

《劳动合同法》实施前，一些企业为规避法定义务不愿与劳动者签订长期合同。大部分劳动合同在1年以内，劳动合同短期化倾向明显，影响了劳动关系的和谐稳定，也在一定程度上影响了职工的就业稳定感和对企业的归属感。《劳动合同法》实施后，将加速外来务工者向可提供长期稳定就业环境的企业流动，同时也将使用工制度不规范企业的用工缺口进一步增大，加速企业优胜劣汰。

此外，伴随着《劳动合同法》的实施，更加和谐的以人为本的劳资关系正在逐步建立。“生产关系影响生产力”，在这个过程中，纺织行业传统的生存法则将被“颠覆”，一种代表更先进生产力的竞争法则将成为未来企业发展的核心。

2. 人民币升值　人民币升值对于劳动密集型制造行业，尤其是纺织服装业的影响是最大的。再加上产品出口缩水、原材料及劳动力成本上涨等因素影响，可以说目前我国的纺织服装行业正面临着一个艰难的局面。

(1)人民币升值会导致纺织产品出口价格相对提高。人民币升值会导致纺织产品出口价格相对提高，降低了出口纺织产品在国外市场的价格优势。同时纺织业出口还会受到出口收入转化成人民币时的汇兑损失。例如，原来100元出口的商品，当汇率上升5%后，其在国外的价格就相应上升5%，这对纺织产品在国外市场上的竞争力将有较明显的影响，因为价格相对提高了；但如果保持外币表示的价格不变，那么出口利润就得相应减少。据有关部门测算，当人民币升值1%，纺织行业利润将减少2%。

(2)人民币升值还将导致国内纺织企业竞争加剧。当外销产品国外市场压力不断加大时，不少出口型企业会把目光转向国内市场来求得生存和发展。很多纺织企业迫于人民币升值的形势，已经开始将目光转向国内市场，这必将使国内的纺织品市场竞争加剧。

(3)影响行业就业。人民币不断的升值会使纺织业出口成本越来越高，出口价格竞争也越来越激烈，这必然使部分利润小、经营管理不当的中小企业面临经营的困境，不得不大量裁减用工。同时，纺织业要应对人民币升值就不得不进行管理革新、技术改造，而新技术和新管理经验的改造与推广，必然能带动生产效率的大幅提高，以降低成本应对人民币升值。但是这又会使得纺织业对纺织职工的需求减少，从而对就业的前景产生重要影响。

3. 生产资料成本上升　2007年以来，纺织行业使用的各种原辅料、水、电、蒸汽、包装、物流、工业用地等生产要素价格全面上涨，企业成本压力不断加大。根据统计数据测算，2007年，规模以上纺织企业仅因原料、能源动力价格上涨就增加了约600多亿元的成本，约为当年规模以上企业利润总额的1/2。印染企业的能源成本从15%～20%上升到30%～40%，甚至更高。2008年涨幅进一步增加，国家统计局公布2008年1～2月纺织原料价格上涨3.2%，而工厂出厂价格1月份上涨2.2%，2月份上涨1.8%。

2008年，各项生产要素价格都呈现进一步急速上涨的趋势，调查的一些地区一季度纺织行业主要原料以及能源动力及其他生产资料的价格比上年增长10%。

4. 节能减排政策的实施　随着行业持续快速发展，能源消耗总量不断增加和能源消耗过程中造成的环境污染之间的矛盾也日益突出，节能减排形势严峻，当前，我国纺织行业尤其是印染行业节能减排具有紧迫性和重要性。这主要表现在四个方面：第一，节能减排是国家中长期战略规划；第二，国家对纺织行业节能减排提出了约束性指标；第三，节能减排是缓解行业发展对环境产生影响的有效途径；第四，节能减排是提高企业竞争力的必然选择。

为了加强对节能降耗、污染物减排的引导，我国各级政府根据国家有关节能、环保、发展循环经济的意见,结合地方实际,相应出台了多项政策措施。如制订管理办法、导向目录、指导意见等;奖励节能型、节水型、清洁生产型、综合利用型等示范企业;对节水、节能项目进行技改贴息,将节水、节能纳入岗位责任制考核;设立节能减排专项等。在我国沿海发达地区(浙江、江苏等省)很多企业已开展清洁生产审核,有的还开展了持续清洁生产审核。通过清洁生产审核,实施了中费、高费方案(先进生产工艺、设备改造、增加计量设备等),降低了资源消耗,减少了污染物排放,一般可减少废水排放量20% ~30%,减少污染物排放量(COD量)15% ~30%。

为了加强标准、计量工作,强化企业贯彻节能、节水、降耗的国家标准,严格按照标准进行操作,完善生产流程中的计量手段,显著提高企业节能减排能力,达到降低成本的效果,国家有关部门制定了《棉印染产品取水定额(GB/T 18916.4—2002)》《纺织染整工业水污染物排放标准(GB 4287—1992)》《印染行业清洁生产评价指标体系(试行)》《清洁生产标准纺织业(棉印染)(HJ/T 185—2006)》和《印染行业废水污染防治技术政策》等一系列标准、规范,为印染行业实施节能降耗、污染物减排提供了基础和依据。

十、技术发展水平

2000年,国家信息化推进工作办公室把纺织行业列为信息化试点行业。近几年在国家的支持以及各方面的关注下,通过行业自身的努力,信息化应用水平不断提高。

目前我国应用内部信息化管理、生产过程管理的纺织行业企业明显增加,企业应用ERP的比例从前些年的不到10%增加到现在的50%,甚至更高。应用信息技术的效果也很明显:企业的运营效率明显提高,客服的反应时间缩短。以印染企业的配色为例,以前人工配色很难把握颜色的差异,而通过电脑配色,一次性准确率能达到90%以上,以前能达到40%就已经难得。这也是信息技术在产业应用中取得的典型成果之一。CAD(计算机辅助设计)目前在服装行业中的应用已经非常普遍。

我国纺织行业信息化应用的不足主要表现在中小企业信息化的应用上。纺织行业中小企业数量比较大,受规模等因素限制,其信息化应用存在很多不足。中小企业信息化的意识还不够,目前各地政府更看重政务上的信息化应用,对企业层面的商务应用还不够重视。公共信息服务,特别是针对中小企业的公共信息服务目前还比较弱,这也是我国政府今后要着力解决的问题。此外,现在适合中小企业使用的技术和软件还不多,我们要对适用于中小企业的技术和软件产品开发给予支持。我国政府相关部门还需要给大量的中小企业提供市场、技术方面的信息,提高他们在使用信息技术方面的自觉性,推进应用的深度,把国外先进的技术和经验引入国内,缩小国内纺织行业信息化水平与国际先进水平的差距。

第四节　入世对中国企业国际竞争力的影响

世界贸易组织是一个超国家的经济立法和司法机构,它是经济全球化的产物,同时也是进一步推进经济全球化的有力保证。因此,中国加入如此重要的国际经济组织必然对中国企业的国际竞争力产生深刻的影响。与此同时我们应当看到,加入世贸组织标志着我国对外开放进入了一个新阶段,我们将在更大范围内和更深程度上参与经济全球化进程,总体上符合我国的根本利益和长远利益。入世对我国既是机遇又是挑战。这是与我国入世所坚持的原则立场“中国加入世界贸易组织,其权利和义务一定要平衡”是分不开的。

一、中国入世后享有的权利

入世后,中国对外贸易产生了巨大的变化,不仅纺织品服装的出口得到了好处,其他类别产品也均从中受益,下面就简单介绍一下世贸组织为中国对外贸易带来的一些权利。

(一)普惠制待遇及其他给予发展中国家的特殊待遇

根据 GATT 的第四部分东京回合“授权条款”以及乌拉圭回合有关规则,“发达国家应该对发展中国家出口的制成品和半制成品给予单方面减免关税的特殊优惠待遇”。取得这一优惠待遇后不仅扩大了中国产品出口,还可以提高出口效益、增加外汇收入。

(二)享有多边的、无条件的和稳定的最惠国待遇

1994 年 GATT 的相关条款规定:“成员方对来自或运往其他国家的产品所给予的利益、待遇、特权或豁免,应当立即无条件地给予来自或运往所有其他成员方的相同产品。”中国未加入世贸组织之前,只能通过双边贸易协定在某些国家获得最惠国待遇,而这种双边的最惠国待遇极不稳定,容易受到双边政治关系的影响。成为世贸组织成员后,中国可以和成员一起享受多边的、无条件的、稳定的最惠国待遇,这使中国产品在最大范围内享受有利条件,从而促进中国产品的出口。

(三)获得了在多边贸易体制中制定规则的权利

在 WTO 的框架内,在多边贸易规则的制定中,每个成员方不分大小强弱均享有平等的一票投票权。发展中国家可以充分行使自己的否决权,阻止少数发达国家强行推行一些不符合发展中国家利益的规则,使多边贸易体制公平、公正地维护所有成员方的共同利益。入世后,中国也可以参与各个议题的谈判和贸易规则的制订,充分表达自己的合理要求、争取自己的合理利益。同时,还可以根据世贸组织的基本原则,享有采取例外与保护措施的权利。

(四)可充分利用争端解决机制

近几年来,随着中国对外开放的扩大以及国际贸易的深入发展,各种各样的国际贸易争端也随之而来。在中国成为世贸组织成员之前,每当发生贸易摩擦和纠纷,一些发达国家常常利用单边协议甚至是过时的法律条款对中国实施不公正对待,致使中国企业有理讲不清,造成巨大的经济损失。中国入世后可以通过 WTO 设定的贸易争端解决机构和程序,比较公平地解决贸易纠纷,维护中国的贸易利益。

二、中国入世后所承担的义务

“权利”与“义务”就像一枚硬币的两面,享受权利就必须以尽义务为前提,尽了义务就

一定能得到相应的权利。中国作为世贸组织成员方也有其相应的义务。

(一)降低进口关税

1994 年 GATT 规定:“各成员方在互惠互利的基础上进行谈判。大幅度降低关税和进出口其他费用的一般水平,特别是降低那些使少量进口都受阻碍的高关税。”中国“入世”的首要义务就是要逐步将中国的加权关税水平降到 GATT 要求的发展中国家的水平,将最高关税一般约束在 15% 以内。降低关税使中国许多产业尤其是刚刚起步的某些幼稚产业直接面临国外强势企业的竞争,同时使国家海关关税收入减少。

(二)完善引进外资政策

自中国改革开放以来,我国已经相继出台了大量有关引进外资的法令条文,鼓励国外资金进入中国市场,并给予相关的优惠政策,在利用外资、改善投资环境方面取得了卓越的成绩。当然,这并不是说中国所制定的引进外资的法规已经完善,特别是在给予外国投资者国民待遇方面,一方面,在税收等重要项目上给予外国投资者优惠待遇;另一方面,在很多国内收费上实行双重作价,致使外国投资者抱怨很大。今后在这方面的政策应做出相应调整,使投资硬环境和软环境得到进一步改善。

(三)开放本国服务业市场

《服务贸易总协定》要求成员方对本国的服务贸易执行与传统货物贸易同样的无歧视、无条件的最惠国待遇、国民待遇并逐步降低贸易壁垒,开放银行、运输、通信、法律服务、会计、保险、咨询等行业。中国入世之后还应逐步地、有选择地开放一些服务领域,以配合经济发展的脚步。

(四)政府与企业应增大对知识产权的保护力度

随着对外经济的发展,中国对无形贸易产品如新技术的需求日益增加。但与此同时,与发达国家相比,中国在知识产权管理和保护等方面存在较大差距。入世之后,中国迫切需要将知识产权的保护范围扩大到经济贸易领域的各个方面,同时加大知识产权保护力度,以适应国内国外经济发展的要求。

(五)增加贸易政策的透明度

世贸组织要求各个成员方经常提供国内经济贸易情况的报告,并定期接受评议。中国加入世贸组织之后,就应该适应世贸组织的要求,废除不合时宜的内部规定,并向世贸组织及时地公布各种有关其他成员方经济贸易利益的内部规定,以适应世贸组织对成员的要求。

三、入世给中国带来的机遇

上述权利与义务将给“入世”后的中国带来机遇,有利于中国企业提高其自身的国际竞争力。

(一)有利于深化经济体制改革

世贸组织的规则实质上是市场经济规则在全球范围内的普遍运用,这与我国致力于建设社会主义市场经济体制和相应的经济法律制度是一致的。我国经济体制改革目标的基本要求,是充分发挥市场竞争机制的作用,建立统一开放、竞争有序的市场体系。而世贸组织实际上是通过多边贸易规则,实现世界范围内市场经济向有序方向发展的贸易组织。中国“入世”有助于统一国内的市场,建立公平竞争的市场体制,加深国内市场的分工,进而扩大国内的市场。

(二)有利于更多地发挥比较优势,扩大出口和扩大对外开放,更好地利用外资

“入世”对中国经贸的发展将起到以下推动作用:

(1)由于享受多边的关税减让、非关税措施的减少和长期稳定的最惠国待遇,中国有竞争优势的商品和服务会赢得更多的出口机会。

(2)在多边最惠国待遇下,有利于多方面开放市场,实现出口市场的多元化。

(3)有利于中国具有竞争优势的纺织品和服装的出口。

(4)有利于中国货物、服务产业进入世贸组织成员方市场,扩大贸易、投资与融资机会。

(三)有利于推动我国国民经济结构调整和产业升级

加入世贸组织将有利于我国发挥比较优势,依靠技术创新和科技进步,加快高新技术产业的发展,加大改造传统产业力度以及大力发展金融、保险、信息、咨询等现代服务业,增加就业和转移农村剩余劳动力,从整体上提高国民经济运行的质量和效益。

(四)有利于实施“走出去”战略

世贸组织与国际货币基金、世界银行构成了世界经济的三大支柱,它们对世界经济发展的影响巨大,中国与世界经济接轨,自然不能避开世贸组织。加入其成员的贸易投资占全球贸易和投资额95%以上的世贸组织,将使中国经济逐步与世界经济接轨,进一步扩大开放,全方位实现资源的合理配置,让更多的中国企业走出国门,更多的外资流入国内,广大的消费者也将得到更大的实惠。

(五)有利于我国参与国际经贸规则的制订

加入世贸组织后,中国作为世贸组织的正式成员将可直接参与21世纪国际贸易规则的决策过程,摆脱别人制订规则,中国被动接受的不利地位,增加发言权;同时更能了解和研究国际贸易的惯例与程序,掌握对外经贸关系的主动权。

(六)有利于解决贸易争端

入世前,中国在与别国的双边贸易中,受到不公正和歧视待遇时,只能通过双边谈判解决,有时在贸易基础和谈判力量不对等的情况下,不能得到满意解决。入世后再出现上述情况,中国可投诉到世贸组织争端解决机构,在世贸组织公认的规则下求得公正合理地解决。

思考题

1. 分析中国的纺织服装工业在中国国民经济中的作用。
2. 分析中国纺织服装企业在国际贸易中的优势。
3. 中国加入世贸组织后,在国际贸易中得到的基本权利是什么?
4. 详述中国成为世贸组织成员后,在国际贸易中应承担的责任。

参考文献

[1]蒋国庆,焦芳.加入WTO与中国产业竞争力分析[M].成都:四川人民出版社,2001.

[2]陈学军.服装国际贸易概论[M].北京:中国纺织出版社,2002.

[3]陈澄宇.国际纺织品贸易[M].北京:纺织工业出版社,1990.

[4]隋映辉.产业集群成长、竞争与战略[M].青岛:青岛出版社,2005.

[5]许基南.品牌竞争力研究[M].北京:经济管理出版社,2005.

[6]赵景华.全球竞争与企业战略[M].济南:黄河出版社,2000.

[7]熊超群.如何提升品牌竞争力[M].北京:企业管理出版社,2005.

[8]王海燕.质量竞争战略理论及测评体系[M].北京:中国经济出版社,2006.

[9]刘小怡.中国企业国际竞争力:"入世"的冲击与对策[M].武汉:武汉大学出版社,2001.

[10]霍建国.中国外贸与国家竞争优势[M].北京:中国商务出版社,2004.

第四章　中国纺织服装贸易发展战略分析

本章知识点

1. 运用微笑曲线模型分析现阶段我国纺织产业结构和产品结构存在的主要问题及实现纺织产业结构、产品结构战略调整的具体措施。
2. 以质取胜战略及实施以质取胜战略的措施。
3. 市场多元化战略及实施市场多元化战略的对策措施。
4. 品牌战略及实施品牌战略的措施。
5. 东部纺织生产战略转移和“西部大开发”战略及其实施措施。
6. “走出去”战略及实施“走出去”战略的具体措施。

第一节　产业结构和产品结构调整战略

一、基本概念

（一）产业

产业一词最早由重农学派提出，特指农业。在人类迈入资本主义大生产时代后，产业主要是指工业。

在英文中，产业与工业的表示方式都是 Industry。《马克思主义政治经济学》曾将产业表述为：从事物质性产品生产的行业，并被人们长期普遍接受为唯一的定义。20 世纪 50 年代以后，随着服务业和各种非生产性产业的迅速发展，产业的内涵发生了变化，不再专指物质产品生产部门，而是指“生产同类产品（或服务）及其可替代品（或服务）的企业群在同一市场上的相互关系的集合”。

（二）产业结构

产业结构是指各产业的构成及各产业之间的联系和比例关系。在经济发展过程中，由于分工越来越细，因而产生了越来越多的生产部门。这些不同的生产部门受到各种因素的影响和制约，会在增长速度、就业人数、经济总量中的比重、对经济增长的推动作用等方面表现出很大的差异。

因此，在一个经济实体当中（一般以国家和地区为单位），在每个具体的经济发展阶段、发展时点上，组成国民经济的产业部门是大不一样的。

各个产业部门的构成及其相互之间的联系、比例关系不尽相同，对经济增长的贡献大小也不尽相同。因此，把包括产业部门的构成、各个产业之间相互关系在内的结构特征概括为产业结构。

二、我国纺织服装的产业结构及存在的主要问题

（一）纺织产业分类

根据产品最终用途的不同，纺织产业可分成服用类纺织、家用纺织品和产业用纺织品三大类。根据所用原料和加工系统的不同，纺织产业可分为棉纺织产业、毛纺织产业、绢纺织产业、麻纺织产业、化纤产业等；根据纺织产品的成品形式不同，纺织产业可分为原料类，如生产涤纶、腈纶等化纤；纱线类，如生产棉纱、涤棉混纺纱等；织物类，即各种织造产品；面料类，主要指生产印染产品；服装类；机械类等。

（二）微笑曲线

在发达国家和地区的纺织产业经营模式中，有一种叫微笑曲线的函数模型，可用来分析目前我国的纺织服装产业结构。

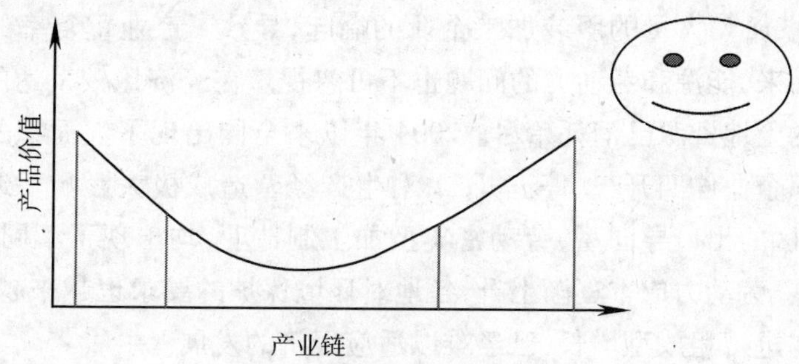

微笑曲线函数模型

如上图所示，图中横坐标代表产业链，纵坐标代表产品价值，图中曲线为抛物线，抛物线的形状很像一张微笑的脸，微笑曲线之名由此得来。微笑曲线向我们揭示了一个现象：在抛物线的左侧（价值链上游），随着配套软件等新技术研发的投入，产品附加价值逐渐上升；在抛物线的右侧（价值链下游），随着品牌运作、销售渠道的建立附加价值逐渐上升；而作为劳动密集型的中间制造、装配环节不但技术含量低、利润空间小，而且市场竞争激烈，容易被成本更低的同行所替代，因此成为整个价值链条中最不赚钱的部分。微笑曲线就是“附加价值曲线”，可通过开发新材料、品牌、行销渠道、运筹能力等提升工艺、制造、规模的附加价值，也就是通过向微笑曲线的两端渗透，来创造更多的价值。

在纺织行业中，微笑曲线的竖轴表示纺织产品的价值，而微笑曲线的横轴表示各个纺织产业部门的分类，最左侧表示生产原料以及先进机器设备的产业，中间表示提供纺纱、织造、服装加工产业，而最右侧表示品牌的运营和销售链的策划产业。这样我们就得到了一个全新的产业结构分类：原料及机械类产业、加工类产业、品牌销售策划类三种产业。从图中可以看出，两端产业的价值明显高于中间产业的价值。而且两端的曲线斜率大，表示随着数量的增长，两端价值的增长幅度明显大于中间的。

在发达国家的纺织行业里，生产的纺织品很少，但是因为开发研究市场在发达国家，所以他们反而赚更多的钱，这就意味着两个嘴角在上面——微笑。

我国纺织行业的大部分力量都集中在曲线的中间部分，即更多地从事纺纱、织造和服装

加工等。在这部分产业里，随着数量的增加，价值不会有明显的提高，而我国的纺织企业却总在这个范围互相竞争，寻求生存的空间。随着能源、原材料及劳动力等的日益短缺，我国的纺织产业结构如不能进行适当的调整，将面临更大的风险。

（三）产业结构存在的主要问题

1. 微笑曲线左端 我国化纤、棉纱、服装等主要纺织产品产量均居世界第一位，尽管规模很大，但总体上产业层次较低。技术装备水平与发达国家仍有相当大的差距。在1.1亿棉纺纱锭中，20世纪80年代及以前的设备仍然占有一定比例，20世纪90年代的设备在机电一体化、数字化和智能化等方面较低，总体装备水平相当于发达国家90年代中期的水平。近年来，伴随着纺织行业投资的高速增长，行业的技术构成大幅提高，高水平装备的投入推动着产业升级。

2. 微笑曲线中间 大量的服装加工企业的崛起，导致了产业重复率的急速增加，产能过剩的问题接踵而来，能源和劳动力的问题也不可忽视。在经济比较发达的地区如浙江省，可用于建设开发的土地资源已消耗殆尽。2004年以来全国出现了大面积的用电紧张，浙江省很多地方的纺织企业停四开三、停五开二，对生产经营造成极大影响。近年来，我国的珠三角、长三角等地区的出口导向型、劳动密集型加工制造业，均出现了不同程度招工难的问题。随着经济发展，劳动力成本逐渐上升，各地对环境保护的要求也越来越严格。企业如果再继续依靠低成本进行粗放型增长，已经难以适应经济的发展。

3. 微笑曲线右端 大量贴牌生产的企业，靠着价格上的低廉得到巨大数量的订单来维持企业的效益。很多企业没有自主经营权，对行业的信息知之甚少，对本企业的概念也只停留在负责加工上。尽管生产了大量的产品，出口的数量年年递增，但是出口额的增加远远赶不上出口数量的增加。全国大量纺织工人的劳动，换来的并不是对等的价值，大部分的利润被站在渠道之巅的营销公司占有。

三、我国纺织服装的产品结构及存在的主要问题

（一）我国的纺织品结构

2008年我国服用纺织品、家用纺织品和产业用纺织品比例大约是51∶33∶16，以服用纺织品所占比重较大。而发达国家中美国纺织产品的结构比例约各占1/3，日本产业用纺织品比例高达60%。三大类纺织产品中以产业用纺织品的技术含量和附加值最高。

（二）我国纺织产品结构存在的主要问题

从上述数字不难看出，我国现阶段的纺织品结构主要以服用纺织产品为主，同时在这类产品中也是以中低档的服用纺织品为主要生产方向，而对高档的服装面料还存在技术上和研发上的欠缺。我国纺织行业多年来只重视规模，不重视品牌；只重视硬件，不重视软件，虽然我国纺织生产能力已居世界第一位，但产品的档次、品种结构仍处于世界的中低档水平，存在如下主要问题：

1. 新产品少，价格低 品种花色单一，色调深浅、纱线结构、织纹变化尤其少，没有叫得响的知名品牌。我们的毛纺产品是英国、意大利同类产品价格的1/8~1/5，印染产品是瑞士

同类产品价格的1/4,丝绸产品是意大利同类产品价格的1/5,化纤产品是日本同类产品价格的1/3～1/2。

2. 滞后于国际流行趋势　我国纺织品服装与国际纺织品服装的流行趋势还存在时间差,与国际潮流相差较大。由于地域的关系,沿海和内地也相差1～2年,乃至3～4年不等。国际市场已上市的新产品、时尚和潮流,我们仅仅是刚刚接触到。

3. 没有权威的趋势发布和研发部门　我国没有在国际上有影响的趋势发布和研究部门,与纺织大国的地位颇不相称,流行性的研究、品种开发的环境不稳定,发展相对滞缓。

4. 存在知识产权问题　我国的纺织产品在外观设计、花形图案等方面存在很多知识产权上的问题。很多国外的大型采购公司及品牌生产公司都很关注中国的侵权问题。虽然我国政府已经出台一系列政策防止此类现象出现,但是在实施这一环节上还是有不少的困难。

造成上述问题的原因是多方面的。首先是我们对新产品开发不重视、投入少。国家政策要求纺织企业要成为研究开发的主体,国家要求全国规模以上的工业企业开发投入占销售收入1.45%,而实际却只有0.56%,纺织更少,仅为0.5%;另外产品开发观念落后、不重视发挥设计人员的作用也是主要原因。

四、调整产业结构和产品结构,实现集约化发展

纺织产业结构调整包括两方面:第一是全面提高纺织业技术水平,实现纺织产业升级;第二是合理安排纺织业的各种比例关系,并正确选择纺织工业的主导行业。

虽然我国的纺织装备水平已经基本达到20世纪90年代发达国家的水平,但离现阶段发达国家的机器配置还有差距。很多关键的设备如全自动络筒机、无梭织机等设备主要还是依靠进口来满足需求。应尽快解决这些先进设备的研发难点,自主生产这类机器替代进口品。先进设备的生产属于微笑曲线的左端产业,是高价值的产业,是我国纺织业应该着重发展的方向,可实现纺织产业内升级。

我国现阶段的纺织企业生产主要集中在微笑曲线中间部分的加工段,较低的单位价格只能靠数量来支持企业。我国纺织工业的主导行业还是服装加工产业,所以我国的纺织产业必须要发展两边的产业才能使整个纺织产业有更大的前进空间,才能有更大的利润空间。我们应该适当调整现阶段三个产业之间的比例关系,在考虑各个因素的前提下,确立我国纺织业的主导方向。

(一)以产业升级实现产业结构调整

中国纺织产业要升级,就必须要走新型工业化道路。其主要内容为加快信息化建设;提高产业科技含量;提高行业经济效益;降低资源消耗,发展循环经济;治理环境污染,发展清洁生产;注重人力资源优势充分发挥,加强教育培训和社会责任的规范管理。重点目标是提高产品质量,增强创新能力,提高快速反应能力。实现纺织工业在各个产业中劳动生产率都有较大幅度的提高,而在数量上的增长幅度逐步放缓。

1. 以创新带动产业升级　以增强产业创新能力为核心,提高科技创新和自主品牌对纺

织经济的贡献率,推进产业升级。推进产业升级应以企业为主体,促进产、学、研结合,重点在新材料、新工艺、新装备、信息化以及节能减排、绿色纺织、循环经济等领域的关键技术进行攻关,加强对全国纺织产业集群中的企业技术创新的公共服务,推广成熟适用的新技术,推动品牌文化建设,实现品牌价值创新,引导提高企业研发投入,加强人力资源培训。

2. 以深化企业改革为根本动力　以提高创新能力为中心,坚持以人为本,加强科学管理,以市场配置资源为基础,推动生产方式的改革,增强企业活力和核心竞争力,推动跨地区、跨国配置资源,促进企业结构、区域结构调整。用好国内国际两种资源,开拓国内国外两个市场。充分运用资本市场、国际展会、信息网络、科技市场促进资源优化配置。

3. 扩大对外开放　促进国际广泛互利合作。中国经济已经融入全球化,中国纺织工业迎来了参与国际合作的最佳时期,同时中国市场发展、提升和准入也为各国同行在中国的合作发展提供了机遇。目前国际品牌和跨国公司研发机构本土化进程正在加快。同时,中国纺织服装企业和本土品牌也正在加快国际化进程,我们必须同各国同行保持沟通、谅解、合作的良好关系,在平等互利条件下发展中外企业间、行业间的各种方式合作。中国自加入世贸组织以来,一直积极履行各项入世承诺,在扩大市场准入、改善投资环境、加大知识产权保护力度等方面已经做出了应有的努力,并取得了明显的进步。中国纺织工业协会已经与许多国家的行业组织签署了知识产权保护谅解备忘录,与很多国家协会建立了信息沟通渠道,以促进企业间合作和人才交流,引导企业走出去。

4. 加强行业自律　中国纺织工业协会把促进行业自律作为产业提升的重要条件。已在全行业倡导加强产品质量、知识产权保护、落实社会责任和维护国内外公平竞争的市场秩序等四项行业自律。

(二)全面提升纺织产品档次的措施

1. 弘扬中华民族传统文化,开拓自主创新的领域　越是民族的,就越是世界的。深刻挖掘和整合民族文化的资源,与时代感有机地结合起来,设计开发出具有鲜明民族特色的时尚产品,才是我国纺织服装创新发展的灵魂。

我国是纺织古国,中华民族最具特色的纺织材料就是蚕丝和麻。蚕丝具有珍珠般的光泽,轻薄柔软的手感,雍容华贵的美感而享有“纤维皇后”的美誉。而麻既有粗犷和古朴的风格,又具有天然的抗菌、防霉和凉爽的功能。将传统纺织材料与各种新兴纺织材料混合使用,取长补短,再采用现代高科技技术和手段进行加工,赋予其现代的美感和使用功能。其图案、色彩等美学装饰也可采用传统的民族方法和手工工艺,或传统的织造纹样,配以现代的装饰图案和国际流行色彩,让传统材料焕发现代的时尚风采。

传统与现代科学技术的融合,要找准结合点。如我国传统的植物染料蜡染、天然彩棉的应用都独具特色且符合现代生态平衡、绿色环保的时尚。而传统产品增加阻燃、防污、防臭、抗菌等功能,则又赋予其时代的气息。将民族传统与现代新兴纺织技术相结合,必定会开发出具有民族传统文化特色和现代文化风格的新潮纺织产品。

2. 大力推动技术进步和产业升级　“工欲善其事,必先利其器”。鼓励企业加大技术投入,淘汰落后设备,提高资源利用率、环境质量和劳动生产率。鼓励企业开发纺织新材料和先进加工技术,改造传统纺织工艺,广泛使用生态纺织品和节能、环保加工技术。目前电子计算机辅助设计、喷墨印花、电子商务、在线控制技术、高速高效无污染的生物技术、新材料和复合工艺技术等许多新型纺织和电子先进技术已普遍应用在纺织产品的设计、生产和管理中,使纺织产品的深度和广度都发生了巨大的改变。

3. 努力培育并推广自主品牌,加强知识产权保护力度　市场竞争并不是单一的产品竞争,还包括了品牌的竞争。品牌是企业文化的集中体现,是企业的形象,是企业核心竞争力的总合。在消费者眼中,品牌则是产品的诚信度。通过开展"品牌万里行"、自主品牌展会等活动,鼓励企业创立自主品牌,争取培育出一批消费者认可的名牌产品。同时要利用知识产权制度推动技术创新、新产品开发和自主品牌建设;鼓励国内纺织行业组织,在广泛征求企业意见的基础上,制订并推广符合中国纺织业自身情况的企业社会责任管理体系和产品质量体系,积极参与国际通行规则的制订。

第二节　以质取胜战略

一、以质取胜战略的内涵和意义

(一)以质取胜战略的内涵

以质取胜战略也称以质取胜和科技兴贸战略,其战略内涵是加快外贸增长方式的转变。增加出口创汇,始终是我国对外开放的重要方面。经过30多年的改革开放,我国现在出口规模已不算小,但总体上仍处于数量扩张为主的粗放型经营阶段,出口多为劳动密集型产品,加工程度较低,附加值不高,商品档次上不去,缺乏能在国际市场上立足、竞争力强的拳头商品。实施以质取胜战略,就是坚持以经济效益为中心,通过尽快改善技术装备能力,加快技术创新步伐,极大地提高出口产品的技术含量。

实施以质取胜战略,必须以顾客和市场为导向。产品生产质量再好,如果堆积在仓库里,那也只能证明产品不好。21世纪的"质量",包含了更多的内容,而不仅仅是一种产品的制造质量。这是客户为中心的一种市场导向,企业唯一的效益中心就是客户,是掏腰包买产品的人。因此不仅有技术标准的衡量,还有环境标准、社会标准的衡量,因为客户有他的要求。因此,质量竞争还包含着标准的竞争,文化、理念的竞争。

以质取胜战略,最核心的部分是创新。所谓创新,就是实现客户愿望的东西,这种需求愿望或者是当前的、或者是潜在的。创新要求有"需求变为现实"的研发能力。

(二)以质取胜的战略意义

全面实施以质取胜战略是落实科学发展观,实现可持续发展的必然选择;是加快对外开放步伐、提高国际竞争力的现实需要;是实现全面建设小康社会奋斗目标的本质要求。

实施以质取胜战略是保持我国经济持续、快速、健康发展的重要措施。市场经济的竞争,就是质量的竞争、品牌的竞争、信誉的竞争。因此,质量问题是关系到经济发展和社会进步的一个重要问题。质量水平如何,是一个国家和地区经济、科技、教育和管理水平高低的综合反映。因此,实施以质取胜战略,对于提高我国企业质量意识和产品质量整体水平,增强企业竞争力，具有深远的历史意义。

二、我国纺织品服装的质量状况

（一）纺织品质量评价范畴和指标

纺织品质量的基本含义是指其物理性能的好坏。随着人们生活水平的不断提高，纺织品质量的概念被赋予更加丰富的内涵，形成了包括织物风格、功能性、舒适性、时尚性、安全性和环保性等多方面的纺织品质量评价范畴和具体指标。纺织品的质量评价范畴和指标参见表4－1。

表4－1　纺织品的质量评价范畴和指标

内在质量	生 态 性	功 能 性	时 尚 性	社 会 性
尺寸稳定性	pH值	抗紫外线	色彩	宗教
色牢度指标	甲醛含量	拒水/防油/防污	纹织	文化
强度指标	禁用染料含量	吸湿排汗	图案花型	经济
耐用性指标	残留农药含量	抗菌除臭	服装款式	政治
织物风格	重金属含量	阻燃		品牌
	异味	抗静电/防辐射		

（二）我国纺织品服装的质量状况

我国纺织品的出口增长方式仍以粗放型为主，研发、技术投入不足，出口产品总体处在中低档次，其中相当一部分是定牌、贴牌产品，自主品牌少，企业只赚取少量加工费，出口产品的价格竞争日趋激烈。这是由于多年来我国纺织品服装贸易走的是一条以廉价劳动力、大量利用静态比较优势的粗放式出口经营模式，这种出口模式导致了我国的纺织品服装在欧美等发达国家市场上量的增长远远超过了金额的增长，造成了我国纺织服装出口增量不增效、贸易条件恶化的现象，背离了科技含量高、经济效益好、资源消耗低、环境污染少、人力资源得到充分发挥的新型工业化道路的基本原则，难以适应新时期的全球化竞争。

出口服装所用的高档面料仍有很大一部分依赖进口，服装面料的质量问题已经成为服装工业发展的瓶颈。制约国产面料质量提高的主要因素是后整理技术和设备。而国外一些面料尽管羊毛、羊绒等高档天然纤维的含量很低，但经过技术水平较高的后整理后，效果甚佳，甚至在风格、外观、功能等方面超过纯羊毛、羊绒面料。

为了改变这种状况，政府有关部门高度重视高档面料的开发，提出了替代进口面料的发展目标。近几年，涌现出一大批产品定位比较高的面料生产企业，一些面料产品已经可以与国际水平媲美，但是，高档面料所占的比例仍然较低，总体产品质量仍然不高。

中国纺织品的总体质量仍处于发达国家20世纪90年代中期的水平。改变这一状况的唯一出路就是逐步用高新技术改造传统产业，只有这样才能把我国纺织服装业的定位向世界产业链的上游转移，从而形成以质取胜的集约化出口格局，在现代国际分工格局中取得更多的贸易利益。

(三)制约我国纺织品服装质量提高的因素

1. 消费水平制约纺织品服装总体质量的提高　中国的整体消费水平是决定总体质量问题的主要因素。中国有13多亿人口,其中8亿多是农民。绝大多数消费人群对纺织品的质量要求不高,价格仍然是消费的首要因素。然而价格又是决定产品质量的关键因素。一般来说高质量必然高价格。普通纺织品在中国有着非常巨大的消费市场,而高质量高价格纺织品的市场空间相对有限。

2. 纺织行业相关标准与检测手段相对滞后　中国纺织国家标准(GB)经过几十年的不断完善已经形成完整体系。但是目前的国家标准具有明显的计划经济痕迹,与现行的国际标准仍有较大的差距,无法在国际贸易中被国际买家广泛采用。中国纺织印染企业被动采用买方指定的标准,形成了受制于人的局面。多数中小纺织企业对诸多国外标准了解不够,纺织品检测手段落后,经常性地因出口产品质量达不到买家要求遭受经济损失。中国纺织工业亟须有关部门迅速制订与国际接轨的新型国家标准和商业标准,以适应国际贸易的新发展。

3. 质量不稳定、不均匀　中国纺织品质量不稳定、不均匀存在于企业内部、企业与企业之间、不同区域之间和行业之间。按区域来看,南方好于北方,东部好于西部,沿海好于内地,经济发达地区好于经济欠发达地区。按企业性质来分,外资好于内资、股份制公司好于集体所有制企业、国有企业好于民营企业。

4. 质量控制手段不完备　一些中小型纺织企业缺乏完备的全面质量管理规则,产品得不到即时检验,生产过程中的质量问题得不到及时控制,甚至为了牟取高额的出口数量而从根本上忽略了质量检验,客观上造成了产品质量隐患。

三、我国纺织业实现以质取胜战略的具体措施

(一)通过自主创新,提升产业总体水平

我国纺织工业的中心工作就是产业提升,产业提升的核心是自主创新,从而实现行业增长方式的转变。政府应加大对纺织科技进步的投入,集中资金解决行业共性问题,引导行业提高创新意识,在产业集群地区建立创新服务平台,解决中小企业技术创新和质量控制问题。

“十一五”期间重点要解决好原创技术问题,发展高技术、高性能、差别化、绿色环保纤维和再生纤维,扩大产业用纺织品和非棉天然纤维开发利用。全力实施纺织行业科技发展纲要确定的38个攻关与产业化项目,其中包括28项重大关键技术攻关,10大成套设备开发。同时,继续抓好公共技术的普及,利用产业创新平台,从开发研究、质量检测、技术培训、信息化、现代物流与产业联盟5个方面推广技术创新。骨干企业要发挥国家级开发研究中心作用,以原创技术和研发能力为基础,培育和提升品牌,以技术落实到品牌,提高产品附加值。

(二)加强政府宏观调控,控制低水平重复建设

加强政府宏观调控,引导投资,控制低水平重复建设,加大纺织配套工业的投入,解决高档面料对进口的依赖。长期以来,国产面料的质量标准远低于国际标准,但中国的服装又大量以海外市场为目标,这就使产品品质很难适应市场的需求。这主要是因为国内面料企业整体生产技术水平落后,部分纺织企业设备陈旧,难以生产出高质量的产品。同时,由于面

料生产企业生产能力不相上下，要想尽可能多地销售产品，就只能靠降价来吸引客户。如此一来，企业的利润空间越来越小，更难以有更多的资金用于技术设备更新和新产品的研制开发。造成这一尴尬局面的根本原因之一是许多面料生产企业是从国有企业中转化、分离而来，他们更愿意承接来样加工，而不愿投入更多的资金和时间做市场调研和开发，不愿更多地承担市场风险。因此，政府的宏观调控就显得尤为重要。

（三）完善纺织国家标准，建立与国际接轨的新型纺织品商业标准

完善纺织国家标准，建立与国际接轨的新型纺织品商业标准，建立中国纺织工业协会检测网络，积极参与国际权威检测竞争，加强与国际标准化组织的交流与合作，整体提高中国纺织标准水平。在经济全球化的背景下，国际标准应是企业经营的最佳参照。贸易自由化所导致的经济一体化和日趋激烈的竞争，产生了越来越强烈的统一产品标准甚至生产过程标准的要求。在经济一体化的强力推动下，区域经济体内标准的融合过程实际已经开始。中国企业绝不能忽略这一重要趋势，要以积极的姿态参与到这一过程中，通过引入国际标准提高竞争力，否则市场空间会越来越小，出口的增长不能持续。

（四）淘汰落后产能，提高纺织企业的国际竞争力

淘汰一批设备落后、生产管理落后、产品质量低劣的中小企业，扶持一批具有国际竞争力的跨国纺织企业集团，整体提高中国纺织企业的国际竞争力。中国服装制造业科技发展相对滞后，大多数企业属于劳动密集型，居于价值链的低端环节，产品出口只能依靠价格竞争。有些企业不顾及质量因素，盲目通过一些不正当的竞争来强占市场，这样的企业，与“以质取胜”背道而驰，必须予以淘汰。

（五）创建中国的世界名牌，提高中国纺织品的国际地位

政府鼓励有条件的企业建立企业品牌产业集群，树立区域品牌，逐步创建中国的世界名牌，提高中国纺织品的国际地位。随着市场开放、信息发达与消费者“见识”的提高，国际市场发展趋势正越来越快地影响着中国市场，中国的品牌市场正与国际市场融合。所以我们应有国际化的视野与理念，掌握趋势，并从中对自身的发展方向有所启示，才能面对市场的挑战，把握商机，进而也让自身品牌迈向国际化。宁波的纺织品服装行业在品牌战略上是全国领先的。雅戈尔在全国有两千多个专卖店，在新疆的小县城里也看得到。现在更多的企业开始打品牌。但是品牌经营并不是绝对的，不同企业会选择不同的发展模式。宁波的错位发展值得借鉴，比如雅戈尔主营男装、西服，培罗成则往制服方向发展。国家应大力扶植一些有竞争力的中国特有的品牌企业，不仅有利于出口利润的增加，同时也改变了国外对于“中国制造”的认识，而且也增加了企业间科技较量，使我国纺织业走向良性循环。

第三节　市场多元化战略

一、市场多元化战略的内涵和意义

（一）市场多元化战略的内涵

市场多元化战略就是要根据国际经济形势的变化，充分发挥我国优势，有重点、有计划地采取巩固、发展、开拓、辐射等多种渐进策略,逐步建立起我国出口市场合理的总体布局。

市场这个概念的内涵和外延是十分复杂、多重的。从不同角度可以对市场做出不同的界定。因此,市场多元化也应该是多重、多层次、多质的。从商品流动方向的角度看,市场多元化既包含出口市场的多元化,同时也包含进口市场的多元化。实行出口市场多元化,避免对少数国家的依赖,以降低出口风险。在重视出口市场多元化的同时,必须重视进口市场的多元化。特别是当我们在进口先进的技术、设备时,进口市场多元化战略就显得尤为重要。当今世界的竞争实质是科技的竞争,引进外国先进技术设备一直是我国坚定不移的一项政策。实行进口市场多元化就可以在很大程度上打破某些国家对我国输出技术、设备的限制,使我国可以有较大的回旋余地来引进必需的技术、设备,以加速我国现代化的进程。

(二)市场多元化战略的意义

虽然我国对外贸易规模不断扩大,在全球贸易中的地位不断上升,但由于我国与发达国家和地区多属于垂直分工体系,在经济结构上具有较强的互补性,所以长期以来外贸市场结构总体上仍表现为较多依赖于发达国家和地区。外贸市场结构过度集中,在一定程度上限制了我国对外开放的回旋余地,外贸发展的风险也相应提高。我国是发展中的大国,国民经济长期依赖于有限的几个国际市场,有悖于我国的长远利益。现在,一些国家贸易保护主义抬头,各种名目的关税和非关税壁垒达上千种。特别是20世纪90年代以来欧美许多国家实行区域联合,在联合体内部实行大统一,打破了国与国之间的各种壁垒,但对联合体外部国家强化了关税和非关税壁垒,实行政策性歧视。随着我国经贸实力的不断提高,我国与主要贸易伙伴的经贸摩擦也逐渐增多,我国出口遭到主要贸易伙伴反倾销起诉、歧视性数量限制日益增多。

因此,应放眼于众多发展中国家,更多地着眼于加强与发展中国家的经济关系。尽管这些国家在不平衡的全球化经济中处于弱势地位,但是这100多个国家,40多亿人口构成的世界经济的“南方”,其发展潜力是不可低估的。特别是发展中国家的对外贸易领域和发展中国家的“新兴工业化国家”已经显示出良好的发展势头。因此我们应该实施市场多元化战略,加强与第三世界国家合作对我国还有着重大的政治和外交意义。

二、市场多元化的战略目标

实施市场多元化战略的目的是要在巩固和扩大传统市场的同时,最终形成我国合理的对外贸易结构。

(一)巩固和扩大传统外贸市场份额

欧洲、北美、日本等发达国家和地区是我国贸易发展的传统市场,也是各国贸易发展角逐的主战场。在中国仍处于资本技术低构成的国际分工位势时,还不能脱离这三个市场。所以拓展、深化、发展发达国家市场仍是我国外贸发展的主要方向。我国必须要提高产品技术含量,增加技术、知识密集型产品的出口,逐步扩大水平分工的比重。

(二)高度重视与东亚、东南亚国家和地区的区域和双边经贸合作

中国的根基在东亚,中国的经济增长不仅取决于自己的状况,也取决于整个东亚地区的

发展状况,中国的命运与整个东亚地区的命运息息相关。在这一背景下,我们的经济发展战略还要考虑如何调整自己的经济结构,以适应经济全球化的挑战。首先,中国内地有可能进入与亚洲"四小龙"进行水平分工的状态,从而扩大中国经济能量向海外扩张的空间。其次,东盟国家既存在与中国竞争市场的一面,也存在资源互补与市场互补的另一面。东盟的经济成长既要依靠美、日等大国的资本、技术和市场的支撑,同时也需要得到中国庞大市场潜力的支撑,因此中国本身是东盟成长的调整对象;反过来,东盟成长也将为中国提供某些市场空间。所有这些的关键是加强相互的国际分工合作和经济整合。

(三)以投资带动产业转移,占有亚洲新市场

以投资带动产业转移,占有亚洲资本货物和中间品市场,21 世纪中国要进行更大规模的产业结构调整。为了降低这种调整的成本,需要大量转移边际产业,并由此获得投资收益,以补偿国内结构调整的成本。这种产业转移的投资活动,将使中国的相当一部分资产存量转移至国外,形成资本货物出口,而中国的目标则是要力图保有周边低分工位势国家的资本货物和中间品市场,同时与这些国家形成垂直分工体系,大量开展产业间贸易,并占有其服务贸易市场。

(四)投资开拓澳洲、中东、拉美市场

投资创造澳洲、中东、拉美市场,建设国内有短缺趋势的战略性资源和初级产品的长期稳定原材料供应地。21 世纪中国经济需要从世界进口大量自然资源和初级产品,因此相当一部分海外投资将是寻求资源型的投资活动。中国纺织业应利用这种投资活动开拓市场空间,迅速跟进,占有相关市场份额。由于这类项目投资大、市场和投资风险高、建设周期长,还往往涉及国际政治、经济、技术和生态环境等不可预见性因素,所以需要政府为企业创造条件,进行必要的组织协调,调动各方面的积极因素进行建设。

(五)以多种形式占有印巴次大陆、非洲大陆及世界其他地区的市场份额

在这些地方,有的可以采取投资形式创造市场,有的可以开展产业内贸易和双向贸易,有的可以开展产业间贸易以及服务贸易等多种形式占有这些目标市场的一定份额。特别是非洲市场不仅是一个拥有较大发展潜力的商品市场,而且是一个有待进一步开发的投资市场。近年来,随着总体政局逐渐走向稳定,绝大多数非洲国家都把发展经济置于各项工作的首位,加快区域经济一体化建设,实行开放政策,实行贸易多元化。加强同非洲、拉美的经贸合作,就会逐渐摆脱单纯依靠欧美日的状况;着力改善投资环境,积极吸引外资和争取技术转让。我国一方面,可根据非洲区域经济合作组织快速发展的特点,对在非洲国家设立的中国投资开发贸易促进中心的布局进行必要的调整,使其真正发挥出"以点带面"的作用,让中国商品输入非洲的各个角落;另一方面,中国企业应加大对非洲的投资,使非洲成为我国对外投资首先考虑的地区之一。

三、我国纺织品服装的出口市场现状及多元化战略分析

(一)我国纺织品服装的出口市场现状

长期以来,我国纺织品服装的出口市场主要是美国、欧盟和日本市场,目前这种情况有

所改善,我国纺织品服装的出口市场在地域上,已逐步向多元化发展。

表 4-2 表明,2002~2008 年间,中国纺织品服装出口市场按大洲统计,亚洲、欧洲和北美洲是我国传统出口市场,三大市场占我国纺织品服装出口总额的 88%,而对拉美、非洲和大洋洲的出口额累计仅占 12%。虽然我国纺织品服装出口对三大市场集中度仍然较高,但 2002~2008 年在对三大市场的出口绝对额上升的同时,三大市场占我国纺织品服装出口额的比重在不断下降,从 2002 年的 91.40% 下降到 2008 年的 87.94%。对新兴的拉美洲、非洲和大洋洲市场的出口所占比重在上升,从 2002 年的 8.6% 上升到 2008 年的 12%。这表明我国纺织服装行业出口市场多元化战略有明显效果。

表 4-2 2002~2008 年中国纺织品服装出口额按大洲统计(亿美元)

年　份	2002	2003	2004	2005	2006	2007	2008
亚洲	370.53	462.41	532.10	547.48	657.97	786.54	834.26
欧洲	104.88	152.81	188.84	274.29	368.54	461.75	503.88
北美洲	89.13	118.17	123.45	208.09	250.88	279.04	290.62
三大市场占总额比重(%)	91.40	91.12	88.76	89.53	88.73	86.95	87.94
拉丁美洲	19.23	22.37	44.03	46.04	67.09	81.92	94.90
非洲	18.80	30.07	40.59	48.78	67.02	89.93	90.02
大洋洲	15.12	18.49	22.27	25.65	28.16	33.53	38.50
合　计	617.69	804.84	951.28	1150.33	1439.67	1732.71	1852.18

资料来源:中国海关统计数据整理。

区域经济一体化组织已成为经济全球化的重要标志。北美自由贸易区、欧盟 25 国和东盟是北美洲、欧洲和亚洲地区的重要一体化组织。表 4-3 表明,2002~2008 年间,对三大市场出口额和占我国纺织品服装出口比重都显现出持续增长的趋势。从 2002 年的 29.02% 上升到 2008 年的 43.59%,表明三大区域集团组织已成为我国重要的出口市场,出口的增速快,规模大。

表 4-3 2002~2008 年中国纺织品服装出口额按区域经济组织统计(亿美元)

年　份	2002	2003	2004	2005	2006	2007	2008
北美自由贸易区	89.13	118.17	134.45	215.03	266.41	290.08	301.62
欧盟 25 国	64.17	89.54	116.81	183.23	222.92	304.71	388.84
东盟	25.94	36.59	45.75	56.40	70.96	106.55	117.02
三大贸易区合计	179.24	244.30	297.01	454.66	560.33	701.34	807.48
占总额的比重(%)	29.02	30.35	31.22	39.52	38.92	40.48	43.59

资料来源:中国海关统计数据整理。

美、日、中国香港一直保持我国纺织品服装前三位出口市场地位,对其出口总额保持稳定的增长。但三个国家和地区的出口额占我国内地纺织服装出口总额的比重从2002年的53.53%下降到2008年的33.85%,这表明我国纺织品服装出口市场多元化战略实施效果显著(表4-4)。

表4-4　中国纺织服装出口额按国别和地区统计(亿美元)

年　份	2002	2003	2004	2005	2006	2007	2008
美国	70.70	96.69	109.30	186.38	219.34	270.98	253.73
日本	131.18	152.22	165.98	175.21	189.10	199.75	213.27
中国香港	128.79	153.87	173.79	148.26	179.82	186.27	159.97
前三位合计	330.67	402.78	449.07	509.85	588.26	657	626.97
占总额的比重(%)	53.53	50.04	47.20	44.32	40.86	37.92	33.85

资料来源:中国海关统计数据整理。

(二)我国纺织品服装的出口市场多元化战略分析

我国纺织品服装的出口已初步形成既有重点地区、又向全球多元拓展的、有弹性、可调节、有主动权的局面。

1. 我国纺织服装业出口市场已呈多元化格局　在经济全球化和区域经济一体化浪潮中,出口市场多元化由国家层面升至为区域层面,即将原有的国别(地区)市场向符合区域经济一体化的区域市场拓展,以符合我国参与的区域性集团成员之间相互开放市场的要求,实现自由贸易带来的规模经济利益(如中国—东盟自由贸易协定)。中国纺织服装业出口市场多元化也是如此,从以美国、日本和中国香港传统的国别和地区市场的多元化,向以北美自由贸易区、欧盟和东盟的区域经济一体化市场多元化转变,我国对三大区域经济一体化市场的纺织品服装出口,无论是绝对额还是所占比重,均呈快速增长势头。

2. 形成了层次分明的出口市场多元化格局　目前我国纺织服装业出口市场多元化层次分明。第一层次是指占我国纺织品服装出口额10%以上的多元化格局,主要有欧盟、美国、日本和中国香港4个贸易伙伴;第二层次是指占我国纺织品服装出口额的5%～10%的贸易伙伴;第三层次是指占我国纺织品服装出口额1%～5%的贸易伙伴。其特点是第一层次的出口额在不断增长,第三层次的贸易伙伴不断增多。

四、实施出口市场多元化战略的对策措施

(一)建立合理的全球市场布局

(1)发达国家和地区市场是基础,应受到关注和重视,开拓这一市场关键是保持均衡。

国际进口市场主要集中在发达国家和地区,深层次开拓发达国家市场不仅使我们能够得到较多贸易利益,而且有利于我国产业结构调整和技术升级。与发展中国家和新兴工业化国家和地区的贸易对比,我国在这一市场具有相对竞争优势,市场开拓有潜力。对发达国

家市场的开拓关键是要注意均衡，由于我国对这些市场出口占总出口比例较大，因而它的不均衡发展表现了更大的风险性，而且也是开发发展中市场所不能替代的。发达国家市场有较为完善的社会和法律环境，先进的科技，良好的运输网络，较强的购买力，是我们最重要的贸易伙伴。

(2)发展中国家那些经济发展较快、贸易环境相对稳定、市场潜力巨大或具有战略前景的市场是突破点，应是国家政策支持重点。

一些具有发展潜力的市场所表现出来的前景特别是在世界经济动荡中所表现出的良好经济增长，应该引起我们高度重视。发达国家和新兴工业化国家和地区对这些市场已展开强大攻势(如韩国对拉美)，甚至结成区域经济集团(墨西哥加入北美自由贸易区、东欧加入欧盟、日韩与东盟)。国际分割有发展潜力的市场的举动应引起我们的高度重视，如果我们不积极参与其中，将可能失去市场机会。对这些市场的开发应是有选择的循序渐进的，要注意市场细分。例如美国商务部把世界上增长最快、市场潜力最大的10个国家和地区评为“新兴大市场”。这些市场包括墨西哥、阿根廷、巴西、中国内地、印度、印度尼西亚、韩国、波兰、土耳其和南非。根据调查，这些新兴大市场国家和地区的进口增长远较发达国家高，更是其他发展中国家进口总量的一倍以上，并且未来市场潜力要远远大于其他国家。据预测，到2010年，新兴大市场国家将占世界总进口的25%以上。我们对有发展潜力的市场的判断应根据我国的实际情况做到具体化。

(3)关注、研究那些暂时还不成熟的市场，主动开发市场。

我国产业门类齐全、加工配套能力庞大，部分产业生产能力过剩和劳动力资源丰富，需要我们不断开发新市场。只要我们放开政策，鼓励企业走出去，并给以适当帮助，在尚不成熟的市场也能发现机会，重要的是要遵循市场规律和采取真正的企业行为。

拉美是发展中国家经济较发达的地区，外国投资对外贸易一直是拉美经济增长的重要动力，而我国和拉美的贸易尚处在一个较低的水平上。拉美地区国家系资源型的发展中国家，工业基础相对滞后，对各种档次的轻工、家电、纺织品等都具有广阔的市场。

非洲目前已进入稳定发展的新时期，有7亿人口，生产总值4000亿美元，每年进口1000亿美元，非洲市场已成为世界瞩目的焦点，也是国际金融机构重点援助地区之一。开发非洲市场，要各种经济合作形式一起上。发挥援助、贸易、承包与互利合作等综合效应，采取灵活的贸易方式，利用已在非洲的十个国家设立的中国投资开发贸易中心服务功能，通过“中心”媒介开拓非洲市场。

中东地区是重要的石油输出国，拥有巨额的石油收入和充足的外汇。一方面，他们构建完整工业体系的举措刚刚起步，外贸依存度很高，这给我国与其贸易、投资提供了广阔的空间，我们应继续保持纺织品出口的优势，并积极开展对该地区的直接投资和承包劳务业务，带动产品和劳务出口。同时，我们也要注意到，这些国家多属阿拉伯国家，有特殊的文化习俗、消费偏好及贸易习惯，如看样交货、以代理制度进行贸易等，为此，要加强对其市场的研究。

中东欧各国经过政治民主化、经济私有化的艰难历程，现已逐渐趋于稳定，市场经济已居于主导地位，区域性市场略显雏形。据不完全统计，目前该地区的国内生产总值约在

3900亿~4000亿美元之间,人均国内生产总值约为3200美元,进口规模约为1300亿美元,出口规模约为1000亿美元。中东欧与欧盟的关系正在全面改善,成为整个欧洲的生产基地,其产品可直接就近向欧盟国家出口。尤其要强调的是中东欧已成为欧盟最大的纺织品加工地和供应地。扩大对中东欧的纺织设备、纺织技术的出口,到中东欧投资办厂,应是避开欧盟贸易壁垒、带动我国纺织品出口扩大的最有利途径。

俄罗斯及周边国家的经济保持稳定增长,对外开放程度日益扩大,是我国已成熟的商品、技术、设备转移的好去处,尤其是对各种档次的纺织品、服装有很大的需求。

我国与大洋洲的贸易,20世纪90年代以来一直维持在占我国对外贸易的2%左右,其中主要是对澳大利亚的贸易,占大洋洲贸易总额的85%左右。澳大利亚是一个较发达的国家,工业化程度较高,需求量较大,并有十分丰富的资源。大力加强和澳大利亚的贸易对我国是大有益处的。

(二)提高外贸竞争力和发展多种贸易方式

1. 企业是实施市场多元化战略的主体　没有一大批具有国际竞争能力的企业,不要说开拓新市场,现有市场也可能丧失,市场多元化只能是空谈。政府政策应重点倾向于对企业的支持和服务,至于市场的选择和开拓则应更多地依靠企业的判断。

2. 产品是开拓市场能力的重要方面　我国出口比较优势产品集中在劳动密集型产品上,这种状况的根本改变还需要有较长的过程,成本和价格优势还会在较长时间内作为我国出口竞争的重要手段,这也就限制了我国外贸竞争力和市场开拓能力的提高。出口产品结构限制了我国在具有潜力的新兴市场的竞争力,成为市场多元化发展的瓶颈。市场多元化战略应该配合国家产业政策,帮助企业提高产品的市场竞争力。

企业和产品竞争力是开拓国际市场能力的主要因素,它的提高涉及一国经济发展的深层次问题。市场多元化外贸政策虽然不能根本解决这个问题,但它的实施却有助于促进企业提高国际化程度,提高产品质量和品质,进而促进出口扩张。

3. 贸易方式的多元化是开拓国际市场,实现市场多元化战略的重要手段　贸易方式对贸易的扩展、收益的提升和避免外部市场的不确定性有着更重要的作用。国际投资、国际服务贸易的发展对一般货物贸易的影响越来越大,也成为各国和地区占领市场的重要手段。受产业水平和产业结构的限制,我国目前贸易方式还比较单一和落后,成为制约我国开拓国际市场的重要因素。实施市场多元化战略要重视解决这方面的问题,要在我国实际生产力水平基础上,帮助企业采取多种手段开拓国际市场,例如对外投资、对外承包工程、输出劳务以及各类贸易方式。

第四节　品牌战略

一、品牌和品牌文化

(一)品牌和名牌

对于品牌的定义大体上有两种。一是国内诸多学者认为品牌就是被俗称了的商标。它是商品的标志或标识,是商品的生产企业或销售企业为了使自己生产或销售的产品有别于其他企业所采用的一种标志。它是产品的价值和附加值的集中体现,在一定意义上代表了企业在市场中的形象和认知度。与这种定义相似的是美国市场营销协会对品牌的定义:品牌是用来识别一个(或一群)卖方的货物或劳务的名称、术语、记号、象征、设计或组合,并用来区别一个(或一群)卖主或竞争者。另一种定义是世界广告大师大卫·奥格威的解释:品牌是一种错综复杂的象征,它是品牌属性、名称、包装、价格、历史声誉和广告方式的无形总和。同时也因消费者对其使用的印象,以及自身的经验而有所界定。

名牌则是指有一定的知名度、美誉度和忠诚度的品牌。而对于世界知名品牌的定义,则不是简单的具有世界知名度的品牌,按美国的品牌公司和《金融世界》的评价结果:一是看品牌的获利能力,二是看品牌的竞争力。世界知名品牌不仅是品牌价值量大小的问题,而且还应是在世界品牌排行榜中名列前茅的品牌。因此这不是一个抽象的逻辑概念,是一个实用型的能力概念。一个品牌起初作为一个普通商标,如果通过企业精心培育而成为名牌甚至国际名牌,这个过程就是品牌战略的过程。因此,所谓的品牌战略就是塑造名牌的计划和其成功实现的过程。

(二)品牌文化

品牌文化的体系由四个方面构成:品质、创新、快速反应和社会责任,贯穿于创意过程、生产过程、营销过程和消费过程,这四个过程概括起来就是社会过程。

品质是基础。品质的信誉是品牌生态的基础。

创新是灵魂。如果说质量、品质是品牌的物质基础,是生命力的基础,创新就是品牌的灵魂。中国要从生产大国向创造大国转变,创造是我们当代进发的主攻目标,是行业转变发展方式的核心。品质需要创造,原材料需要创造,加工方式也需要创造,表达文化更需要创造。

快速反应是一种产业文化。快速反应是创造者和消费者的互动,因为消费者的文化不是固定的、静止的、孤立的,任何一个文化世界、政治世界、交往世界都会带来衣着文化品位的变化。快速反应就是这种品牌和消费者的适应性,这种适应当然很多时候是品牌在引导消费者。

社会责任是品牌生态的一个总体概括。品牌建设关联的因素是多元的,其基础是把纺织科技和服饰文化在设计和生产中融合在一起。要严格保持产品高质量,纺织科技要不断创新,服饰时尚要不断创意。生产企业要有良好的社会责任感,使产品赢得客户、市场和国内外信誉。

二、我国纺织服装业实施品牌战略的意义

改革开放以来,中国的纺织服装等行业主要是以工业化发展和工业出口为主,但随着市场环境和结构的变化,生产制造的利润已经越来越薄。20 世纪 80 年代末委托加工可获得 15% ~20% 的利润,而现在达到 3% 的纯利润已经是非常幸运了。因为所有的生产制造商都要竞争有限的订单,所以生产企业只有削减利润以赢得市场。调研数据表明,在整个价值链上,生产制造利润在 5% ~10% 之间,分销利润在 50% ~60% 之间,品牌利润可达到 30% ~

40%。可见生产企业的利润非常之低。作为赢利机构来说，自然的选择就要考虑从制造商到达品牌商，再进一步涉足流通领域。要实现这样的跨越，中国企业要加强市场营销实施的具体能力。市场营销要始终关注产品的设计等方面，而不仅仅是如何以低价格销售标准化的产品。我国纺织服装企业的经营理念应由"重视质量"到"质量至上"，再到实施"品牌战略"。目前，中国纺织服装品牌已逾万种，但极少有世界知名品牌，与我国"纺织大国"的地位极其不相称，"生产大国"和"品牌小国"的矛盾制约了现阶段我国纺织服装业的持续稳定发展。

现代纺织服装企业的竞争已不仅仅是质量、成本的竞争，更是品牌的竞争。品牌战略是决定企业成败的生命线，是企业得以迅速发展的决定性因素。世界经济发展的实践证明，只有拥有了一定数量的国际知名品牌及品牌企业，才有可能成为世界经济强国。因此，中国纺织服装实施品牌战略是实现纺织服装强国梦的必然选择。

三、中国纺织服装业实施品牌战略的措施

（一）做好产业内分工

中国纺织服装产业的发展模式是延长产业链到营销环节，不断向全球产业链的高端延伸。中国纺织服装产业的发展必须从产业内分工开始。一个企业或经营集团不需要成为从制造到零售的全面手，而需要产业内的专业设计企业、品牌包装企业、物流配送企业和海外开拓军团，只有产业内分工做好了，才能整体上占领全球产业链以及产业链的高端。

（二）营造发展品牌的环境

产业内分工可能始于一个自然的发展过程，但将"中国制造"打造成"中国品牌"乃至"国际品牌"则需要推动力，这个推动力就是行业协会和政府。行业协会和政府需要做的就是要从整体上营造一个推动企业发展的环境。巴黎以其独特的城市内涵培育了无数法国品牌，我国也需要一个工程去培育我们的企业。在这个工程中，通过创办对纺织服装文化理论、纺织服装科学研究的机构，提升企业的技术含量；通过创办专业的时尚媒体，着重塑造中国品牌形象和服饰文化，加大对消费者的引导力度，培育中国纺织服装产业的文化，通过为企业培养专业人才来提高产业品质，通过专业渠道来帮助企业开拓国际市场。

（三）培育自主品牌、掌控营销渠道

当前的国际竞争日益表现为装备和品牌的竞争，阻碍企业参与国际竞争的主要因素是装备落后和自主品牌不足。我国纺织服装行业应尽快转变增长方式，用装备水平的提升带动产品品种质量的提高、劳动生产率的提高；加快培育自主品牌，提高品牌的市场影响力。自创品牌对企业的要求很高，一方面，要求有雄厚的资金实力，以便进行强有力的市场开拓，铺设营销渠道，大幅度地做广告，以便克服当地消费者的认知阻力；另一方面，要求企业有强大的技术研发和生产能力，这是一个品牌立足于世界市场的根基。自创品牌的典范就是家电行业的"海尔"，其许多成功经验都是值得我们借鉴的。

培育自主品牌和掌控营销渠道，是纺织服装行业迈进高端供应链和提高纺织服装产品

附加值的关键。

（四）收购合并国际品牌

高效打造国际品牌的一种方法就是收购、合并国际品牌。这种“借船出海”的方式适合于具有一定的实力，但在独立开拓国际市场方面有一定难度的企业。通过合资、合作可以学习到较为先进的生产工艺、管理模式，通过收购可以避免前期开拓市场时的巨大投入，这是一种比较适合我国当前企业情况的既经济又实惠的做法。

我国的杉杉集团与美国的摩易爱德森公司就品牌合作签订了合约，作为美国摩易爱德森公司在中国的唯一的战略合作伙伴，将在产品的开发、设计、销售等方面与外方进行合作，打造“户外休闲品牌”。早在 1997 年，杉杉集团就已经与日本的伊藤忠、大东纺织，意大利的法拉奥，法国的乐卡克等国际一流的公司进行合作，因而很快成为进入国际市场的中国最大的品牌运作公司。

（五）从贴牌生产向自主品牌过渡

这是目前我国的服装企业普遍采用的一种方式，适合于生产能力达到了国际水平，但是却没有国际知名度，只好依附于国际知名品牌，用一流的生产技能，生存在别人的市场阴影里的企业。当然在开拓国际市场的初期，由于对国际市场的主要情况不了解，这种手段具有一定效果，但不能解决长期的发展问题。如果能将贴牌与自主品牌相结合，将是最好的选择。用在贴牌生产中赚来的资本、学到的技术和管理手段，来打造自己的品牌，先占领国内市场，然后再伺机进入国际市场。因为有前期的经历，进入国际市场时可以比较迅速地被消费者所认可和接受。对于每个企业来说，由于自身的战略目标不同，自身的实力和素质存在个体差异，所以应选择制订适合自己的品牌战略。

（六）培养优秀设计师

企业品牌其实是人的品牌，纺织服装人才是纺织服装品牌战略得以成功的根本所在。现代纺织服装企业发展需要多方面的专业人才，尤其要培养中国自己的优秀设计师。服装设计是服装生产的核心，许多最著名的服装品牌都是以其服装设计师的名字命名的，这也反映了服装设计在建立服装品牌中的重要作用。虽然服装款式极易被模仿和复制，但由于设计精良、细微体贴而建立的良好声誉，却能成为一种无形的市场竞争资本，形成垄断优势，所以服装设计是品牌战略的核心环节之一 。从国际竞争的严峻形势来看，加速培养一代极富创新实力和拼搏精神的宏大的设计师队伍迫在眉睫。

总之，打造一个国际知名的品牌，并非一朝一夕即成之事，可能需要几代人的努力。并且当外部环境发生变化时，还要不断地与时俱进、改革创新。这种不断进取、永不言弃的精神其实也正是品牌的最高境界，也正是人类所追求的、值得大多数的消费者所敬仰和追随的精神。

第五节 东部生产战略转移和西部大开发战略

纺织工业的发展在地域上总体呈现东强西弱的局面，影响着中国纺织工业整体竞争力的提高。随着中国的入世，在经济全球化和ATC协议期已过、TBT壁垒日趋增多的背景下，如何通过实施纺织工业东部生产战略转移和西部大开发战略，加快发展西部纺织工业，保持和提升中国纺织工业的整体竞争力，已成为当前迫切需要解决的问题。

一、东部生产战略转移

(一)东部生产战略转移的内涵和意义

东部沿海地区纺织服装企业向中西部战略转移，是近年来我国纺织产业结构调整、产业梯度转移的重要措施，也是"十一五"期间行业发展的重点之一。我国是纺织服装生产第一大国，纺织服装在我国经济发展中占有重要地位。目前纺织服装的格局在地域上总体呈现出东强西弱的局面，东部沿海地区江苏、浙江、广东、福建、山东和上海"五省一市"的纺织服装生产总值占全国的80%以上，出口额占全国的90%以上，内销占全国内销总额的70%以上。虽然目前东部沿海一带纺织服装行业形成了极有效率的多个产业集群，但随着国家经济结构性调整优化的不断深入，各种问题和矛盾日益凸显，如劳动力成本不断增加、土地资源紧张、水电运输等管理成本增加、交通和环保等问题，以及沿海各省的经济扶持政策逐步取消等，使东部沿海纺织服装行业发展明显缺乏后劲，经济效益下降，竞争力逐渐失去优势。因此，纺织服装行业在全国的总体格局面临重大改变，其发展必然会遵循劳动密集型产业的"梯度发展"过程，逐渐将重心向我国中西部地区转移。

近几年已经陆续有若干家知名纺织服装企业实施了转移，很多中小型企业也已经或正在准备转移。表4－5是东部沿海地区部分著名的纺织服装企业向西部转移的情况。另外，如广东顺德的5家纺织服装企业即将迁往安徽阜阳中国中部纺织工业城，浙江培罗成集团计划迁往湖北省宜昌市，浙江象山定点生产"阿迪达斯""老人头""耐克"等世界著名品牌的纺织服装企业也计划迁往江西省的鄱阳市等。

表4－5　东部沿海地区部分著名的纺织服装企业西迁情况

企业名称	原所在地	迁往地	主营产品	迁移规模及方式
上海三毛集团	上海	重庆	毛纱、毛织物	整体，搬迁
上海第十七棉纺织总厂	上海	江苏大丰	棉纱等	整体，搬迁
上海纺织控股集团下属企业	上海	江苏大丰及苏北地区	纱线、织物等	整体，搬迁
深圳富宝化纤公司	深圳	贵州贵阳	纺织化纤	整体，搬迁
山东如意集团	山东济宁	重庆	纱线、织物、服装	部分，投资建厂
浙江洛兹集团	浙江宁波	湖北秭归	衬衫、T恤等	部分，投资建厂
浙江雅戈尔	浙江宁波	重庆、新疆	衬衫、西服等	部分，投资建厂
浙江维科集团	浙江宁波	江西九江	针织、毛毯、服装	部分，投资建厂
浙江太平鸟集团	浙江宁波	湖北宜昌	服装	部分，投资建厂

(二)东部沿海纺织服装企业战略转移的必然性

1. 产业布局的内在规律　根据经济学中的“绝对成本”理论,当一种产品在某个区域的成本低于其他区域时,该产品就会在该区域范围内大量生产,并且销往其他区域。纺织服装最初在东部沿海地区发展正是遵循这个理论。当时东部沿海地区的各种有利条件和灵活机制,使纺织服装在该地区的生产成本非常低,形成大量出口和部分内销的格局,从而促使纺织服装企业在沿海地区飞速发展。

然而,近几年东部沿海地区的劳动力成本、土地厂房价格、水电费用等关系到纺织服装企业生产成本的重要因素目前都普遍高于中西部,整体生产成本的持续升高已经成为一个无法克服的矛盾。根据“绝对成本”理论,解决这些问题的唯一办法就是将工厂迁到纺织服装生产比较低廉的中西部地区。我国香港地区曾经十分繁荣的纺织服装业,在20世纪80年代大举迁往内地就是一个很好的例子。

2. 经济结构调整的必然内容　根据“相对成本”理论,一个地区应该选择更具有成本优势(或者更具有竞争优势)的产品进行生产。也就是说,即便在短时间内东部沿海地区的纺织服装产品在一定程度上还保持着价格优势,也要和高新技术、贸易、金融、服务等行业进行比较,看看到底生产哪一种产品或从事哪一种行业更加具有优势,更加具有竞争力。事实上这个理论也是我国经济结构调整的理论基础。

近几年东部沿海形势发生变化,从事其他很多行业都比从事纺织服装行业更具效益、更具竞争力,即更具“相对成本”优势。国家经济结构的调整就是让东部沿海发达地区从事更具竞争力、更具“相对成本”优势的高新技术、金融贸易、服务行业,而让中西部从事类似纺织服装等劳动密集型产业,促进中西部经济发展,这样相辅相成,实现国家的协调发展。

3. 国家经济政策导向成果　中国已经加入世界贸易组织,经济将全方位与国际接轨。东部沿海地区是国家的门户,经济已经有了较为扎实的基础,应该是我国和国外联系的桥头堡,整体要与国际接轨。而要实现这一目标,需要在东部沿海地区大力发展高新技术企业、金融、贸易、运输、服务等行业,才能使东部沿海地区在与世界接轨的过程中立于不败之地,靠纺织服装这样的传统行业显然是不可能的。纺织服装企业在东部沿海地区的大量存在,消耗了许多宝贵的土地资源、人力资源和财力资源,并且不利于环保问题的解决,不利于东部沿海经济的持续发展。国家已经注意到了这些现象的存在,所以东部沿海各地政府已经逐渐取消对纺织服装企业的各种优惠政策,相反,中西部却制订了针对纺织服装企业的优惠政策,以吸引东部纺织服装企业向西部转移。

改变经济增长模式,向集约型经济发展,其本质就是国家的政策已开始向扶持高新技术、金融贸易、服务等产业倾斜,而这种政策倾斜能够更好落实的区域肯定是经济发达的东部沿海区域,因为中西部还不具备发展集约型经济的基础。但是中西部也能够从国家的这种倾斜政策上获益,就是吸引纺织服装这样的劳动密集型企业,先发展粗放式经济,逐渐增强自身的经济实力。

4. 经济发展的必然过程　世界发达国家和地区的经济发展规律都是一个从无到有、从落后到发达的过程,我国沿海发达地区遵循这个规律,中西部地区一样也遵循这样的过程。中西部的发展应该从发展诸如纺织服装这样的劳动密集型传统产业开始,资本积累到一定程度后再进行产业调整。事实上,国际上的英国、日本、德国、意大利以及中国的广东、台湾、香港都是先发展传统工业使本地经济发达,积累了一定的资本、人才和管理经验后,再向高新技术产业转型。东部沿海纺织服装企业实施战略转移正是适应这种经济发展的一般过程。而中西部经济大多较为落后,人才匮乏,资金实力有限,管理水平不够,目前尚不具备发展高科技企业的条件,盲目大规模发展高新技术产业显然是不理性的,所以开发中西部的任务是要先发展劳动密集型产业,有了一定经济实力后再逐步发展高新产业。东部沿海地区纺织服装企业的战略转移正符合这种需要。

(三)东部沿海纺织服装企业战略转移的具体情况

1. 中西部积极承接并拥有独特优势　中西部地区政府对于东部纺织服装企业生产战略转移的态度是非常积极的。为了吸引东部纺织服装企业在本地投资建厂,带动本地经济发展,很多地方制订了各种优惠政策,建立了各种纺织服装工业园区,为东部沿海纺织服装企业西迁创造条件。表 4 - 6 列出了部分中西部城市的一些举措。

表 4 - 6　部分中西部地区吸引东部纺织服装企业的举措

地　区	方　式
河北省石家庄市	建立规划面积为 5053 亩的纺织服装基地
河北省辛集市	建立皮革服装园
河北省石家庄市	在高新技术开发区建立卓达服装产业园
四川省南充市	建立纺织服装产业集群
新疆维吾尔族自治区石河子市	建立棉纺生产基地
安徽省阜阳市	建立中国中部纺织工业城
湖北省宜昌市	建立高新技术产业园
河南省郑州市	在郑州元通纺织城建立新型纺织工业基地
陕西省西安市	为纺织服装企业的生产战略转移提供政策和专业人才

西部拥有的独特优势也为战略转移提供了很好的条件。中西部拥有丰富、廉价的劳动力资源,中西部的纺织服装工人的年收入一般仅为东部沿海地区的 1/2,甚至更低,而企业的中层技术、营销、管理人员的年收入一般仅为东部沿海地区的 1/3,这为迁移到中西部的东部沿海纺织服装企业提供了大量廉价劳动力资源。中西部拥有丰富的纺织服装原料,其棉产量和各种化纤、混纺、全棉纱线、坯布的产量居全国前列,如兰州彩色棉种植基地,新疆、甘肃、陕西等地的棉花种植基地,新疆、内蒙古的羊毛羊绒生产基地,陕西关中地区的纱线、坯布生产基地,湖南等地的麻生产基地,青海等地的牦牛毛生产基地等。中西部的投资环境正在不断改善,其电信、邮政、交通运输、水电等各种基础设施不断改善,已经具有较好的投资环境。另外,国家和中西部各地政府不断制订出优惠政策,以鼓励东部沿海企业对其投资,给外来企业一个较为宽松的投资环境。

2. 东部沿海积极转移和拥有的优势　东部沿海地区的大型纺织企业或者著名企业,具有长远战略发展眼光。他们积极开拓,坚决果断,拥有实施生产战略转移的多种优势。

(1)东部沿海地区的纺织服装企业拥有向西部转移的先进技术。由于拥有较为先进的技术,可以使这些企业能够快速在中西部地区立足,进行高质量、高效益的生产。

(2)东部沿海地区的纺织服装企业拥有西迁的先进管理经验和领导人。这些先进的管理经验无疑会给企业在中西部的发展带来巨大益处,使东部沿海纺织服装企业能顺利落户于中西部。同时一大批出色的纺织服装企业领导人,在企业迁到中西部后,必然发挥至关重要的作用,是企业在中西部顺利发展的重要因素。

(3)东部地区的纺织服装企业拥有优秀的技术人才和营销人才。长期以来这些技术人才、营销人才在东部沿海纺织服装企业中发挥着中流砥柱的作用,企业的任何发展都离不开这些优秀人才的辛勤劳动,没有了他们,东部沿海纺织服装企业的战略转移将无从谈起。

3. 东部沿海纺织服装企业战略转移应注意的问题

(1)不是所有的东部沿海纺织服装企业都有必要迁往中西部。东部沿海纺织服装企业迁往中西部地区是大势所趋,但并不是所有的东部沿海纺织服装企业都要迁到中西部。一些东部沿海纺织服装企业的生产原料主要产于东部,例如丝绸企业,这些企业迁往中西部显然是不合适的;也有一些东部纺织服装企业的产品的科技含量较高,或者是产品档次较高,企业收益较好,在东部能够继续良好发展,这些企业也不必急于迁往中西部。另外,无论东部沿海地区新经济有多么发达,总要保留少数高档纺织服装工业这样的传统产业,这在发达国家也是一样的。

(2)东部沿海纺织服装企业应该合理地、循序渐进地迁往中西部。企业的迁移不是一朝一夕就能完成的,这毕竟是一件非常重大的事情,要自愿、合理、循序渐进地来完成。先是有较强实力的企业西迁,再是一般规模的企业西迁,总之要做到有层次、逐步西迁,并且要根据企业的特点决定具体迁往中西部地区的何处。东部沿海纺织服装企业迁往中西部这项工作是一个时间持续较长的工作。

(3)东部纺织服装企业迁往中西部地区应该在各地政府的具体引导下进行。实践证明,任何国家的经济活动只有在政府的宏观正确引导下,才能取得更好的成果。东部纺织服装企业迁往中西部这项工作也不例外,无论是东部还是中西部的各地政府都应该根据自己地方的实际情况,为企业做好正确的宣传引导,以使企业能够做出正确的决定和行动。

二、西部大开发战略

(一)西部大开发的战略内涵

西部大开发战略是一项涉及面广、量大,十分复杂的宏伟工程,西部大开发战略的内涵深刻而具体。知识发展战略是实施西部大开发战略的首要环节,人力资源开发战略是实施西部大开发战略的核心,可持续发展战略是实施西部大开发战略的基础,结构型调整战略是实施西部大开发战略的重点,优先开放战略是实施西部大开发战略的关键。

(二)西部地区纺织工业发展的现状

中西部纺织发展滞后,产业比重逐步下降,纺织工业的区域布局逐渐向沿海地区集中,东部和中、西部的差距有逐步拉大的趋势,中部和西部的纺织工业在全国的比重越来越小。2000年中西部纺织工业产值占全国比重为16.23%,到2004年比重减至12.87%,下降了3.36个百分点。与东部相比,中西部的纺织产业发展滞后,在整体上产业的市场竞争力不足。

1. 所有制结构　与其他地区纺织国有资本急剧萎缩的态势不同,西部地区的纺织国有资本"一股独大"现象十分严重,外资及私营经济的发展极为缓慢。作为我国较早进入市场经济、竞争性特征已非常明显的纺织行业,这种资本结构显然十分不利于西部地区纺织工业的健康发展。

2. 技术装备水平和产品结构　总体上看,西部纺织工业的技术装备水平并不低,一些先进纺机设备的使用甚至超过了全国平均水平。但对照产值、产量及产品种类进行考察发现,这些设备并没有得到充分合理的使用,装备的生产潜能没有得到应有的发挥。西部地区纺织业主要是以棉、毛、麻等为原料,从事初、中级加工类纺织产品的生产,最终产品的附加值较低。

3. 从业人员和消费水平　西部纺织业劳动密集型产业的特征表现得非常明显。以2000年为例,西部地区纺织行业从业人数73.67万人,占同期全国纺织行业从业人员总数的9.48%。以百万元资产所吸纳的人员计,全国各工业企业平均水平为5人,纺织企业为8人,而同期西部纺织企业则达到9人。西部地区纺织品消费水平比其他地区低,尤其是西部农村地区。

(三)西部地区纺织工业发展的优势与劣势

自20世纪90年代以来,西部纺织工业在全国纺织工业中的地位十分弱小,西部出产的纺织产品国际化程度很低,总体上纺织工业在西部经济中亦属弱势行业。从经济效益角度来看,西部纺织工业的经营效果远落后于国内其他地区。但从纺织原料上分析,西部是我国纺织天然原料的主产区,西部12个省区出产的棉花、麻类、蚕茧、羊毛、羊绒等天然纤维原料在全国均占有举足轻重的地位。

1. 西部地区纺织工业发展的优势　从纺织生产要素上看,西部纺织工业发展的优势表现为纺织原料的资源优势,价格低廉的劳动力资源优势,经过几十年发展起来的纺织产业基础优势。除了以上生产要素的比较优势外,西部地区特殊的地缘和民族文化,使西部具有开展周边纺织贸易得天独厚的优越条件。西部地区和毗邻国家既有传统的经济文化联系,又在资源结构和经济技术结构方面存在明显互补性,因此西部地区可充分依托我国纺织行业的整体优势和边贸口岸较多的特点,充分发展双边贸易。

2. 西部地区纺织工业发展的劣势　西部地区轻、重工业发展很不协调,且纺织企业以国有为主,在纺织这一高度市场化的行业里西部的经济机制明显缺乏活力,企业创新能力不强，市场适应性差；在产业结构和产品结构方面，西部纺织工业以棉纺、毛纺等初加工为主。由于在资金、技术、管理及信息等方面与东部相比差距十分明显，使得西部的纺织品服装产品技术含量不高、加工增值性产品比重较低，后道产品加工能力不强；此外，西部企业将原料产品销往东部，而东部则以附加值较高的产品占领西部消费市场，一定程度上也阻碍了西部纺织工业的发展。

（四）西部地区纺织工业发展的基本原则

1. 市场资源配置原则　如何充分发挥市场机制的作用，通过市场来合理配置纺织资源，促进纺织生产要素的流动和重组，已成为西部纺织工业发展面临的首要课题。在发展原则方面，首先要用市场观念分析解决西部纺织发展中存在的问题，树立以市场为导向的发展观、资源观、优势观，努力提高西部地区的资源利用效率、资金使用效益和经济增长质量，利用市场机制来引导产业发展。而政府的主要任务应是创造良好的投资环境，建立和完善有利于发挥市场机制的政策法规。

2. 优势互补原则　东部纺织工业向西部地区转移应按照互惠互利、优势互补的原则，形成以资本为纽带的紧密型东西部纺织区际合作。合作方式包括西部纺织企业与东部企业形成产业链；东部名牌产品在西部搞特许加工；东部为西部纺织企业提供产品、技术开发、信息等方面的服务；利用东部企业已有的销售网络，合作开拓市场。

3. 结构调整原则　西部地区纺织工业的发展在我国加入 WTO，国内经济融入世界经济一体化、贸易自由化的大背景下进行，在我国纺织工业为实现纺织大国向纺织强国的转变，进而全面实施产业结构升级的环境条件下进行。因此，西部地区纺织结构调整的基本原则是在发展中加快结构调整，通过结构调整促进经济发展。

（五）西部地区纺织工业总的发展目标及分区域发展重点

1. 西部地区纺织工业总的发展目标　充分发挥纺织原料资源优势，以促进劳动力就业为主要目的，以市场为导向，加快纺织结构调整，加大国有纺织企业改组、改造力度，加速非国有经济的发展；加快西部纺织要素市场的培育和发展，营造良好的市场发展环境，以吸引外资和区外资金；加强区域合作，实现优势互补，增强企业竞争能力；积极发展边境贸易和特色经济，使资源优势转变为产品优势、经济优势。

2. 西部地区纺织工业分区域发展重点

（1）新疆。基于发展现状和技术水平，有望发展成为具有全国乃至世界意义的优质棉纱棉布生产基地。

（2）陕西。发展重点是强化业已形成的优质棉纺加工能力，并适度发展服装工业和旅游产品。

（3）内蒙古、青海、甘肃、宁夏。发展目标是加快企业兼并重组的步伐，鼓励经济资源向优势企业聚集，以尽快形成规模；提高企业的技术水平和加工深度，不断增强企业的市场竞争能力。

（4）四川、重庆。发展重点是在注重生态建设的同时，充分利用当地丰富的绿色纤维资源，大力发展纺织加工业；同时在成都、重庆等中心城市大力发展服装加工业，并逐渐打造出具有区域文化特征的“川派”服装品牌。

(5)云南、贵州。在维护生态平衡的前提下,适度开发当地天然纤维资源,增强加工能力;发展具有民族特色的旅游服装和装饰用品。

(6)广西。作为西部地区唯一拥有出海口岸和与纺织强省广东毗邻的地区,具有良好的区位优势。该区纺织工业今后的方向,一是继续发展面向沿海地区的纺织加工业,在协作中寻求发展空间;二是逐步提高技术水平,以承接来自广东及港澳台等地产业升级后部分纺织加工能力的外移。

(7)西藏。今后的发展应是努力提高当地纺织业加工水平,满足当地居民的生活需要,同时可适度开发珍稀的牦牛绒资源,为当地牧民的脱贫致富做贡献。

(六)西部地区纺织工业发展的具体措施

1. 抢抓机遇,增添信心　随着中国人均GDP水平的提高,从国际、国内发展环境和市场前景方面加以分析、比较,齐心协力把纺织工业做大做强,增大区域经济总量,促进财政增收和农民增收。

2. 转变观念,创新机制　西部纺织工业要发展,相应的观念必须要转变。引导企业和业主牢固树立市场经济意识,规模化意识,科技兴纺意识,优势互补、强强联合意识,克服“等、靠、要”的观念和做法,创新经营管理机制。

3. 调整结构,壮大规模　西部地区,劳动力资源丰富,理当发挥自身的比较优势,发展劳动密集型产业。要注重发展东西部合作项目,在资金、人才、原料、土地、技术等方面,形成资源共享,优势互补的新格局。

4. 改善环境,促进升级　应不断完善纺织工业基础设施建设,同时在技术装备方面,引导企业把投资重点从低水平铺摊子,转向技术装备更新改造上来,积极采用先进设备,先进工艺。

5. 加强引导,搞好营销　要积极引导西部纺织业成立纺织协会,同时各企业可会同协会一起搞好市场营销。

第六节　走出去战略

改革开放以后,纺织企业走出去战略逐渐得到重视和发展。在新形势下,尤其是在贸易与投资联系日益紧密的情况下,我们不仅要加强对纺织企业出口贸易的研究,而且还要加大对其对外投资的研究力度。全面系统地研究我国纺织企业在走出去过程中的出口贸易和投资问题,帮助纺织企业转变观念,认清形势,全面实施走出去战略。

一、走出去战略的内涵和意义

(一)走出去战略的内涵

新形势下,我国纺织企业走出去战略的内涵包括:第一,出口和直接投资和谐统一,相互补充促进,推进出口贸易发展,扩大国际经济技术合作的领域、途径和方式。第二,鼓励和支持有比较优势的各种所有制企业对外投资,带动技术、设备、产品和劳务输出,形成一批有实力的跨国企业和著名品牌。第三,支持有竞争的企业跨国经营,到境外开展加工贸易或开发资源。第四,继续发展对外承包工程和劳务合作,在竞争中形成一批有实力的对外承包工程企业。

(二)纺织企业实施走出去战略的重要意义

我国纺织企业在生产技术、管理水平、研究开发等方面都与发达国家同类企业存在一定差距,这在很大程度上归因于我国纺织企业并未真正全方位地走出去过。因此,实施走出去战略是提升我国纺织企业国际竞争力的必经之路。通过全方位地走出去,我国的纺织企业可以熟悉国际市场规则,规范企业的生产、经营和管理,以更加开阔的眼光创建海外销售网络,培养懂跨国经营的人才,确立和拓展自主品牌,从而提高我国纺织企业的经营管理水平和国际竞争力,同时可以推动我国纺织业结构调整和升级。

纺织企业实施走出去战略有利于我国国民经济的发展。这是由纺织业在国民经济中的重要作用所决定的,纺织业不仅本身具备较高的增长率,而且能带动其他部门的增长,如可以满足消费、扩大出口创汇、积累建设资金和吸纳劳动就业等,从而促进相关产业的发展。现阶段纺织工业是国家重要的民生产业,是国际贸易中有竞争优势的产业。现代纺织工业,是可持续发展的常青产业。通过纺织企业"走出去"推动纺织业的发展,再通过纺织业的直接和间接带动效应,可以推动整个国民经济的发展。

二、纺织企业实施走出去战略的必要性

改革开放以来,我们引进了大量的国外资金、技术和管理经验,对我国经济增长、体制改革、结构调整、技术进步和经济国际化程度的提高起到了重要的推动作用。然而,我们应该看到,仅靠"引进来"是不够的,全面提高对外开放的水平,要求"引进来"和"走出去"并重。没有较大数额的对外投资,没有一批有能力进行跨国生产和经营的大企业,我们就不能全方位地利用国内国外两种资源和两个市场,我们的企业就不能在全球市场上更加具有竞争力,我们也无法按照我国经济发展的战略需要,主动参与并影响国际分工格局,在全球经济一体化过程中争取更多的利益。

(一)"走出去"是产业调整和升级的需要

就纺织行业而言,我们倡导企业主动融入全球产业链的分工,在观念、人才上为国际化做好准备,培育跨国企业。我们要积极引导有条件、有竞争优势的企业采用资本整合的方式"走出去",建立自己的国外营销网络,拓展终端市场的控制力,提高参与国际竞争的能力和水平。企业通过"走出去",将研发、设计、生产、营销各环节在全球范围内进行优化配置,建立跨国企业的发展模式,特别是加强对拉美、东北亚、东南亚、南撒哈拉地区等广大发展中国家"走出去"的步伐和力度。这样,既有利于巩固和加强我国同发展中国家之间的友好合作关系,也为我国企业的海外投资打下了基础。

(二)"走出去"是增强核心竞争力的必然选择

走出去开拓国外资源,将国内外各种要素进行统一整合,能降低企业整体经营成本、全

面增强企业的国际竞争能力。

在重视纺织产品出口的同时，重视纺织工业的资本“走出去”也很重要。纺织工业是我国在国际上比较优势突出的行业，但缺乏具有较强核心竞争力的国际化的企业。在全球经济越来越融为一体的情况下，培育优秀、强大的纺织企业，国际化是必由之路，“走出去”也是实现国际化的直接方式。应该说，目前国内有相当一部分优秀的纺织企业具备了较强的实力，有条件成为带动我国纺织工业实施“走出去”战略的主导力量。

（三）“走出去”是化解贸易摩擦的有效手段

“走出去”可缓解纺织品国际贸易摩擦。我国纺织品的单件附加值相对较低，企业获取利润的方法是靠大量出口，纺织品贸易摩擦问题在一段时间内仍将非常突出，很多发展中国家视中国为强大的竞争对手。在这种形势下，我国纺织企业更应该主动地“走出去”，在一些享受较多贸易优惠政策的不发达国家投资建厂，利用当地的原材料和劳动力，规避贸易壁垒，扩大出口。

三、纺织企业实施走出去战略的措施

（一）进一步推进纺织企业出口贸易的发展

纺织品出口一直是我国外贸出口的重头，同时出口一直以来都是我国纺织企业走出去的主要方式，在今后相当长一段时间内将仍然是主要方式，因此我们将继续推进纺织品出口的发展。

1. 用高新技术改造传统产业　目前我国纺织业的发展尚未摆脱外延型数量增长的模式，经济增长质量不高，难以应对发达国家质量、技术、环保、生态等非关税贸易壁垒，因此要推进纺织品出口发展，调整我们国内纺织企业发展模式势在必行。

我国正处在继续工业化的阶段，在当前的历史条件下，我们应选择“以信息和科技带动工业化”的战略，其内涵包括用信息化提高工业化的效率，降低工业化的物质内耗，提倡节约能源的工业化模式，决不再重复某些发达国家传统的工业化老路，指导纺织企业走可持续发展之路。我国纺织企业需要吸引国外的资本、先进技术、先进管理等要素，加强与各国纺织企业的合作。

2. 注重开发新产品　我国纺织企业目前总体技术薄弱，产品出口以量取胜，靠低价竞争市场，而高附加值、高技术含量的产品少。要实现产品高附加值，重要的一点就是注重创新，不断出新品，这就需要我国纺织企业积极行动起来，不断加大对创新的投入与支持，增强开发能力。

3. 积极应对贸易纠纷　我们要妥善解决贸易纠纷，坚持应诉，据理力争。目前我国已经加入世界贸易组织，要充分利用 WTO 多边贸易体系的谈判机制、合理对抗机制、报复措施、非歧视性原则以及发展中国家特殊照顾的规定，维护自身合理的经济权益。在发生贸易纠纷时，要根据上述规定和原则，向有关国家和国际组织提出交涉和申诉，力争通过磋商和谈判加以解决。同时重视情报搜集工作，纺织企业应当对出口国国内生产商进行全面调查，如生产、经营状况等，密切关注出口国同行的各种反应和动向，做到知己知彼，百战不殆。

(二)正确引导我国纺织企业跨国投资

用新的“走出去”形式来跨越出口所面临的贸易壁垒,使纺织企业“走出去”形式多样化,使它们优势互补,共同促进我国纺织企业国际化经营的发展。

1. 在要素禀赋相似的国家投资　要实现与我国自然资源和劳动力资源紧密相关的纺织业的跨国经营,可以选择的模式之一就是生产向资源要素禀赋相似的国家和地区转移,即向一些中等发达国家(如南非、印尼)和一些发展中国家和地区(如东南亚国家)以及非洲一些国家和地区转移,选择一些自然资源和劳动力资源丰富且廉价的国家投资。这种模式的优势就是国内企业容易将国内经营模式进行转移,这是因为选择的是资源要素禀赋相似的国家和地区,同时由于当地市场竞争不那么激烈、顾客忠诚度不高、质量要求中等、品牌投资不大,所以我国纺织企业容易凭借技术优势占有较大市场份额。尽管这些国家目前不是我们纺织品的主要需求国家,但这些市场开发潜力很大。在这些国家进行跨国经营,可能面临不同程度的政治、经济和社会风险,需要做好调查准备,充分利用当地政府的优惠和保护以及国家之间签订的相关协定。

2. 在具有区位优势的国家投资　具有区位优势的国家主要是指一些主要贸易集团的国家和地区,例如北美自由贸易区的墨西哥,东盟的一些国家以及一些特殊地区,如加勒比海地区。它们有两个共同的特性,其一,就是他们享受一些发达国家如欧、美、加拿大等国家和地区的贸易优惠,这是最大的优势,也是我们之所以要借道这些国家的主要目的:以它们为跳板跨越贸易壁垒进入欧美市场;其二,就是这些国家和地区的生产力状况和资源状况和我国相似,适宜我国纺织业在当地经营。但是这种跨国经营模式也面临着较大的挑战,因为这些国家与我国生产力状况相似,其纺织业也是较具优势的产业,我国纺织企业进入这些国家会面临较为激烈的竞争和排斥,需要处理好与当地政府、行业协会和纺织企业的关系。所以真的要做出在这些国家投资经营的决定还是很难,需要处理的问题很多。

3. 在需求旺盛的国家投资　我国是纺织品出口大国,产品销售主要集中在欧、美、日等发达国家和地区。在经济全球化趋势下,这些国家贸易保护主义却有所抬头,我国纺织品进入这些国家面临形势也越来越严峻,因此,在这些国家投资经营也是值得我们思考的一个方向。这个层次市场的有利因素是游戏规则明确、市场规模大、消费成熟,其不利因素是国际强势品牌多、质量要求高、顾客忠诚度高,同时这些国家劳动力成本高昂,这是我国企业和其所在行业所不容易适应的。因此要在这些国家进行跨国经营,对我国纺织企业来说是重大考验。我们可以朝这个方向思考,但一定要慎重行事,有许多具体问题需要解决,不能盲目投资。

(三)政府在纺织企业“走出去”中的作为

任何企业的经营行为都离不开政府的宏观引导和监督,同时也享受政府提供的各项服务,我国纺织企业走出去同样需要政府的积极配合和支持。尽管长期以来政府都很关注纺织企业的“走出去”,但政府在其中的服务协调和管理的作用仍需要不断加强,才能保证我国纺织企业全方位“走出去”,成功地进行经营和发展。

1. 政府积极采取措施促进纺织品贸易发展

(1)政府对纺织品出口进行宏观协调和管理。我国政府历来对我国纺织品出口进行合理的宏观调控和指导。例如,2003 年 10 月,为了缓解入世后我国纺织品服装出口激增给我国与主要进口国造成的贸易摩擦,国务院发布了关于改革出口退税机制的决定,明确了改革的具体内容,其中纺织品的退税率由 17% 降到 14% 。调低了出口退税率,这在一定程度上抑制了纺织品出口增势头。但是,自 2008 年以来,全球的金融危机对我国的纺织品出口造成了很大的影响。因此,国家为了鼓励纺织企业调整创新,调动企业出口的积极性,2009 年 4 月又将出口退税率调高到 15% 。

(2)加强对外贸易政策的协调。在遵循国际贸易规则的基础上,积极研究有关纺织品进口国的贸易政策,通过采取灵活措施扩大纺织品出口,鼓励有比较优势的企业转向贸易与投资并重,把投资的重点定位在经济一体化的区域和纺织品服装产品出口的主要市场。在“走出去”方面,加强规划引导,有组织、有纪律地转移部分生产能力,开展境外加工贸易。

(3)政府引导纺织企业积极应对技术壁垒。纺织品质量的提高是突破国际市场壁垒的关键,因此应该在有条件的企业和产品中推广开展 ISO 14000 等国际认证,搞好标准化工作,以此为引导,提升纺织品的质量。同时,还要加强国际合作,抵制贸易保护主义,搜集和跟踪国外技术贸易壁垒动态,建立有关的信息中心、数据库及咨询机构,加强研究和信息搜集工作。

2. 鼓励和扶持纺织企业进行跨国投资经营

(1)加强纺织企业对外投资的间接宏观管理与调控。建立高层次、权威性的政府专门管理机构,加强对纺织企业对外投资的统一协调与宏观管理,从总体上调控其经营的规模、地区分布以及产业分布等,使之进入健康发展的轨道。同时强调简化审批程序,提高效率,减少行政审批中的腐败现象。

(2)制定和完善跨国投资经营的法规体系。首先要加强国内法规体系建设,从宏观及微观两个层面上强化对纺织企业的总体战略规划和内部财务监督,使跨国经营走上法制化、规范化的轨道;其次还要认真研究国际投资及跨国经营中有关东道国的相关法律,尽可能找出国内与国外法律的契合点,使政府政策导向和企业投资合理化。只有在完善国内法规和熟悉国外法律环境的基础上,我国纺织企业跨国经营才能保障国家和企业的利益。

(3)加大对纺织企业跨国经营的服务和支持力度。第一,提供强有力的财政金融支持,如赋予企业在海外的筹资和融资自主权,设立海外投资银行,专门为海外投资纺织企业和项目进行贷款和担保。第二,通过官方的跨国经营管理机构加强管理的网络化和信息化建设,为纺织企业的跨国投资经营活动提供商业信息、政策咨询、人才培训等配套服务,使企业能对市场动态及政府政策快速反应,灵活经营。第三,健全境外支持协调体系,政府应积极开拓国际的双边与多边投资保护协定,争取与更多东道国签订避免双重税收的协定,同时建立半官方的境外企业或商会,加强境外子公司的团结与互助。

思考题

1. 用微笑曲线分析我国纺织产业结构和产品结构存在的问题。
2. 如何实现产业结构和产品结构的调整?
3. 以质取胜战略的内涵和意义是什么?
4. 实施以质取胜战略的措施是什么?
5. 市场多元化的内涵和意义是什么?
6. 实施出口市场多元化战略的对策措施是什么?
7. 分析东部纺织服装生产战略转移的必然性。
8. 简述西部纺织工业发展的措施。
9. 纺织企业实施走出去战略的重要意义是什么?
10. 纺织企业实施走出去战略的措施是什么。

参考文献

[1]恭进礼. 2004 ~ 2005 年纺织经济形式回顾与展望[J]. 纺织导报, 2005(4):6 – 11.

[2]龚宏斌. 无配额时代我国纺织服装贸易的前景与对策分析[J]. 国际商务, 2005(3):5 – 9.

[3]李成勋. 1996 ~ 2050 年中国经济社会发展战略:走向现代化的构想[M]. 北京: 北京出版社,1998.

[4]张汉林,等. 经济全球化世贸组织与中国[M]. 北京: 北京大学出版社,1999.

[5]扬亚琴. 当前国际经济发展趋势与我国外贸战略选择[J]. 上海经济研究,2000(11):38 – 43.

[6]汤传峰. 美纺织品市场现状及中美纺织品贸易[J]. 对外经贸统计,2005(5):7 – 10.

[7]伏广伟. 中国纺织品质量技术战略研究[J]. 纺织导报,2005(7):44 – 47,50.

[8]马凯. "十一五"规划战略研究[M]. 北京: 北京科学技术出版社,2006.

[9]王梦奎. 中国经济发展的回顾与前瞻:1979 ~ 2020[M]. 北京: 中国财政经济出版社,1999.

[10]孙炳彦. 西部开发环境保护工作的几点思考[J]. 环境保护,2000(5):33 – 39.

[11]吴中南. 中国企业跨国经营与"走出去(walk out)"战略[J]. 管理世界,2004(2):139 – 140.

[12]张亮. 我国纺织品服装出口面临的贸易壁垒与对策分析[J]. 国际贸易问题,2005(4):100 – 104.

[13]古今. 我国境外投资政策体系需进一步完善[J]. 中国外资, 2005(4):47 – 49.

[14]卢进勇. 入世与中国企业的"走出去(walk out)"战略[J]. 国际贸易问题,2001(6):1 – 5.

[15]黄速建,等. 西部大开发(western exploitation)与东中部地区发展[M]. 北京: 经济管理出版社,2001.

[16]孙淮宾. 西部大开发(western exploitation):纺织业如何有所作为[J]. 中国纺织,2000(4):4 – 5.

[17]杨长春. 中西部地区的对外开放[M]. 北京: 对外经济贸易大学出版社,2000.

[18]郭先登. 冷静中抓机遇 竞争中铸辉煌——纺织工业对加入 WTO 的思考[J]. 中国纺织, 2000(5):8 – 11.

[19]汪秀琛. 东部沿海纺织服装企业西迁分析[J]. 纺织导报,2007(1):41 – 42,44 – 46.

[20]John b Cullen,跨国管理战略要径[M]. 赵树峰,译. 北京: 机械工业出版,2003.

[21]Philiplotler,营销管理[M].梅汝和,等,译.北京：中国人民大学出版社,2001.

[22]郭燕.入世后中国纺织服装业出口市场多元化战略效果分析[J].纺织导报,2007(7):109-112.

[23]王钰.纺织服装品牌国际化的必然性[J].黑龙江对外经贸,2008(10):51-52.

[24]李林.纺织服装业的品牌战略.商场现代化[J].2007(2):223-234.

[25]李岳.纺织服装业的品牌战略.科技创业月刊[J].2007(5):69-70.

第五章　纺织品服装贸易壁垒

本章知识点

1. 关税的概念和种类。
2. 目前各个国家纺织品服装的关税概况。
3. 非关税壁垒的主要种类。
4. 纺织品服装技术壁垒的内容和应对措施。
5. 纺织品服装绿色壁垒的内容和应对措施。
6. 我国纺织品服装特保措施的含义及应对措施。

第一节　关税壁垒

关税壁垒(Tariff Barriers)和非关税壁垒(Non-Tariff Barriers)合称为贸易壁垒,这是各个国家用来限制外国商品进口的重要贸易措施。在国际贸易领域中关税壁垒和非关税壁垒已成为最大障碍。

一、关税的概念

关税(Tariff/Customs Duties)是进出口商品通过一国关境时,由该国的海关对本国进出口商强制征收的一种税收。关税实质上是一种价格控制手段,它有多种形式,如进口税、出口税、进口附加税、过境税等。

征收关税的目的主要包括两方面:

(1)增加财政收入,以增加财政收入为目的而征收的关税称之为财政关税(Revenue Tariff)。

(2)为了保护国内的工业生产,以保护本国工、农业为主要目的而征收的关税称之为保护关税(Protective Tariff)。

二、进口关税

进口关税(Import Duties)是指在外国商品输入时,进口国家的海关对本国进口商所征收的正常关税(Normal Tariff)。一般是在外国商品进入关境,办理海关手续时征收。一个国家对进口商品课征关税,提高了进口商品的价格,降低了它与本国同类产品相竞争的能力,从而达到保护本国产品、促进民族工业发展的目的。关税税率愈高,保护程度就愈高。关税壁垒通常就是指高额的进口税。

(一)进口关税的种类

进口税按照征收税率的幅度可以分为:普通税率、最惠国税率、特惠税率和普惠税率四种。

1. 普通税率和最惠国税率 最惠国税率适用于与该国签订有最惠国待遇条款的贸易协定的国家或地区所进口的商品,是世界贸易组织成员之间在正常贸易下必须给予的关税待遇。普通税率适用于与该国没有签订最惠国待遇条款贸易协定的国家或地区进口的商品。最惠国税率和普通税率相差很大。

2. 特惠税率 特惠税率(Preferential Duties)是对特定的从某个国家或地区进口的全部商品或部分商品,给予特别优惠的低关税或免税待遇。它是一种特别优惠的低关税,只对特定国家提供这种优惠,第三国不得享受。特惠税可以是互惠的,也可以是非互惠的。

3. 普惠税率 普惠税率(Generalized System of Preference,GSP)又称为普惠制。它是发达国家给予发展中国家制成品和半制成品的一种普遍的、非歧视的和非互惠的关税优惠制度,是由联合国贸易和发展会议于1964年提出并于1968年确定下来的。

目前,世界上的给惠国包括欧盟27国、挪威、瑞士、哈萨克斯坦、日本、加拿大、美国、澳大利亚、新西兰、俄罗斯、白俄罗斯、乌克兰、土耳其。其中除美国外,其他国家均对我国相关出口商品给予关税优惠待遇。

我国作为受惠国,利用普惠制可以获得更多关税减免,增强我国出口制成品的竞争力,因此应当重视在出口业务中积极应用普惠制。普惠制具体包括给惠产品的范围、关税削减的幅度、原产地规则、受惠国家名单、有效期限等,其中最重要的是给惠产品的范围、关税削减幅度和原产地规则。各国普惠制内容隔一定的时间会发生变化,如欧盟从2006年到2015年期间实施新的普惠制,把享受关税减免的范围从所有的发展中国家缩小到最不发达国家和易受伤害的发展中国家。随着中国纺织品竞争力的不断增强,欧盟开始把“不需要普惠制就可以提高在欧盟的市场份额”作为理由,对纺织服装产品实施毕业条款,不再享受普惠制。

(二)世界主要国家的纺织品服装进口关税情况

目前,各国纺织品服装的关税一般均高于其他产品的关税,尤其是发达国家这一特征非常明显。发达国家工业品的平均关税约为5%,而其纺织品服装关税的平均水平约为12%,并且关税升级现象比较明显。关税升级是指关税税率随产品加工程度的逐渐深化而不断提高,即工业制成品的进口税率最高,其次是半制成品、原料等初级产品的进口税率最低,甚至免税。对于纺织品,棉花、羊毛、生丝的税率远远低于成衣的关税。发达国家的关税升级可以有效地保护本国的纺织工业,使发展中国家出口到发达国家的纺织品长期以来主要停留在低附加值的原料和半成品上,限制了发展中国家发展加工业、提高产品附加值的能力。

近年来,美国的纺织服装产品进口平均关税在8%左右,是其他商品进口平均关税的1~2倍,但对北美自由贸易协定(NAFTA)成员加拿大、墨西哥以及签有双边协定的以色列等国则有减免税的优惠安排。欧盟的纺织服装产品进口平均关税较低。根据欧盟在WTO中的承诺,欧盟对纺织品服装征收的关税与其他WTO成员相比处于一个较低的水平,大约为8%。加拿大对部分产品保持高关税,其中对部分纺织品和服装分别实施16%和19%的高关税，对于动物毛和未梳羊毛基本为零关税，对棉花的关税为0.8%，而对制成织物后部分产品的关税达到10%～17%，关税升级明显。日本纺织品和服装的进口主要集中在附加值较低的低档产品上，对本国的原料在国外加工的纺织服装产品的进口采取部分免税，关税升级现象也比较突出，有的制成品关税甚至高达30%～40%。韩国对本国的纺织服装业采取严格的贸易保护措施，除了为了满足本国市场的需求和弥补本国生产能力的不足，国外纺织品一律不准进口，关税升级现象非常明显。

发展中国家虽然纺织品服装进口的平均关税较高，但是相比于其他产品的关税，纺织品服装的关税并不是非常高，关税升级现象也不突出。我国纺织服装产品在国际上具有明显的竞争优势，进口数量比较少，而且进口纺织服装产品对国内产品基本不构成威胁，因此相对于其他发展中国家，我国纺织服装的关税水平比较低。

三、进口附加税

进口附加税（Import Surtax）是指进口国家对进口商品除了征收正常的进口关税外，还往往根据某种目的再加征额外进口税。根据征收的目的不同，进口附加税又可以分为反补贴税、反倾销税、报复关税、差价税、季节税等。

（一）反补贴税

反补贴税（Counter-veiling Duties）又称为抵消税或补偿税，是为了抵消商品于制造、生产或输出时所直接或间接接受的任何补贴而征收的一种临时附加税，是对直接或间接接受任何出口国有关方面的奖金或补贴的外国商品进口所征收的一种附加税。补贴税常常是许多发展中国家扶植新建工业的一个重要手段，而发达国家常常通过征收反补贴税来限制发展中国家商品进口。反补贴税的税额一般按照奖金或贴补数额征收。通过征收反补贴税，可以抵消进口商品所享受的贴补金额，削弱其竞争能力，使其不能低价竞争。

（二）反倾销税

倾销（Dumping）是指企业以低于国内市场的价格，甚至低于生产成本的价格在国外市场抛售，以打败对手，占领市场。倾销通常是与政府的支持分不开的。反倾销税（Anti-dumping Duties）是对实行倾销的进口商品征收的一种进口附加税。它的目的是抵制商品倾销，保护本国的市场和产业。中国是世界上遭受反倾销调查最多的国家，也是反倾销最大的受害者。据WTO统计数据，从1995年1月1日至2005年6月30日，各成员共发起反倾销调查2743起，其中发起反倾销调查最多的国家是印度（412起）、美国（358起）和欧盟（318起），而被诉倾销最多的国家分别是中国（434起）、韩国（212起）、美国（158起）。从1995至2004年，中国共计遭受反倾销365起，其中纺织品服装反倾销案件23起，占总数的5.58%。

在遭遇反倾销的过程中，中国企业应当积极应诉。反倾销应诉的核心问题是纺织品服装的出口价格是否正常。一方面，企业应当争取市场经济地位，避免以替代国的产品价格作为衡量是否倾销的依据；另一方面，企业应当规范财务数据，为应诉反倾销提供翔实可靠的数据。

第二节　非关税壁垒

非关税壁垒(Non-Tariff Barriers,NTBS)是指除关税以外的各种限制进口的措施。相比于关税壁垒,非关税壁垒具有更大的灵活性、隐蔽性、针对性。按照限制措施的作用机制不同,可以将非关税壁垒分为三大类:控制数量型的非关税壁垒、价格费用型的非关税壁垒、综合影响型的非关税壁垒。

一、控制数量型的非关税壁垒

数量限制型的非关税壁垒是指通过直接限制进口商品的数量或进口金额从而直接有效地限制进口,包括进口配额、"自动"出口限制、进口许可证制度等。

(一)进口配额

进口配额(Import Quotas System)又称进口限额,是指一国政府在一定时期以内,如一季度、半年或一年,对某些商品的进口数量或金额加以直接限制。一般包括绝对配额(Absolute Quotas)和关税配额(Tariff Quotas)两种。2008 年欧盟取消对中国纺织服装产品的进口配额,但同时我国的纺织服装产品依然面临着更为隐蔽的技术性贸易壁垒的冲击。

(二)"自动"出口限制

"自动"出口限制(Voluntary Export Restraint,VER)是指出口国家或地区在进口国的要求和压力下,自愿规定某一时期内对某些商品的数量或金额限制,在限定的配额内自行控制出口,超过配额则禁止出口。

(三)进口许可证制度

进口许可证制度(Import License System)是一种凭证进口的制度。进口国为了限制商品进口,规定某些商品的进口必须事先领取许可证才可以进口,否则一律不准进口。

二、价格费用型的非关税壁垒

价格费用型的非关税壁垒是指通过各种措施提高进口商品的成本,从而影响到进口商品的价格,最终达到限制进口的目的。主要包括:

(一)外汇管制

外汇管制(Foreign Exchange Control)是指一国政府通过法令对国际结算和外汇买卖加以管制,以平衡国际收支、维持本国货币汇价的一种制度。在外汇管制下,国家设立专门机构或专业银行进行管理。出口商必须把他们出口所得到的外汇收入按官定汇率卖给管制机构;进口商也必须按官定汇价申请购买外汇,才能购买商品。

(二)进口押金制

进口押金制(Advanced Deposit)又称为进口存款制,是指进口商在进口商品时,必须按进口金额的一定比率在规定的时间内,在指定的银行无息存储一笔现金,方能获准报关进口,这样就增加了进口商的负担,从而起到限制进口的作用。

（三）歧视性的政府采购政策

歧视性的政府采购政策（Discriminatory Government Procurement Policy）是指规定政府机构在采购时要优先购买本国产品，从而限制国外产品进口。美国的贝瑞修正案（Berry Amendment）源自1941年二次大战期间美军的采购相关法案，规定美国国防部应尽可能采购100%使用美国原料及劳工生产的纺织品，但长期以来贝瑞修正案并无强制约束力。2006年北卡罗来纳州众议员洛宾海耶斯（Robin Hayes）会同美国全国纺织团体协进会、美国制造业贸易行动联盟及美国成衣及鞋类协会，提出新的贝瑞修正案，规定美国国土安全部采购与国家安全相关的产品，必须是国内制造的产品，大部分是成衣、布类、缝制品及特殊金属等，而这种需求是美国国内制造商生存的保证。2009年2月13日为了振兴美国经济，美国参众两院通过了包括购买美国货条款在内的经济刺激计划，计划带有明显的贸易保护主义色彩。法案中号召公共建设工程使用美国钢铁而不是进口钢材，规定美国国土安全部之下的运输安全管理局的制服和纺织用品的采购须为100%美国制造等。

（四）海关估价

海关估价（Customs Valuation）是指进口国在采用从价税征收关税时，由海关根据国家规定，确定进口商品的完税价格，作为计征关税的基础。海关估价制度可能高估完税价格，从而提高关税税额。

三、综合影响型的非关税壁垒

综合影响型的非关税壁垒主要通过各种规定、标准以及海关程序来达到限制进口的目的，包括技术标准、环境标准、劳工标准等。

（一）技术性贸易壁垒

技术性贸易壁垒（Technical Barriers to Trade，TBT）是指一国以维护国家基本安全、保障人类和动植物的健康和安全、保护环境、保证出口产品质量、防止欺诈行为等原因而采取的技术法规、标准、合格评定程序等措施。技术性贸易壁垒是非关税壁垒中最隐蔽、最难应对的一种贸易保护主义壁垒。

2005年，我国出口贸易额位居世界第三，但遭遇技术性贸易壁垒的出口企业和商品分别超过了2/3和1/3，损失约200亿美元。从1995年到2005年，WTO成员通报的技术性贸易壁垒数量已经占到总数的68%。据商务部发布的《2005国外技术性贸易措施对我国对外贸易影响调查报告》显示，全球以及中国面对的贸易壁垒中，技术性贸易壁垒已经占到了总数的2/3。我国入世5年来，向WTO通报的贸易壁垒总量有683件，其中涉及技术规则的有461件，占到了总量的67.5%。目前，技术性贸易壁垒已经超过反倾销，成为制约我国外贸出口的主要障碍之一。技术性贸易壁垒的主要形式包括技术标准和法规、卫生检疫规定、商品包装和标签的规定。

1. 技术标准和法规（Technical Standard and Regulation） 为了阻碍外国产品的进口，保护本国市场，许多国家制定了繁多的、严格的标准、法规，甚至用法律明确规定进口商品必须符合进口国标准。入世以来，中国有60%的出口企业因标准问题遭遇了国外的技术壁垒。

2. 卫生检疫规定(Health and Sanitary Regulation) 卫生检疫规定是指在一国境内为保护人类、动植物的生命或健康而采取的技术性措施。卫生检疫措施主要影响农副产品及其深加工产品及药品、化妆品贸易。

3. 商品包装和标签的规定(Packing and Labeling Regulation) 商品包装及标签规定包括对进口商品的包装规格、包装材料、产品的产地、内容等进行规定,不合乎包装及标签规定的商品,即使质量合格也不准进口。

(二)劳工标准

1. 劳工标准简介 国际劳工标准又称国际劳动标准,是指国际劳工大会通过的公约和建议书以及其他达成国际协议,具有完备系统的关于处理劳动关系和与之相关的一些关系的原则、规则。保护劳动者的合法权益历来是世界各国政府遵循的一项主旨,国际上有关劳动者权益的标准有100多个,例如《公民权利和政治权利国际公约》《儿童权利公约》《男女同工同酬公约》等。近年来,欧美发达国家开始将劳工标准与贸易挂钩,希望通过提高发展中国家的劳工标准来保护其国内企业。目前劳工标准对国际贸易的影响正在日益深入,成为摆在我国纺织服装出口企业面前的新障碍,它也被称为"社会壁垒"。

2. SA8000 目前,在国际上影响最大的劳工标准是美国的非政府组织社会责任国际于1997年发布的SA8000(Social Accountability Management System)——社会责任管理标准。SA8000是全球第一个可用于第三方认证的社会责任国际标准,其目的在于:通过有道德的贸易活动改善全球工人的工作条件,最终达到公平体面的工作条件。它的主要内容包括童工、强迫性劳工、健康与安全、组织工会的自由与集体谈判权、差别待遇、惩罚性措施、工作时间、工资报酬及管理体系9个要素的内容。SA8000标准发布后,很快在国际贸易中被广为运用,几乎所有的欧美企业都对其全球供应商和承包商实施SA8000社会责任评估和审核,只有通过社会责任认证,才能取得订单。

SA8000社会责任认证标准对于以纺织服装等劳动密集型产业为主的发展中国家的出口企业来说,无疑形成了巨大的压力。由于各国经济发展水平的差异及政治文化历史的不同,各国的劳工标准也不同。一般来说,发达国家劳工的工资和福利待遇要高于发展中国家。许多发达国家都有禁止童工、法定休息日、最低工资等法律,但大多数发展中国家则没有这些要求或要求相对要低。近些年,有一些中国企业因为达不到SA8000的要求已经被欧美等发达国家的采购商取消了供应商的资格。而发展中国家企业要想达到SA8000的要求,势必要增加产品的成本,这在一定程度上会降低产品的竞争力。发达国家通过实施社会责任标准,则可以减少从发展中国家的进口,从而实现保护本国产业、减少失业、增加就业的目的。

第三节 我国纺织品服装面临的技术性贸易壁垒

当配额从国际贸易舞台退出成为必然后,欧盟、美国等发达国家和地区对进口产品的技术门槛也越抬越高。据商务部发布的《2005国外技术性贸易措施对我国对外贸易影响调查报告》数据显示,2005年我国22大类出口产品中有18类遭受了技术性贸易壁垒,直接损失金额达691亿美元,占全年出口额9.07%。其中,纺织产品的直接损失比较严重,为298.7亿美元,占我国纺织品出口全部直接损失的43.2%。

一、我国纺织品服装遭遇的主要技术壁垒

纺织服装技术法规主要包括三大类:对纺织服装成分标签及护理标签的要求,对纺织服装安全性能的要求,对纺织服装中有害物质的要求。《2005国外技术性贸易措施对我国对外贸易影响调查报告》指出,美、欧、日是实施技术性贸易措施的主要国家和地区,其中美国实施技术性贸易措施对我国企业的影响最大,有81.3%的企业在调查中反映出口贸易中受到过其影响。以下就这几个国家的技术措施进行介绍。

(一)美国有关纺织品服装的技术壁垒

美国制定法规的相关部门众多,包括联邦贸易委员会(Federal Trade Committee,FTC)、消费者产品安全委员会(Consumer Product Safety Committee,CPSC)、染化工作者协会(AATCC)、材料与实验学会(ASTM)、国家标准研究所(ANSI)、国家标准和工艺研究所(NIST)等。美国除了严格要求服装产品在材料质地、款式造型、缝制质量、规格尺寸、花色图案、整理加工等方面符合质量标准及环保要求以外,对服装的成分标签、洗涤标签及燃烧性能等方面也作了细致的规定。根据美国宪法规定,所有美国联邦政府部门及独立机构都有权制定技术法规,各部门制定的法规编于《美国联邦法典》。制造商、进口商、分销商和零售商必须对被检测不安全的产品做书面报告,只有获得安全标志的产品才准许进入该国市场。FTC要求出口到美国的纺织品要标有成分和保护标签,并且对那些含有未经FTC认可成分的纺织品限制其进入美国市场。

1. 纺织品标签的要求　为了保护消费者的合法权益,美国对纺织品服装、羊毛产品和毛皮产品的标签进行了立法规定。相关的法律和法案有:《纺织品成分标签法》《羊毛产品标签法》《毛皮产品标签法》《包装标签法案》和《成衣水洗标签法案》等。标签的主要内容包括纤维的名称、成分含量、产地国、制造商或经销商等。

2. 有关燃烧性能的安全法规　为了保护消费者的安全,1953年美国国会颁布了易燃织物法规,1975年将服用纺织品易燃性标准纳入联邦法规第16章1610部分,作为法规的强制性标准,同时还制订了其他主要纺织产品的燃烧标准。具体包括《服用纺织品易燃性标准》《儿童睡衣易燃性标准》《地毯与毡毯表面易燃性标准》《小块地毯与毡毯表面易燃性标准》《床垫与床褥易燃性标准》。美国对进口服装进行燃烧性能测试,达不到要求作退货处理。

3. 纺织品布匹外观疵点评分　外观疵点评分标准是美国在国际服装采购中应用较多的标准。其评分体系包括"四分"制和"十分"制两种。通常"四分"制适用于机织和针织布匹的检测,而"十分"制一般适用于机织布的检测。其方法是用肉眼在特定的光源下评价布面的质量,按照疵点尺寸大小、危害程度定分,每百码(1码=0.9144米)评分不超过指定分

为合格品。

4. 美国纺织品安全召回制度 美国建立了健全的市场监管体系,由联邦贸易委员会(FTC)、消费者产品安全委员会(CPSC)监管市场产品是否符合美国法律法规。对于不符合法律规定的产品,通常采用召回(Recall)制度。产品召回制度是指产品的生产商、进口商或者经销商在得知其生产、进口或经销的产品存在可能危害消费者健康安全时,按照规定程序和要求,将存在缺陷产品通知消费者,并从市场和消费者手中收回有问题产品,采取更换、赔偿的积极有效的补救措施,消除缺陷产品危害风险的一系列活动。这是一种国际通行的做法。美国的产品召回始于1966年,是世界上最早实行产品召回的国家,并已建立起一套较为成熟的产品召回制度。1972年,美国颁布《消费品安全法案》,授权美国消费品安全委员会对有缺陷的产品实施召回,标志着缺陷产品召回制度的正式确立。

由于美国相关标准较国内苛刻,召回制度也对中国等发展中国家产品输美构成障碍。2004年美国消费品安全委员会就涉及中国产品的召回即达118起,约占全部召回数量的1/3。因此,研究美国的召回制度,一方面对构建我国的产品召回体系有较强的借鉴作用,另一方面为我们应对贸易壁垒、保障产品顺利出口也有很强的指导意义。

(二)欧盟有关纺织品服装的技术壁垒

欧盟建立了完善的技术法规体系,凡是在欧盟市场销售的产品必须符合欧盟技术法规的要求,其主要形式包括条例、指令、决定、建议或意见。其中,指令占有主导地位,绝大多数产品的技术法规都以指令的形式颁发。欧盟各成员同时还制订自己的技术法规,按照其与欧盟指令的关系分为两大类:一类是各国根据自己的经济状况,制订差别性的技术法规;另一类是按照欧盟指令转化而来的技术法规,即各成员将欧盟颁布的指令在规定的限期内转化为本国的法律并执行。

1. 对纺织服装纤维成分标签的规定 欧盟于1996年制定了严格的有关纺织品标识的法规96/74/EC,其中规定了纺织纤维的标准名称、服装中的标识方法以及标识的具体内容。将纺织纤维共分为41个品种,规定只含有一种纤维的纺织品才能用“100%”“pure”“all”等字样。对于特殊产品标识的规定包括:对含有两种或两种以上不同纤维成分的产品,应给出每一部分纺织品的纤维含量;紧身衣如女士胸衣等,可以选择整个产品标识,也可以单独对各部位标识;刺绣纺织品应分别标出地组织和绣花线部分的名称。另外96/74/EC中还规定了必须有专门标签或标志的产品,包括铺地织物、清洁布、装饰带、腰带、镶饰等。

2. 有关燃烧性能的安全法规 欧盟各国没有统一的燃烧性能法规,各个国家有自己的规定。例如,英国政府通过评估认为当睡衣接触明火、燃气、电火花或其他火源时特别容易引起迅速燃烧,并造成严重伤害,特别对儿童和老年人造成严重的伤害。因此1985年制定睡衣安全法规,对婴儿、儿童和成人穿着的各种睡衣燃烧性能进行规定。测试须按照BS5722的规定,评定指标为火焰扩展速度,测试前须按照规定清洗12次,以检验阻燃整理的耐久性。经过测试的睡衣如果不能达到标准,必须贴上标签“KEEP AWAY FROM FIRE(用红色字体)”,达到燃烧性能的睡衣须贴标签“LOW FLAMMABILITY TO BS 5722”。经过阻燃整理剂处理过的睡衣须加贴洗涤标签“DO NOT WASH AT MORE THAN 50℃,CHECK

SUITABILITY OF WASHING AGENT"。燃烧性能和洗涤指示标签必须永久性地缝合在服装上。

(三)日本有关纺织品服装的技术壁垒

日本有名目繁多的技术法规和标准,其中只有少数与国际标准一致。当外国产品进入日本市场时,不仅要求符合国际标准,还要求与日本的标准相吻合。日本消费者以对纺织品服装品质要求苛刻而著称,日本贸易商及零售商对纺织品品质要求也异常苛刻。日本的贸易商会有一套严格的产品质量认证机制,消费者偏爱通过认证的纺织品,特别是中高档类纺织品。日本实施的纺织品服装技术法规主要包括:纺织品功能性标志认证、"Q"标记认证、"HEMP"标记认证、检针标志认证、SIF 标记认证等。

1. 纺织品功能性标志认证　日本纺织品功能评价协会(JAFET)是负责制订纺织品功能性测试方法、标准和认证的权威专业机构,对经过严格检验的纺织产品加上功能性标志。目前,日本市场上功能性纺织品种类繁多,流行的主要有:抗菌、护肤、防紫外线、新型保温吸湿、免烫抗皱、防电磁波、阻燃、远红外、抗静电等功能性纺织品,广泛运用于工农业、医疗、环保、消防、体育运动、军事、防身等。

2. "Q"标记认证　"Q"(Quality)标记是日本的优质产品标志,实施于 1920 年。由具有一定权威性的公证机构对纺织品进行综合检验,对品质达到一定标准以上的产品加施"Q"标记。该标记的管理按"Q"标记管理委员会的有关规则进行,对产品的检查由有关纤维制品的检验机构进行。

3. "HEMP"标记认证　"HEMP"标记(麻标记)认证的依据是日本麻纺织协会规定的协会标准,对符合标准要求的麻制品施加品质保证标记,用"麻 100%"或"麻混纺"等字样标记。麻的品种很多,目前在服装上施加标记的仅有"苎麻"和"亚麻"两种,该标记的认证检验也规定了混用比例的标准。

4. 检针标志认证　服装生产企业由于对缝针管理不严,制成品中往往会有残断针存在,极易发生消费者伤害事件。20 世纪 80 年代,因服装中残断针所造成的消费者伤害事件屡有发生,因此日本政府以立法形式颁布消费者权益保护法规,以加强对残断针的控制。根据日本法规,生产、经销的产品如有残断针存在,其生产者、销售者都将受到重罚,如给消费者造成伤害还要进行赔偿。日本服装进口商为避免因残断针造成经济损失,不仅要求生产商在产品出厂前进行检针,还专门设立检验机构从事检针工作,对经检针合格的产品,悬挂或加贴检针标志。

5. SIF 标志认证　SIF 标志是对优秀制品予以认可和推荐的标志。SIF 标记取自英文名称 Japan Sewing Goods Inspection Foundation(财团法人缝制品检验协会)的字头。SIF 标志是缝制品检验协会对符合协会标准的产品予以认证的标记。

在日本市场上,中国纺织服装产品的最大问题是技术含量不高,市场价格偏低。越来越多的企业认识到:要深度开拓日本市场,重点不在量的扩大,而在于质的提高。通过产品认证可以真正提升产品质量,增加品牌效应,从而扩大市场份额,提高企业效益。

(四)应对技术性贸易壁垒的策略

面对国际纺织品和服装贸易领域不断出现的技术性贸易壁垒,我国纺织品和服装生产、出口企业以及相关管理部门应当采取积极的应对之策，以实现我国纺织产业全球化战略的重大举措。

1. 及时收集国际市场技术性贸易壁垒信息　设立专门的政府部门负责国外技术标准和法规的信息收集工作，了解主要出口国家的政府、工商、经贸团体采取的技术壁垒的细节，及早得到其制定的技术法规和合格评定的信息，建立我国的技术壁垒数据库和咨询中心，及时为出口企业提供国外技术壁垒信息。政府在获取国际市场技术壁垒信息的基础上，应组织有关部门组成强有力的研究队伍，根据我国实际情况，系统研究相应的技术策略，建立我国纺织品服装的技术预警机制，协助企业冲破国外的技术性贸易壁垒。

2. 制定和完善我国纺织品技术标准及相关法规，提高纺织品服装的质量　设立专门机构研究主要纺织品出口贸易伙伴国的有关技术法规体系、标准体系和认证体系，主动与其接轨，不断追踪国外先进标准和先进的技术成果，调整本国产品的质量指标，从纺织品服装的原料、半成品到制成品整体提高质量，提升产品档次。目前，美国和英国、德国等欧盟发达国家的国际标准采用率已达80%，日本已制订的国家标准已有90%以上是采用国际标准，而我国国家标准只有40%左右采用了国际标准，与发达国家之间有很大差距。

3. 加强纺织品服装检测技术水平　目前，我国的纺织品服装检测机构大多硬件条件落后，人才匮乏，缺乏研发能力，且一些测试结果不被国外买家认可，这种现状难以适应激烈的国际市场竞争。因此，应当加大力度投入资金，引进、开发同发达国家处于同一水准的检测技术和设备，推动主要纺织服装产品检验检测体系的技术升级。同时，应当培养高学历、高素质的技术队伍，加强技术资源的合理配置，加强与发达国家检测机构的交流与合作，培育国内有权威的检测机构，尽早做到检测机构的相互认可。

4. 提高纺织服装企业的竞争力　提高纺织服装产品的科技含量和管理水平，从而增强企业的竞争力，这是应对技术贸易壁垒的根本途径。企业应当完善创新机制，吸引高科技人才，加大研究与开发投入，加快对传统产品的技术改造，推动企业技术进步，提高产品的科技含量和附加值。同时，企业的组织结构、战略管理以及经营管理等必须适应科技时代发展的需要，企业应将ISO 9000、ISO 14000和ISO 18000等管理标准与企业的实际情况结合起来，创造出适合自身的质量管理、安全管理方法，从制度上保证产品的效能和质量，这也是应对技术壁垒的重要保障。

5. 灵活选择有利的检测方法和标准维护企业的利益　面对形形色色的技术性贸易壁垒，企业应该尽快了解技术性贸易壁垒协议的游戏规则，尽早采取对策。针对一些国家标准的不一致性，企业在检测时可以选择对自己有利的检测标准或检测方法。

6. 充分发挥纺织行业协会的积极作用　面对当前复杂的国际贸易形势和激烈的国际竞争，单个企业难免会显得势单力薄，没有能力建立庞大的机构去捕捉各种市场信息、沟通各种渠道、处理贸易纠纷。在这种形势下，企业若依托行业协会的集体力量面向国际市场，显然要比个体的“孤军奋战”更具优势。因此，纺织服装行业协会作为纺织和服装企业的领军者，在对外贸易领域，尤其是在突破技术贸易壁垒的过程中应发挥重要作用。

7. 抵制歧视性的技术标准,维护正当权益 我国是以发展中国家身份加入 WTO 的,要争取充分利用《技术性贸易壁垒协议》中有关发展中国家特殊和有区别的待遇原则,及时向 WTO 和有关发达国家申请技术援助和延长有关技术性措施实施的适应期或过渡期等,增强我国适应国外技术性措施要求的能力。同时,依据《技术性贸易壁垒协议》中的非歧视的原则和国民待遇原则,防止发达国家对我国商品实行双重标准。如果发达国家违反协议,对我国出口纺织品服装设置一些歧视性的技术壁垒,我国要及时提出抗辩,坚决维护我国的正当权益。

二、国际贸易中纺织品服装的绿色壁垒

在技术性贸易壁垒中,绿色贸易壁垒占有重要地位。绿色贸易壁垒(Green Trade Barrier)通常也称为生态壁垒(Ecological Barrier)或环境壁垒(Environment Barrier)。绿色贸易壁垒,主要是指在国际贸易领域中,发达国家通过立法制定繁杂的环保公约、生态环保法律法规和标准、生态环保产品标志等形式,对商品实施准入限制。采取的形式包括征收环保进口附加税;对进口产品制订硬性的环保指标,达不到该指标者限制或禁止进口;实行绿色标志认证制度等。

(一)生态纺织品服装的含义

"生态纺织品"的概念在 1991 年国际纺织品生态学研究与监测协会颁布的"Oeko-Tex Standard 100"中首次提出。根据其规定,生态纺织品是指从生产到使用到最终废弃都符合特定的环境保护要求,对生态环境无害或危害极小,对人类生存无害或危害极小,资源利用率高而能源消耗低的纺织品。具体来讲,生态纺织品服装应当包括三方面的含义:

1. 生产生态学 生产生态学即生产上的环保,它所倡导的是资源的可再生和可重复使用。例如用消耗少、效率高的纺织工艺设备替代消耗高、低效率的工艺,最大限度地利用能源和原材料,强化企业管理,减少物料的流失。

2. 用户生态学 用户生态学即使用者环保,在穿着和使用过程中对用户不带来任何毒害。例如,早在上世纪 90 年代,发达国家就禁止使用可还原出致癌性芳香胺的偶氮染料。

3. 处理生态学 处理生态学是指织物或服装使用后的处理问题。从原料的采集到生产过程、使用过程以及售后服务直至废弃全部过程均环保化、健康化。例如,在纺织服装的生产加工过程中,尤其是印染、后整理工艺,可能产生大量的废水、废气、废渣,污染了河水和土地,对地球的生态环境造成巨大的破坏。因此包括中国在内的许多国家都在积极倡导清洁生产,减少从原材料提炼到产品最终处置的全生命周期的不利影响。

(二)纺织品服装的生态标准

下面就一些国际上常见的纺织品生态标准的种类及其内容进行介绍。

1. Oeko-Tex Standard 100(生态纺织品标准 100) Oeko-Tex Standard 100 是国际纺织生态研究及检测协会(International Association for Research and Testing in the Field of Textile Ecology)制定的,是世界上最权威的、影响最广的生态纺织品标签。与相关的法律法规及标准不同,Oeko-Tex Standard 100 是非政府机构的技术要求,是纺织品服装生产商或经销商申

图5－1　Oeko-Tex Standard 100 生态纺织

请在其产品上授权使用Oeko-Tex Standard 100标签规定的程序和必须具备的条件的标准化文件，即一种标准化的合格性评定程序。Oeko-Tex Standard 100 标签所注明的“根据生态纺织品标准 100 对有害物质的测定，对此纺织品表示信任”只是表明该产品的生产过程及对有害物质的控制满足该标准的要求，并且该产品及其检验过程处于 Oeko-Tex 的监督之下。图 5－1 为 Oeko-Tex Standard 100 生态纺织品标签。

(1)检测的主要项目和指标。

a. pH 值：标准要求婴儿产品及直接接触皮肤的产品的 pH 值在 4.0～7.5 之间；不直接接触皮肤的产品的 pH 值在 4.0～9.0 之间。

b. 甲醛：标准要求进口婴儿纺织品的甲醛含量不得超过 20mg/kg，进口成人内衣、睡衣、袜子的甲醛含量不得超过 75mg/kg，进口成人外衣甲醛含量不得超过 300mg/kg。

c. 可萃取重金属：包括锑、砷、铅、镉、铬、铜、汞、镍等含量的规定。1999 年，欧盟对进口服装做出规定，禁止在市场上使用含镍在每平方厘米 0.5mg 以上的与人体接触的辅料，如纽扣、拉链、装饰品等金属物。

d. 杀虫剂：仅针对天然纤维，主要包括六六六、DDT、艾氏剂、狄氏剂等。1997 年，欧盟禁止在棉花种植过程中使用含有有毒金属化合物的杀虫剂。此外，五氯苯酚是一种防腐剂，标准中对该物质的限量为 0.5mg/kg。

e. 禁用偶氮芳香胺染料：标准规定禁止使用偶氮染料。

f. 色牢度：标准中测试的色牢度包括耐水、耐酸性汗液、耐碱性汗液、耐干摩擦、耐唾液和汗液等。耐水性不得低于 3 级，耐酸性、耐碱性控制在 3～4 级，耐干摩擦性不低于 4 级。

(2)Oeko-Tex Standard 100 认证的级别。

a. 婴儿用品(一级认证)。除皮制衣物外，一切用来制作婴儿及两岁以下儿童服装的织物、原材料和附件。

b. 直接接触皮肤的产品(二级认证)。穿着时，大部分材料直接接触皮肤的织物(如：上衣、衬衣、内衣等)。

c. 不接触皮肤的产品(三级认证)。穿着时，只有小部分直接接触皮肤，大部分没有接触到皮肤的织物(如：填充物、衬里等)。

d. 装饰材料(四级认证)。用来缝制室内装饰品的一切产品及原料，如桌布、墙面遮盖物、家具用织物、窗帘、室内装潢用织物、地面遮盖物等。

Oeko-Tex Standard 100 的品质监控体系非常严格，以维持标签产品的可靠性。每年，国际环保纺织协会从市场上销售的数以千万计的悬挂 Oeko-Tex 标签的商品中抽取约 10% 进行测试，所需的费用由国际环保纺织协会来承担，这在很大程度上保证了 Oeko-Tex 标签产品的可靠性，获得了广大消费者、生产厂商、买家的信任。

2006 年，国际生态纺织品研究和检验协会根据市场变化，发布了 Oeko-Tex Standard 100

(2006年版本),修改期从两年缩短到一年以下,被检测和禁用的纺织化学品不断增加,使标准的水平明显提高。

2. 纺织品生态标签　纺织品生态标签(Eco-label)是由欧盟执法委员会根据第880—92号法令设立。自1993年颁发首批关于洗衣机和洗碗机的标准以来,已经包括床单、T恤等12种产品。通过评价的产品可以悬挂"生态标签"。图5-2为欧盟生态标签。

Eco-label指产品整个生命周期对环境无不利影响,既包括纤维的培植和生产、纱线纺制、织物织造、漂白染色、印花整理、废弃处理等过程对空气、水资源的污染控制,又包括终端产品对人体健康的影响。对产品从"摇篮"到"坟墓"进行终生的环保评估。

3. 白天鹅标志　白天鹅标志(White Swan)是由北欧国家丹麦、芬兰、冰岛、挪威、瑞典于1989年统一实施。纺织品为该环境标志所涉及的许多产品之一,主要范围涉及婴儿服装、一般服装、外衣、窗帘、家具、床单及枕套等。白天鹅标签如图5-3所示。

图5-2　欧盟生态标签

图5-3　白天鹅标签

4. 中国纺织品生态标准及认证标志　2000年10月中国首次制定了一个与国际接轨的《环境标志产品技术要求　生态纺织品》HJBZ 30—2000标准。2002年发布了推荐性国家标准GB/T 18885《生态纺织品技术要求》,该标准参照采用Oeko-Tex Standard 100标准2002年版的技术内容,规定了产品分类、生态纺织品的要求、试验方法及检验规则。2001年出台了GB 18401《纺织品甲醛限量的限定》的国家强制性标准,对纺织品的甲醛含量进行了严格的控制。在此基础上2003年发布了GB 18401《国家纺织产品基本安全技术规范》强制性国家标准,其适用范围涵盖了以天然纤维和化学纤维为主要原料,经纺织加工工艺或缝制工艺而制成的,用于服用和装饰用的纱线、织物及其制成品,考核项目有甲醛含量、pH值、色牢度(耐水、耐汗、耐干摩擦和耐唾液)、异味和可分解芳香胺染料。2004年全国染料标准化技术委员会组织制定了GB 19601—2004《染料产品中23种有害芳香胺的限量及测定》和GB/T 20708—2006《纺织助剂产品中部分有害物质的限量及测定》,目前制订的还有《纺织纤维中有毒有害物质的限量》国家标准。通过制订和实施这些标准,对纺织生产过程中使用的各种原材料(包括天然纤维、化学纤维、染化料助剂)和产品中的有害物质进行限量,提高纺织服装行业的生态生产意识,促进企业采取有效措施,将有害物质降低到最小限度。

我国的纺织品服装生态认证标志主要有原国家环保总局的中国环境标志产品认证委员会颁发的生态纺织品环境标志和中国纤维检验局的国家纤维质量监督检验中心颁发的生态纺织品认证标志。按照生态纺织品环境标志的认证要求，国内企业必须通过 ISO 14001 环境管理体系认证和达到 HJBZ 30—2000 的要求，才能获得环境标志认证。生态纺织品认证标志盖有国家纤维质量监督检验中心的红色印章以示质量担保。凡申请该标志的纺织品要接受禁用染料、重金属、pH 值、甲醛、耐水色牢度、耐汗渍色牢度、耐摩擦色牢度、耐唾液色牢度、异味等十多项检测。

(三)应对纺织品服装绿色壁垒的策略

1. 加快与国际绿色标准的接轨步伐　与世界上发达国家相比，我国纺织服装生态标准的水平、职能、实用性、覆盖面等都还有一定差距。如国外先进的标准大多是一种贸易型的标准，其规定比较简明、灵活，更符合市场经济的需要；而我国的标准大多是生产型的，覆盖的产品种类较少，要求死板，范围较窄，以至于标准的数量不少，但却跟不上产品的发展速度。因此，我国相关政府机构应当认真研究和不断追踪国际标准和国外先进标准，加快我国纺织服装产品质量标准的制修订工作，尽快与国际标准接轨。

2. 企业积极申请环境管理体系认证和绿色标志认证　纺织服装企业在取得 ISO 9000 认证的基础上，应当积极申请 ISO 14000 认证和绿色标志的认证。我国于 1997 年 4 月 1 日开始采用 ISO 14000 系列标准，ISO 14000 包括环境管理体系、环境审核、环境标志、环境行为评价、生命周期评价、环境产品标准等内容，旨在帮助企业实现资源的合理利用，减少企业生产经营活动中对环境造成的破坏。ISO 14000 认证和绿色标志认证都是企业通往国际市场的“通行证”，也是打破绿色壁垒的有效武器。目前我国已经通过 ISO 14000 认证和绿色标志认证的纺织服装企业非常有限，主要集中在一些以出口为导向的大中型企业。

3. 发挥企业整合优势，组建生态纺织供应链　纺织服装企业要突破绿色壁垒，需要有较高的经济实力和技术水平，因此依靠单个企业现有的水平和力量是远远不够的，必须加强合作，形成和发挥整合优势。纺织服装业的产业链较长，从纤维、纺纱、织布、染色、整理一直到服装，要做到半成品和成品达到绿色标准，就应当加强纺织、印染、服装企业的合作，层层把关，相互监督，形成一条环环相扣的生态纺织供应链，共同实现我国纺织服装产品的绿色生态化。

4. 积极研制和开发绿色纺织品，推行绿色生产　绿色壁垒虽然从本质上说是一种贸易壁垒，但从可持续发展战略的角度看是一种进步，具有十分积极的意义，受到各国的普遍关注和欢迎。绿色技术和原料的应用不仅可以满足消费者对安全健康和生态环保的消费需求，而且还提升了企业产品的附加值，塑造了企业良好的绿色形象。因此，我国纺织服装企业在生产过程中应当努力采取整体性环境保护策略，从产品开发、规划、设计、建设到生产管理的全过程，都采取必要的清洁方案，加强对产品生命周期的全过程控制，真正实现清洁生产贯穿始终。

第四节　特殊保障措施

一、特殊保障措施的含义及其要件

(一)保障措施的含义

保障措施又称紧急措施。根据 GATT 第 19 条的表述,是指一经济体在某种产品进口量大增以致其生产同类或与之直接竞争的产品的产业遭受损害时,为补救此种损害或便于产业调整而针对引起损害的进口产品采取的临时进口限制措施。

与反倾销、反补贴仅针对不公平贸易所不同的是,保障措施完全可以针对公平贸易。也就是说,进口产品完全可能是在公平竞争的情况下被实施保障措施。

(二)针对中国一般产品的特保措施

特保措施是“特定产品过渡性保障机制”和“特殊保障措施”的简称。特保措施实施的期限为 2001 年 12 月 11 日至 2013 年 12 月 11 日。

《中国入世议定书》第 16 条特定产品过渡性保障机制中规定:在中国加入 WTO 后的 12 年内,如原产于中国的产品在进口至任何 WTO 成员领土时,其增长的数量或依据的条件对生产同类产品或直接竞争产品的国内生产商造成或威胁造成市场扰乱,则受此影响的 WTO 成员可请求与中国进行磋商,以期寻求双方满意的解决方法。如磋商一致,则中国应采取行动以防止或补救此种市场扰乱;如磋商未果,则该受影响的 WTO 成员有权在防止或补救此种市场扰乱所必须的限度内,对中国产品采取撤销减让或限制进口措施。通俗地讲,在中国加入世贸组织后的 12 年内,WTO 其他成员可以在比较宽松的条件下对从中国进口的产品实施限制措施。

(三)专门针对我国纺织品规定的过渡性保障机制

《ATC 协议》是阶段性适用,并不作为一套长期使用的国际纺织品服装贸易规则。《ATC 协议》第 6 条规定的过渡性保障措施是指:在过渡期内,如果未受配额限制且纳入关贸总协定的纺织品和服装产品大量进口,对国内有关产业造成严重损害或严重损害的实际威胁,就可以采取措施,并且至单个成员的进口出现急剧和实质性增加,则可对该特定出口成员的特定产品实施配额限制。

但针对中国纺织品过渡性保障措施与上述规则是有差别的,准确地说,对中国纺织品采取的措施更加苛刻。根据《工作组报告》第 241 ~ 242 段的内容,WTO 框架下中国纺织品的过渡性保障措施与《ATC 协议》规定的“过渡期保障机制”相比,有如下差异:

1. 实施保障措施的条件更为宽松　只要进口国能证明:市场扰乱或市场扰乱威胁存在,市场扰乱或市场扰乱的威胁是由原产于中国的产品引起的。

“市场扰乱”在程度上要比《ATC 协议》“过渡期保障机制”的“严重损害”或“严重损害威胁”轻得多。

2. 保障措施实施的程序不利我国出口产品　程序性规定具体有:

(1)磋商。这应在受到进口方磋商请求后的 30 天内进行,90 天内结束。如果 90 天内未能达成协议,且各方都同意延期,则可以继续进行磋商。

(2)中国自动限制出口,即我国政府同意,在一旦收到磋商请求,中国将控制其输往该成员方的、在种类上属磋商范围的纺织产品,输出水平不比提出磋商请求月份之前最近的14个月中前12个月的输出高出7.5%(羊毛制品不高出6%)。

《ATC协议》并没有如此规定,这是我国的特殊义务。若90天内未能达成双方满意的解决方案,则中国政府采取的相关出口限制将随磋商而继续下去。但这种继续还有两个限制,即:若请求磋商提出时至当年年底只有或不足3个月的,则延期的最长期限为磋商请求之日起后12个月,若至年底超过3个月的,则最长期限为当年年底12月31日止。

(3)进口方保障措施。如果磋商达不成协议,则进口方可单方面采取措施,期限不超过1年,且不得延期。《ATC协议》规定可以实施3年保障措施。

(4)纺织品过渡性保障措施不得与《中国入世议定书》第16条规定的"特保措施"同时使用。

二、我国纺织品出口所遭受的特保措施

(一)我国出口纺织品遭遇特保措施的原因

1. 我国出口纺织品价格低、数量大　我国是一个人口大国,这给劳动密集型的纺织服装产业的劳动力成本提供了雄厚的竞争优势,但同时也使我国纺织服装出口产品长期以来形成了价低量多的模式。特别是20世纪90年代中期以来,中国纺织品服装出口长期占据世界第一的位置,而我们的这个第一是以绝对数量的增长博得的,这给进口国制造商提供了申请特保措施的理由——"扰乱了市场"。

2. 启动特保措施相对更便利　从特保措施与一般保障措施的区别中可以看出实施特保措施的门槛很低,而且启动起来相对容易,只要进口国认为从中国进口的大量产品扰乱了国内市场就可以提出特保措施申请。而市场扰乱在很大程度上带有主观性,即进口国主观上认为其进口产品扰乱了国内市场就可以提出申请。

3. 以美国为首的进口国的战略目的是特保措施被利用的根本原因　中国在2001年加入WTO是一次历史性突破,对我国及世界有着重大的影响。以美国为首的发达国家担心中国入世后,对世界造成威胁。在2003年,美国提出的《中国威胁世界纺织品和服装贸易》的报告不仅从"中国威胁美国"这一角度出发,而且声称中国已威胁世界。据美国纺织品制造商协会(America Textile Manufacturer Institute,ATMI)的报告,配额分配取消后,将有420亿美元的订单从其他国家转入中国。在该报告中还列出了具体数据:中国入世的第一年,纺织品的平均价格降低了44%,从每平方米6.23美元降到了3.37美元。29种中国产品增加的出口额为9.8亿美元,而其他国家下降了8.13亿美元。2002年的12个月中,中国再生纤维胸罩的价格降低了54%,2003年第一季度中国该产品的市场占有率上升到32%;相反,墨西哥等国的市场占有率同期下降了30%。美国称这是有史以来发展中国家之间最大的一次财富转移。许多发展中国家,从墨西哥到南非,从孟加拉到海地都将成为中国纺织品的"牺牲

品”。鼓吹中国对发展中国家甚至世界的威胁论，其目的是要达到分化发展中国家与中国的关系，孤立中国。

（二）我国出口纺织品所遭遇的特保措施案例

纺织行业似乎是中国加入 WTO 后的最大受惠者，但同时也是遭受特保措施冲击最大的行业。根据统计，自中国加入 WTO 以来，已经有美国、印度、秘鲁等国家和地区以及欧盟对中国产品进行了十几起特殊保障措施调查。

2002 年 9 月，美国纺织品生产商协会就向美国纺织品协会执行委员会提出了申请，要求对针织布、睡袍、胸罩、手套、行李箱这五种从中国进口的纺织品和服装重新进行设限。

2004 年 7 月，美国纺织品协议实施委员会（CITA）决定就对来自中国的袜子（棉、羊毛和再生纤维）展开纺织品特保措施调查。中方由于对美方调查程序及惯例不够熟悉，未能有效利用调查程序所提供的申辩机会，在“袜子特保案”中失利。

2005 年 4 月，美国纺织品协议执行委员会决定对部分原产于中国的纺织品自行发起纺织品特保调查，这些产品具体包括：棉制针织衬衫（TC 码 338/339）、棉制裤子（TC 码 347/348）及棉制和化纤制内衣（TC 码 352/652）。CITA 宣称，2005 年以来，中国输美上述三大类产品数量激增，同比分别增长了 1250%、1500% 和 300%，已经对美国市场造成了扰乱。

2005 年 5 月，美国政府对从中国出运的棉制针织衬衫（338/9 类）、棉制裤子（347/8 类）和棉及化纤制内衣（352/652 类）实施数量限制；自 5 月 27 日起对从中国出运的化纤制针织衬衫（638/9 类）、化纤制裤子（647/8 类）、男式梭织衬衫（340/640 类）和精梳棉纱（301 类）实施数量限制，数量限制将持续到 2005 年 12 月 31 日。

2005 年 4 月，欧盟委员会公布了对中国纺织品的特别保障措施行动指南，明确了欧盟启动纺织品特别保障措施的必要条件、相关程序和相应措施。根据“指南”，欧盟将对从中国进口的各类纺织服装类产品设立预警区，一旦进口数量进入预警区，欧盟委员会将会自行或应成员政府要求进行调查，并与中国方面进行非正式磋商。

此外，巴西、埃及、加拿大等国也依据“过渡期保障措施”条款的规定，对中国出口至这些国家的纺织品采取特保措施。

三、特保措施对我国纺织品出口的影响

中国加入 WTO 后，纺织与服装产业是主要的受益部门之一，但同时以美国为代表的主要进口国家出于保护本国产业和其相关利益者的需要，对我国纺织品和服装出口设置了新的贸易障碍，特保措施就是其主要工具，具体体现在以下几个方面。

（一）纺织品特保措施的滥用

全球 60% ~70% 的纺织服装贸易额集中在欧美等国家和地区，既然主要的市场在欧美等发达国家，采取特保措施的必要条件——市场扰乱的裁决权就自然落到了欧美等进口国的手中，我国只能处于被动地位。另外，启动纺织品特保措施的门槛较低，不需要像 WTO 保障措施和反倾销规定那样需要严格的证据或理由。因此，纺织品特保措施被滥用的情形时有发生。

(二)美国对我国纺织品采取特保措施并非仅为保护本国生产商

美国对中国纺织品和服装采取特保措施主要是出于本国纺织品生产商的压力,该措施申诉程序的制订,就是美国生产商努力的结果。同时,由于中国纺织品和服装在美国市场份额的增加意味着其他国家对美国出口的减少,这些与中国有竞争关系的国家也会积极要求美国政府对中国纺织品实行贸易限制。美国国会已经通过加勒比法案和撒哈拉沙漠以南国家法案,把北美自由贸易区扩大到加勒比和非洲地区。撒哈拉沙漠以南非洲国家用从美国进口的面料生产服装,再把服装出口到美国,可以免关税和配额,促使这些地区对美国纺织品和服装出口增长迅速。同时,与美国建立自由贸易区协定的国家,只要是 WTO 成员,也可能对中国采取特别保障措施。

(三)美国对华特保措施将会对其他国家产生示范效应

由于美国是中国纺织品和服装的主要进口国,对这类产品进口的增长非常敏感,因此,最先制定了相应的国内法,以达到在 WTO 框架内合法地对中国纺织品和服装重新设限的目的。美国的这种做法很容易对其他国家产生影响。这些国家只要是 WTO 成员就可以像美国一样对中国实施特别保障措施,对中国纺织品服装设限。更为严重的是,在 WTO 成员中,有部分国家不需要像美国那样将 WTO 规则转化为国内法,而可以直接根据中国加入 WTO 的承诺,不需要再制定相应的国内法,随时可以对华采取特保措施。

(四)WTO 争端解决机制在特保措施方面的作用有限

在过渡期内,进口国可以根据我国加入 WTO 的承诺对我国实施特保措施。而通过 WTO 争端解决机制有效解决有关特保措施的争议的可能性较小。唯一的可能性是通过 DSB 起诉,促使专家组对特保措施的一些具体实施条款作出进一步的解释,并努力使这种解释更有利于中国。但专家组只能在申诉方向争端解决机构提出请求的范围内做出决定,该请求就是专家组的职责范围,而实际上该请求是争端双方前期磋商妥协的结果,因此,专家组的职责范围是有限的,通过这种渠道有效解决特保措施争端的可能性是比较小的。

四、关于特保措施的应对之策

(一)主动出击,变被动为主动

政府、行业协会和企业在应对特保措施的时候要协同主动出击,变被动为主动。在这一过程中,政府既可以起到事先防范作用,也可以在事中和事后通过外交手段协调,减少直接的冲击。另外,政府要充分利用双边磋商渠道,最大限度维护我国权益。特保措施一般针对中国所有进口的某一调查产品,而不针对具体企业,因此,在这方面政府磋商的作用至关重要。特保措施机制是一项专业性强、涉及面广的制度,我们要加强实务的研究,培养专业的人才。

基于我国纺织业技术改造的实践,我国企业要利用"入世"后外资不断进入的机会,多渠道筹措和利用外资,加大对纺织业技术改造的力度,提高我国纺织品的科技含量,大力设计开发具有高附加值的产品。在政府的资本运作和境外融资方面的支持性政策下,实行国际化经营,实现走出去战略。另外,要进一步实施出口多元化战略,在巩固和加强传统的出口主销市场的同时，积极开拓新的出口市场和地区，对降低我国纺织品出口遭遇特保措施的概率有很大的作用。

(二)开通信息渠道，建立预警机制

行业协会有一个很重要的特点就是可以方便快捷地收集到本行业的各种资料和数据。因此，可以比较方便地建立一个与中国纺织品特保措施有关的数据库，继而建立一个相关的预警系统。在贸易争端发生之前，尽快提出各种可能的预处理方案，采取必要的预防措施。当我国被外国政府采用特保措施对我国出口纺织品进行重新设限时，我国相关协会应积极应对，用数据和资料来为我国纺织出口企业说话。同时，加强与拟采取特保措施的国家之间的双边磋商，不仅可以据此了解调查产品的具体信息，还可以借此交换有关信息资料和意见，有利于澄清事实和消除误解或者滥用。行业协会可以与政府一起协调各企业之间的利益和策略，必要时统一协调对外出口。

(三)建立完善的政府应对机制

若我国纺织出口企业在遭到贸易相对方的特别保障措施时，我们应积极应诉，树立贸易大国形象。纺织品的贸易摩擦的解决需要政府的重视与参与。首先，应建立权威的政府信息发布与交换机制，对进出口产品的市场份额、生产量、利润与亏损等进行通报，进行信息交换；对进出口产品数量猛增，有可能被外国采取特保措施的纺织品应及时进行发布通报。其次，政府部门还要建立相应的快速反应机制，建立相应的机构，对相关的事物作出快速的反应，避免因经过繁琐的程序而耽误了时机。

思考题

1. 什么是关税？征收关税的主要作用是什么？
2. 发达国家和发展中国家纺织品服装关税状况有何不同？
3. 非关税的主要种类有哪些？
4. 发达国家限制纺织品服装进口的主要技术措施包括哪些？
5. 生态纺织品的含义是什么？当前国际纺织服装绿色壁垒的发展趋势是什么？
6. 纺织品特保措施的含义是什么？
7. 试分析特保措施对我国纺织品出口的影响。
8. 我国应如何应对特保措施？

参考文献

[1]赵京霞. 后配额时代的国际纺织品贸易[M]. 北京：中国纺织出版社，2006.

[2]深圳出入境检验检疫局. 国际纺织服装市场遵循的技术法规与标准解析[M]. 北京：中国标准出版社，2005.

[3]郭燕. 后配额时代的中国纺织服装业[M]. 北京：中国纺织出版社，2007.

[4]张彦欣. 国际纺织品贸易实务[M]. 北京：中国纺织出版社，2005.

[5]贾建华,等.新编国际贸易理论与实务[M].北京:对外经济贸易大学出版社,2004.

[6]盛洪昌.国际贸易实务[M].北京:清华大学出版社,2006.

[7]江文.纺织服装企业突破绿色壁垒之策[J].世界贸易组织动态与研究,2006(4):30-36.

[8]卓小苏.我国纺织服装产品出口绿色壁垒的新趋势与对策[J].纺织导报,2007(4):21-25.

[9]郑宇英.纺织品的安全与标准[J].中国标准化,2007(3):14-16.

[10]全国人大常委会办公厅公报编辑室.中国加入世界贸易组织法律文件(中文本)[M].北京:中国民主法制出版社,2002.

[11]陈卫东.WTO例外条款解读[M].北京:对外经济贸易大学出版社,2002.

[12]周海波,等.特殊保障措施的法律分析[J].世界贸易组织动态与研究,2004(1):36-39.

[13]Malcolm Sobhan Brussels. Safeguards wanted now[J]. Textile Asia 2005(5):7-8.

[14]高永富.美对中特保措施:WTO游戏规则老手的谋略[J].WTO经济导报,2004(11):58-61.

[15]韩民春.从"特保"案例看中国出口贸易激增中的隐忧与对策[J].国际贸易问题,2004(9):9-12.

[16]张媛.近期中美纺织品贸易争端之我见[J].国际贸易问题,2004(4):36-40.

[17]高永富.美国对中国特别保障措施立法与案例研究[J].世界贸易组织动态与研究,2004(11):13-19.

[18]黄东黎.防止滥用规定的权利[J].国际贸易,2005(5):33-36.

[19]王贵国.中美纺织品争议的法律视角[J].世界贸易组织动态与研究,2005(1):36-41.

[20]陆圣等.美国对华纺织品特保政策的现状与趋势[J].世界贸易组织动态与研究,2005(7):31-36.

[21]Silvia M. Jungbauer. Quota abolition and world market opening[J]. Textile Asia 2004(12):39-41.

[22]Ake Wegler. The EU, not yet liberal[J]. Textile Asia 205(5):59-61.

[23]韩玉军.中国加入WTO要言释义[M].北京:中国经济出版社,2002.

[24]陆圣.静观美国对华纺织品特保之变[J].江苏纺织,2005(8):9-12.

[25]陆圣,等.从应对"袜子特保案"浅议解决中美纺织品贸易摩擦的决策选择[J].世界贸易组织动态与研究,2005(10):38-42.

[26]李毅.中国纺织服装产品可能遭遇的保障措施和几种特保措施比较研究[J].国际贸易问题,2005(4):105-109.

中篇　纺织服装贸易实务

第六章　纺织服装国际贸易相关术语

本章知识点

1. 国际贸易术语的起源、意义、变化与种类。
2. 条款术语的意义及使用方法。

国际贸易术语是用来表明商品的价格构成，说明货物在交接过程中有关的风险、责任和费用划分问题的专门用语。国际贸易术语是在国内贸易中所没有的，也是在进出口合同中一个非常重要的内容。

一般来说，为了明确交易双方各自承担的责任、义务，当事人在洽商交易、订立合同时，必须要考虑的问题有：

(1)卖方在什么地方交付货物，以什么方式办理交接手续。

(2)货物发生损坏或灭失的风险何时由卖方转移给买方。

(3)由谁负责办理货物的运输、保险以及通关过境的手续。

(4)由谁承担办理上述事项时所需的各种费用。

(5)买卖双方要交接哪些有关的单据。

把上述需要洽商的内容，通过贸易术语得到明确的规定，有利于简化交易手续、缩短洽商时间和节约费用开支。贸易术语具有两个作用。首先，用来确定交货条件，即说明买卖双方在交接货物时各自承担的风险、责任和费用；其次，用来表示该商品的价格构成。贸易术语有很多种，每一种贸易术语的含义都要按国际惯例来解释。在以下章节中将着重讲述国际贸易术语通则及各种术语的含义与内容。

第一节　国际惯例

一、《国际贸易术语解释通则》的宗旨和范围

《国际贸易术语解释通则》(Incoterms)的宗旨是为国际贸易中最普遍使用的贸易术语提供一套解释的国际规则，以避免因各国不同解释而出现的不确定性，或至少在相当程度上减少这种不确定性。

在国际贸易中，合同双方当事人之间互不了解对方国家的贸易习惯的情况时常出现。这就会引起误解、争议和诉讼，从而浪费时间和费用。为了解决这些问题，国际商会(ICC)

于1936年首次公布了一套解释贸易术语的国际规则，命名为Incoterms 1936，并于1953年、1967年、1976年、1980年、1990年和2000年在各相应版本中进行了补充和修订，以使这些规则适应国际贸易实践的发展。

需要强调的是，Incoterms涵盖的范围只限于销售合同当事人的权利义务中与已售货物（指"有形的"货物，不包括"无形的"货物，如服务业等）交货有关的事项。对于Incoterms，有两个误解经常发生：一个是常常认为Incoterms适用于运输合同而不是销售合同，另一个是错误地以为它规定了当事人可能希望包含在销售合同中的所有责任。

对以上两个误区，需要说明的是：

（1）正如ICC一贯强调的那样，Incoterms只涉及销售合同中买卖双方的关系，而且，只限于一些非常明确的方面。对进口商和出口商来讲，考虑那些为完成国际销售所需要的各种合同之间的实际关系当然是非常必要的。完成一笔国际贸易不仅需要销售合同，而且需要运输合同、保险合同和融资合同，而Incoterms只涉及其中的一项合同，即销售合同。

虽然如此，当双方当事人同意使用某一个具体的贸易术语时，将不可避免地对其他合同产生影响。例如，卖方同意在合同中使用CFR或CIF术语时，他就只能以海运方式履行合同，因为在这两个术语下他必须向买方提供提单或其他海运单据，而如果使用其他运输方式，这些要求是无法满足的。

（2）Incoterms涉及当事方设定的若干特定义务，如卖方将货物交给买方处置，或将货物交运或在目的地交货的义务以及当事人双方之间的风险划分。

（3）Incoterms涉及货物进口和出口清关、货物包装的义务，买方受领货物的义务，以及提供证明各项义务得到完整履行的义务。

二、对《国际贸易术语解释通则》修订的原因

连续修订Incoterms的主要原因是使其不断适应当代国际贸易的发展形势。1980年修订本引入了货交承运人（FCA）术语，其目的是为了适应在海上运输中经常出现的情况，即交货点不再是传统的FOB（货物越过船舷），而是在将货物装船之前运到陆地上的某一点，在那里将货物装入集装箱，以便经由海运或其他运输方式继续运输。在1990年的修订本中，涉及卖方提供交货凭证义务的条款在当事方同意使用电子方式通讯时，允许用电子数据交换（EDI）信息替代纸面单据。毫无疑问，为了使Incoterms更利于实务操作，其修订和表述一直都在改进。

三、《国际贸易术语解释通则》的结构

为了便于理解，所有的术语分为4个基本不同的类型。第一组为E组（Ex Works），指卖方仅在自己的地点为买方备妥货物；第二组为F组（FCA、FAS和FOB），指卖方需将货物交至买方指定的承运人；第三组为C组（CFR、CIF、CPT和CIP），指卖方须订立运输合同，但对货物灭失或损坏的风险以及装船和启运后发生意外所导致的额外费用，卖方不承担责任；第

四组为D组(DAF、DES、DEQ、DDU和DDP),指卖方须承担把货物交至目的地国所需的全部费用和风险。下表为贸易术语分组。

贸易术语分组

<table>
<tr><th>E　组</th><th>F　组</th><th>C　组</th><th>D　组</th></tr>
<tr><td rowspan="5">EXW工厂交货(……指定地点)</td><td>FCA交至承运人(……指定地点)</td><td>CFR成本加运费(……指定目的港)</td><td>DAF边境交货(……指定地点)</td></tr>
<tr><td>FAS船边交货(……指定装运港)</td><td>CIF成本、保险加运费付至(……指定目的港)</td><td>DES目的港船上交货(……指定目的港)</td></tr>
<tr><td rowspan="3">FOB船上交货(……指定装运港)</td><td>CPT运费付至(……指定目的港)</td><td>DEQ目的港码头交货(……指定目的港)</td></tr>
<tr><td rowspan="2">CIP运费、保险费付至(……指定目的地)</td><td>DDU未完税交货(……指定目的地)</td></tr>
<tr><td>DDP完税后交货(……指定目的地)</td></tr>
</table>

第二节　贸易术语内容与说明

在本节中,将对每一种术语的条款都做出详细说明,以便读者比较与应用。

一、EXW

(一)EXW贸易术语的含义和规定

EXW是指当卖方在其所在地或其他指定的地点(如工厂或仓库)将货物交给买方处置时,即完成交货,卖方不办理出口清关手续或将货物装上任何运输工具。该术语是卖方承当责任最小的术语,买方必须承当在卖方所在地受领货物的全部费用和风险。但是,若双方希望在起运时卖方负责装载货物并承当装载货物的全部费用和风险时,须在销售合同中写明。在买方不能直接或间接地办理出口手续时,不应使用该术语,而应使用FCA。

国际通则中关于买卖双方的责任义务共有10对,即A1～A10,B1～B10,其中,A代表卖方义务,B代表买方义务,A与B的条款一一对应。

A1　提供符合合同规定的货物

卖方必须提供符合销售合同规定的货物和商业发票或有同等作用的电子信息,以及合同可能要求的、证明货物符合合同规定的其他任何凭证。

B1　支付价款

买方必须按照销售合同规定支付价款。

A2　许可证、其他许可和手续

应买方要求并由其承当风险和费用,在需要办理海关手续时,卖方必须给予买方一切协助，以帮助买方取得为货物出口所需的出口许可证或其他官方许可。

B2 许可证、其他许可和手续

买方必须自担风险和费用，取得任何出口和进口许可证或其他官方许可，并在需要办理海关手续时，办理货物出口的一切海关手续。

A3 运输合同与保险合同

a）运输合同

无义务。

b）保险合同

无义务。

B3 运输合同与保险合同

a）运输合同

无义务。

b）保险合同

无义务。

A4 交货

卖方必须按照合同约定的日期或期限，或如果未约定日期或期限，按照交付此类货物的惯常时间，在指定的地点将未置于任何运输车辆上的货物交给买方处置。若在指定的地点内未约定具体交货点，或有若干个交货点可使用，则卖方可在交货地点中选择最适合其目的的交货点。

B4 受领货物

买方必须在卖方按照 A4 和 A7/B7 规定交货时受领货物。

A5 风险转移

除 B5 规定者外，卖方必须承当货物灭失或损坏的一切风险，直至已经按照 A4 规定交货为止。

B5 风险转移

买方必须按照下述规定承当货物灭失或损坏的一切风险：自按照 A4 规定交货之时起；及由于买方未能按照 B7 规定通知卖方，则自约定的交货日期或交货期限届满之日起，但以该项货物已正式划归合同项下，即清楚地划出或以其他方式确定为合同项下之货物为限。

A6 费用划分

除 B6 规定者外，卖方必须负担与货物有关的一切费用，直到已经按照 A4 规定交货为止。

B6 费用划分

买方必须支付自按照 A4 规定交货之时起与货物有关的一切费用；及在货物交给买方处置而买方未受领货物或未按照 B7 规定给予卖方相应通知而发生的任何额外费用，但以该项货物已正式划归合同项下，即清楚地划出或以其他方式确定为合同项下之货物为限；及在需要办理海关手续时，货物出口应交纳的一切关税、税款和其他费用，以及办理海关手续的费用。买方必须偿付卖方按照 A2 规定给予协助时所发生的一切费用。

A7　通知买方

卖方必须给予买方有关货物将于何时何地交给买方处置的充分通知。

B7　通知卖方

一旦买方有权确定在约定的期限内受领货物的具体时间和/或地点时，买方必须就此给予卖方充分通知。

(二)EXW 使用中注意的问题

EXW 是卖方承担风险最小的一种贸易术语。在 13 个贸易术语中，EXW 是唯一由买方办理出口清关手续的贸易术语。如果买方不能直接或间接地办理出口手续，则不应该使用这一贸易术语，而应使用 FCA。EXW 这一术语的使用多见于边境贸易或区域经济集团内成员之间的贸易，在我国多见于沿海与港澳地区之间的贸易。

二、FCA

FCA 是指卖方只要将货物在指定的地点交给买方指定的承运人，并办理了出口清关手续，即完成交货。需要说明的是，交货地点的选择对于在该地点装货和卸货的义务会产生影响。若卖方在其所在地交货，则卖方应负责装货，若卖方在任何其他地点交货，卖方不负责卸货。该术语可用于各种运输方式，包括多式联运。“承运人”指任何人在运输合同中，承诺通过铁路、公路、空运、海运、内河运输或上述运输的联合方式履行运输或由他人履行运输。若买方指定承运人以外的人领取货物，则当卖方将货物交给此人时，即视为已履行了交货义务。

A1　提供符合合同规定的货物

卖方必须提供符合销售合同规定的货物和商业发票或有同等作用的电子信息，以及合同可能要求的、证明货物符合合同规定的其他任何凭证。

B1　支付价款

买方必须按照销售合同规定支付价款。

A2　许可证、其他许可和手续

卖方必须自担风险和费用，取得任何出口许可证或其他官方许可，并在需要办理海关手续时，办理货物出口所需要的一切海关手续。

B2　许可证、其他许可和手续

买方必须自担风险和费用，取得任何进口许可证或其他官方许可，并在需要办理海关手续时，办理货物进口和从他国过境的一切海关手续。

A3　运输合同与保险合同

a)运输合同

无义务。但若买方要求，或者如果是商业惯例而买方未适时给予卖方相反指示，则卖方可按照通常条件订立运输合同，费用和风险由买方承当。在任何一种情况下，卖方都可以拒绝订立此合同；如果拒绝，则应立即通知买方。

b)保险合同

无义务。

B3　运输合同与保险合同

a)运输合同

买方必须自付费用订立自指定的地点运输货物的合同,卖方按照 A3a)订立了运输合同时除外。

b)保险合同

无义务。

A4　交货

卖方必须在指定的交货地点,在约定的交货日期或期限内,将货物交付给买方指定的承运人或其他人,或由卖方按照 A3a)选定的承运人或其他人。

交货在以下时间完成:

a)若指定的地点是卖方所在地,则当货物被装上买方指定的承运人或代表买方的其他人提供的运输工具时;

b)若指定的地点不是 a)而是其他任何地点,则当货物在卖方的运输工具上,尚未卸货而交给买方指定的承运人或其他人或由卖方按照 A3a)选定的承运人或其他人的处置时。

若在指定的地点没有决定具体交货点,且有几个具体交货点可供选择时,卖方可以在指定的地点中选择最适合其目的的交货点。若买方没有明确指示,则卖方可以根据运输方式和/或货物的数量和/或性质将货物交付运输。

B4　受领货物

买方必须在卖方按照 A4 规定交货时,受领货物。

A5　风险转移

除 B5 规定者外,卖方必须承当货物灭失或损坏的一切风险,直至已经按照 A4 规定交货为止。

B5　风险转移

买方必须按照下述规定承当货物灭失或损坏的一切风险:

自按照 A4 规定交货之时起;及由于买方未能按照 A4 规定指定承运人或其他人,或其指定的承运人或其他人未在约定时间接管货物,或买方未按照 B7 规定给予卖方相应通知,则自约定的交货日期或交货期限届满之日起,但以该项货物已正式划归合同项下,即清楚地划出或以其他方式确定为合同项下之货物为限。

A6　费用划分

除 B6 规定者外,卖方必须支付与货物有关的一切费用,直至已按照 A4 规定交货为止;及在需要办理海关手续时,货物出口应办理的海关手续费用及出口应交纳的一切关税、税款和其他费用。

B6　费用划分

买方必须支付自按照 A4 规定交货之时起与货物有关的一切费用;及由于买方未能按照

A4 规定指定承运人或其他人、或由于买方指定的人未在约定的时间内接管货物、或由于买方未按照 B7 规定给予卖方相应通知而发生的任何额外费用,但以该项货物已正式划归合同项下,即清楚地划出或以其他方式确定为合同项下之货物为限。在需要办理海关手续时,货物进口应交纳的一切关税、税款和其他费用,以及办理海关手续的费用及从他国过境的费用。

A7　通知买方

卖方必须给予买方说明货物已按照 A4 规定交付给承运人的充分通知。若在约定时间承运人未按照规定接收货物,则卖方必须相应地通知买方。

B7　通知卖方

买方必须就按照 A4 规定指定的人的名称给予卖方充分通知,并根据需要指明运输方式和向该指定的人交货的日期或期限,以及依情况在指定的地点内的具体交货点。

三、FAS

(一)FAS 贸易术语的含义和规定

FAS 是指卖方在指定的装运港将货物交到船边,即完成交货。买方必须承担自那时起货物灭失或损坏的一切风险。FAS 术语要求卖方办理出口清关手续。这一点与以前版本的内容相反,以前版本要求买方安排办理出口手续。但是,如当事方希望买方办理出口手续,需要在销售合同中写明。该术语仅适用于海运或内河运输。

A1　提供符合合同规定的货物

卖方必须提供符合销售合同规定的货物和商业发票或有同等作用的电子信息,以及合同可能要求的、证明货物符合合同规定的其他任何凭证。

B1　支付价款

买方必须按照销售合同规定支付价款。

A2　许可证、其他许可和手续

卖方必须自担风险和费用,取得任何出口许可证或其他官方许可,并在需要办理海关手续时,办理货物出口所需的一切海关手续。

B2　许可证、其他许可和手续

买方必须自担风险和费用,取得任何进口许可证或其他官方许可,并在需要办理海关手续时,办理货物进口和从他国过境所需的一切海关手续。

A3　运输合同和保险合同

a)运输合同

无义务。

b)保险合同

无义务。

B3　运输合同和保险合同

a)运输合同　买方必须自付费用订立自指定的装运港运输货物的合同。

b)保险合同

无义务。

A4　交货

卖方必须在买方指定的装运港,在买方指定的装货地点,在约定的日期或期限内,按照该港习惯方式将货物交至买方指定的船边。

B4　受领货物

买方必须在卖方按照 A4 规定交货时受领货物。

A5　风险转移

除 B5 规定者外,卖方必须承担货物灭失或损坏的一切风险,直至已按照 A4 规定交货为止。

B5　风险转移

买方必须按照下述规定承担货物灭失或损坏的一切风险:自按照 A4 规定交货时起;及由于买方未按照 B7 规定通知卖方,或其指定的船只未按时到达,或未接收货物,或较按照 B7 通知的时间提早停止装货,则自约定的交货日期或期限届满时起,但以该项货物已划拨到合同项下,即明确保留或以其他方式确定为合同项下之货物为限。

A6　费用划分

除 B6 规定者外,卖方必须支付与货物有关的一切费用,直至已按照 A4 规定交货为止;及在需要办理海关手续时,货物出口应办理的海关手续费用及应缴纳的关税、税款和其他费用。

B6　费用划分

买方必须支付。按照 A4 规定交货时与货物有关的一切费用;及由于买方指定的船只未按时到达,或未装载上述货物或较按照 B7 通知的时间提早停止装货,或由于买方未按照 B7 规定给予卖方相应的通知而发生的任何额外费用,但以该项货物已正式划归合同项下,即清楚地划出或以其他方式确定为合同项下之货物为限;及在需要办理海关手续时,货物进口应交纳的一切关税、税款和其他费用,及办理海关手续的费用,以及从他国过境的费用。

A7　通知买方

卖方必须给予买方说明货物已交至指定的船边的充分通知。

B7　通知卖方

买方必须给予卖方有关船名、装船点和要求交货时间的充分通知。

(二)FAS 使用应注意的问题

FAS 只适用海运和内河运输。FAS 术语要求卖方办理出门结关手续,这一点,Incoterms 2000 与 Incoterms 1990 不同。《1941 年美国对外贸易定义修订本》中的 FAS(Free Along Side)是指运输工具旁交货,而非船边。因此,如果要明确是船边,则需在术语后加上"Vessel"一词。

四、FOB

(一)FOB 贸易术语的含义和规定

FOB 是当货物在指定的装运港越过船舷时,卖方即完成交货。这意味着买方必须从该点起承当货物灭失或损坏的一切风险。FOB 术语要求卖方办理货物出口清关手续。该术语仅适用于海运或内河运输。如当事各方无意越过船舷交货,则应使用 FCA 术语。

A1　提供符合合同规定的货物

卖方必须提供符合销售合同规定的货物和商业发票或有同等作用的电子信息,以及合同可能要求的、证明货物符合合同规定的其他任何凭证。

B1　支付价款

买方必须按照销售合同规定支付价款。

A2　许可证、其他许可和手续

卖方必须自担风险和费用,取得任何出口许可证或其他官方许可,并在需要办理海关手续时,办理货物出口货物所需的一切海关手续。

B2　许可证、其他许可和手续

买方必须自担风险和费用,取得任何进口许可证或其他官方许可,并在需要办理海关手续时,办理货物进口和在必要时从他国过境所需的一切海关手续。

A3　运输合同和保险合同

a)运输合同

无义务。

b)保险合同

无义务。

B3　运输合同和保险合同

a)运输合同

买方必须自付费用订立从指定的装运港运输货物的合同。

b)保险合同

无义务。

A4　交货

卖方必须在约定的日期或期限内,在指定的装运港,按照该港习惯方式,将货物交至买方指定的船只上。

B4　受领货物

买方必须在卖方按照 A4 规定交货时受领货物。

A5　风险转移

除 B5 规定者外,卖方必须承担货物灭失或损坏的一切风险,直至货物在指定的装运港越过船舷为止。

B5　风险转移

买方必须按照下述规定承担货物灭失或损坏的一切风险:

货物在指定的装运港越过船舷时起；及于买方未按照 B7 规定通知卖方，或其指定的船只未按时到达，或未接收货物，或按照 B7 通知的时间提早停止装货，则自约定的交货日期或交货期限届满之日起，但以该项货物已正式划归合同项下，即清楚地划出或以其他方式确定为合同项下之货物为限。

A6　费用划分

除 B6 规定者外，卖方必须支付货物有关的一切费用，直至货物在指定的装运港越过船舷时为止；及需要办理海关手续时，货物出口需要办理的海关手续费用及出口时应交纳的一切关税、税款和其他费用。

B6　费用划分

买方必须支付货物在指定的装运港越过船舷之时起与货物有关的一切费用；及于买方指定的船只未按时到达，或未接收上述货物，或按照 B7 通知的时间提早停止装货，或买方未能按照 B7 规定给予卖方相应的通知而发生的一切额外费用，但以该项货物已正式划归合同项下，即清楚地划出或以其他方式确定为合同项下之货物为限；及需要办理海关手续时，货物进口应交纳的一切关税、税款和其他费用，及办理海关手续的费用，以及货物从他国过境的费用。

A7　通知买方

卖方必须给予买方说明货物已按照 A4 规定交货的充分通知。

B7　通知卖方

买方必须给予卖方有关船名、装船点和要求交货时间的充分通知。

（二）FOB 使用中应注意的问题

1. 风险划分的界线　买卖双方风险划分的界线以“船舷”（Ship's Rail）为界。

2. 船货衔接问题　FOB 由买方订立运输合同，即买方安排租船订舱。买方需要给卖方发装船通知（装船通知的内容包括船名、装货地点和时间）并按规定接货。卖方则按规定交货并向买方发出货已装船的通知，否则将分别由买方和卖方承担由此造成的一切损失和产生的一切费用。

3. FOB 的变形（或称与装船费有关的问题）　实际业务中很难在船舷处办理货物交接，因为装船作业是一个连续的过程，它包括将货物从岸上起吊、越过船舷和装入船舱的整个过程。因此，实际业务中就有了 FOB 的变形，但这并不意味着风险划分的界线也因此而改变。具体的四种变形如下：

（1）FOB Liner Terms（班轮条件）。FOB Liner Terms 是指装船费用按班轮条件办理，卖方不负担装船的有关费用。由于租船订舱是由买方来负责安排的，因此，在按 FOB Liner Terms 交货的合同中，与装船有关的费用是由买方来承担的。

（2）FOB Under Tackle（吊钩下交货）。FOB Under Tackle 是指卖方将货物交到买方指定船只的吊钩所及之处，而货物吊装入舱及其他费用则由买方承担。

（3）FOB Stowed（理舱费在内）。FOB Stowed 是指由卖方承担包括理舱费在内的装船费。理舱费是指将货物装入舱后进行安置和整理的费用。

(4)FOB Trimmed(平舱费在内)。FOB Trimmed 是指由卖方承担包括平舱费在内的装船费。平舱费是指对装入舱后的散装货物进行安置和整理的费用。

《1941 年美国对外贸易定义修订本》对 FOB 有六种解释,其中有在出口国内陆运输工具上交货的解释,也有在进口国指定内陆运输工具上交货的解释,只有第五种解释是装运港船上交货。另外,风险划分的界线是舱上,而不是船舷,并且由买方办理出口手续和承担相关费用。因此,在对美国及其他北美国家进行进出口贸易时,一定要明确规定。如果是装运港船上交货,应在 FOB 和港名之间加上"Vessel"一词,例如,FOB Vessel New York,否则有可能被认定在纽约市内陆运输工具上交货。

五、CFR

(一)CFR 贸易术语的含义和规定

CFR 是指在装运港货物越过船舷卖方即完成交货,卖方必须支付将货物运至指定的目的港所需的运费和费用。但交货后货物灭失或损坏的风险,以及由于各种事件造成的任何额外费用,自交付之日起,即由卖方转移到买方。CFR 术语要求卖方办理出口清关手续。该术语仅适用于海运或内河运输。如当事各方无意越过船舷交货,则应使用 CPT 术语。

A1　提供符合合同规定的货物

卖方必须提供符合销售合同规定的货物和商业发票或有同等作用的电子信息,以及合同可能要求的、证明货物符合合同规定的其他任何凭证。

B1　支付价款

买方必须按照销售合同规定支付价款。

A2　许可证、其他许可和手续

卖方必须自担风险和费用,取得任何出口许可证或其他官方许可,并在需要办理海关手续时,办理货物出口货物所需的一切海关手续。

B2　许可证、其他许可和手续

买方必须自担风险和费用,取得任何进口许可证或其他官方许可,并在需要办理海关手续时,办理货物进口及从他国过境的一切海关手续。

A3　运输合同和保险合同

a)运输合同

卖方必须自付费用,按照通常条件订立运输合同,经由惯常航线,将货物用通常可供运输合同所指货物类型的海轮(或依情况适合内河运输的船只)运输至指定的目的港。

b)保险合同

无义务。

B3　运输合同与保险合同

a)运输合同

无义务。

b)保险合同

无义务。

A4　交货

卖方必须在装运港,在约定的日期或期限内,将货物交至船上。

B4　受领货物

买方必须在卖方按照 A4 规定交货时受领货物,并在指定的目的港从承运人收受货物。

A5　风险转移

除 B5 规定者外,卖方必须承担货物灭失或损坏的一切风险,直至货物在装运港越过船舷为止。

B5　风险转移

买方必须承担货物在装运港越过船舷之后灭失或损坏的一切风险。如买方未按照 B7 规定给予卖方通知,买方必须从约定的装运日期或装运期限届满之日起,承担货物灭失或损坏的一切风险,但以该项货物已正式划归合同项下,即清楚地划出或以其他方式确定为合同项下之货物为限。

A6　费用划分

除 B6 规定者外,卖方必须支付与货物有关的一切费用,直至已经按照 A4 规定交货为止;及按照 A3a)规定所发生的运费和其他一切费用,包括货物的装船费和根据运输合同由卖方支付的、在约定卸货港的任何卸货费;及在需要办理海关手续时,货物出口需要办理的海关手续费用及出口时应缴纳的一切关税、税款和其他费用,以及如果根据运输合同规定,由卖方支付的货物从他国过境的费用。

B6　费用划分

除 A3a)规定外,买方必须支付自按照 A4 规定交货时起的一切费用;及货物在运输途中直至到达目的港为止的一切费用,除非这些费用根据运输合同应由卖方支付;及包括驳运费和码头费在内的卸货费,除非这些费用根据运输合同应由卖方支付;及如买方未按照 B7 规定给予卖方通知,则自约定的装运日期或装运期限届满之日起,货物所发生的一切额外费用,但以该项货物已正式划归合同项下,即清楚地划出或以其他方式确定为合同项下之货物为限;及在需要办理海关手续时,货物进口应交纳的一切关税、税款和其他费用,及办理海关手续的费用,以及需要时从他国过境的费用,除非这些费用已包括在运输合同中。

A7　通知买方

卖方必须给予买方说明货物已按照 A4 规定交货的充分通知,以及要求的任何其他通知,以便买方能够为受领货物采取通常必要的措施。

B7　通知卖方

一旦买方有权决定装运货物的时间和/或目的港,买方必须就此给予卖方充分通知。

(二)CFR 使用中应注意的问题

1. CFR 变形(与卸货费有关的问题)

(1)CFR Liner Terms(班轮条件),是指由卖方负责支付卸货费或称卸货费已包括在运费中。

(2)CFR Landed(着陆费在内),是指卖方承担将货物卸到岸上的费用包括可能发生的驳船费及码头捐税。

(3)CFR Ex Ship'Hold(舱底交货),是指由买方负担白舱底卸货的费用。

2. CFR风险的划分以船舷为界 “船舷为界”表明货物在装上船前的风险,包括在装船时货物跌落码头或海中所造成的损失,均由卖方承担。货物装上船之后,包括在起航前和在运输过程中所发生的损坏或灭失,则由买方承担。

3. CFR与FOB的差别 CFR及与FOB的差别主要表现为买卖双方在租船订舱方面的责任变化,前者是卖方,后者是买方。这一差异反映在出口报价方面为CFR = FOB + 海运运费。另外,在CFR变形中涉及的是卸货费问题,而非装货费问题。

4. 关于租船订舱的问题 在一般情况下卖方只需按通常条件及惯驶航线租船订舱。如果买方提出限制船舶的国籍、船型、船龄、船级和指定装某班轮的船只等方面的要求时,卖方有权拒绝。

六、CIF

(一)CIF贸易术语的含义和规定

CIF是指在装运港当货物越过船舷时卖方即完成交货。卖方必须支付将货物运至指定的目的港所需的运费和费用,但交货后货物灭失或损坏的风险及由于各种事件造成的任何额外费用即由卖方转移到买方。但是,在CIF条件下,卖方还必须办理买方货物在运输途中灭失或损坏风险的海运保险。因此,由卖方订立保险合同并支付保险费。买方应注意到,CIF术语只要求卖方投保最低限度的保险险别。如买方需要更高的保险险别,则需要与卖方明确地达成协议,或者自行做出额外的保险安排。CIF术语要求卖方办理货物出口清关手续。该术语仅适用于海运和内河运输。若当事方无意越过船舷交货则应使用CIP术语。

A1 提供符合合同规定的货物

卖方必须提供符合销售合同规定的货物和商业发票或有同等作用的电子信息,以及合同可能要求的、证明货物符合合同规定的其他任何凭证。

B1 支付价款

买方必须按照销售合同规定支付价款。

A2 许可证、其他许可和手续

卖方必须自担风险和费用,取得任何出口许可证或其他官方许可,并在需要办理海关手续时,办理货物出口货物所需的一切海关手续。

B2 许可证、其他许可和手续

买方必须自担风险和费用,取得任何进口许可证或其他官方许可,并在需要办理海关手续时,办理货物进口及从他国过境的一切海关手续。

A3 运输合同和保险合同

a)运输合同

卖方必须自付费用,按照通常条件订立运输合同,经由惯常航线,将货物用通常可供运输合同所指货物类型的海轮(或依情况适合内河运输的船只)装运至指定的目的港。

b)保险合同

卖方必须按照合同规定,自付费用取得货物保险,并向买方提供保险单或其他保险证据,以使买方或任何其他对货物具有保险利益的人有权直接向保险人索赔。保险合同应与信誉良好的保险人或保险公司订立,在无相反明确协议时,应按照《协会货物保险条款》(伦敦保险人协会)或其他类似条款中的最低保险险别投保。保险期限应按照 B5 和 B4 规定。应买方要求,并由买方负担费用,卖方应加投战争、罢工、暴乱和民变险,如果能投保的话。最低保险金额应包括合同规定价款另加 10%(即 110%),并应采用合同货币。

B3 运输合同与保险合同

a)运输合同

无义务。

b)保险合同

无义务。

A4 交货

卖方必须在装运港,在约定的日期或期限内,将货物交至船上。

B4 受领货物

买方必须在卖方已按照 A4 规定交货时受领货物,并在指定的目的港从承运人处收受货物。

A5 风险转移

除 B5 规定者外,卖方必须承担货物灭失或损坏的一切风险,直至货物在装运港越过船舷为止。

B5 风险转移

买方必须承担货物在装运港越过船舷之后灭失或损坏的一切风险。如买方未按照 B7 规定给予卖方通知,买方必须从约定的装运日期或装运期限届满之日起,承担货物灭失或损坏的一切风险,但以该项货物已正式划归合同项下,即清楚地划出或以其他方式确定为合同项下之货物为限。

A6 费用划分

除 B6 规定者外,卖方必须支付与货物有关的一切费用,直至已经按照 A4 规定交货为止;及按照 A3a)规定所发生的运费和其他一切费用,包括货物的装船费;及按照 A3b)规定所发生的保险费用;及根据运输合同由卖方支付的、在约定卸货港的任何卸货费用;及在需要办理海关手续时,货物出口需要办理的海关手续费用及出口时应缴纳的一切关税、税款和其他费用,以及根据运输合同规定由卖方支付的货物从他国过境的费用。

B6 费用划分

除 A3a)规定外,买方必须支付自按照 A4 规定交货时起的一切费用;及货物在运输途中直至到达目的港为止的一切费用,除非这些费用根据运输合同应由卖方支付;及包括驳运费和码头费在内的卸货费,除非这些费用根据运输合同应由卖方支付;及如买方未按照 B7 规定给予卖方通知，则自约定的装运日期或装运期限届满之日起，货物所发生的一切额外费用，但以该项货物已正式划归合同项下，即清楚地划出或以其他方式确定为合同项下之货物为限；及在需要办理海关手续时，货物进口应交纳的一切关税、税款和其他费用，及办理海关手续的费用，以及需要时从他国过境的费用，除非这些费用已包括在运输合同中。

A7　通知买方

卖方必须给予买方说明货物已按照 A4 规定交货的充分通知，以及要求的任何其他通知，以便买方能够为受领货物采取通常必要的措施。

B7　通知卖方

一旦买方有权决定装运货物的时间和/或目的港，买方必须就此给予卖方充分通知。

（二）CIF 使用中应注意的问题

1. 关于租船订舱、卸货费和风险划分的界线的问题　CIF 租船订舱和卸货费问题与 CFR 一样，风险划分的界线与 CFR 及 FOB 相同。

2. CIF 的变形主要有三种

（1）CIF Liner Terms（班轮条件）。卖方负责支付卸货费，或称卸货费已包括在运费中。

（2）CIF Landed（着陆费在内）。卖方负担将货物卸到岸上的费用，包括可能发生的驳船费及码头捐税。

（3）CIF Ex Ship' Hold（舱底交货）。买方负担自舱底卸货的费用。

3. 投保险别的问题　卖方应该按最低责任投保相应的险别，投保金额为合同金额的110%。如果有不同解释，双方最好在合同中约定投保的险别，否则容易产生争议。

4. 关于"单据买卖"的问题　按 CIF（包括 FOB 和 CFR）贸易术语签订的合同的买卖也有人称其为"单据买卖"。这是因为这类合同的买卖，采用的是"象征性交货"方式，所谓"象征性交货"是指卖方按合同规定，在装运港将货物装船并提交合同规定的全套合格单据，就算完成了交货义务而无需保证到货。反之，如果卖方提交的单据不符合要求，即使合格的货物安全抵达目的地，也不算完成交货。

七、CPT

CPT 是指卖方向其指定的承运人交货，但卖方还必须支付将货物运至目的地的运费，亦即买方承担交货之后一切风险和其他费用。"承运人"是指任何人在运输合同中承诺通过铁路、公路、空运、海运、内河运输或上述运输的联合方式履行运输或由他人履行运输。如果还使用接运的承运人将货物运至约定目的地，则风险自货物交给第一承运人时转移。CPT 术语要求卖方办理出口清关手续。该术语可适用于各种运输方式，包括多式联运。

A1　提供符合合同规定的货物

卖方必须提供符合销售合同规定的货物和商业发票或有同等作用的电子信息，以及合同可能要求的、证明货物符合合同规定的其他任何凭证。

B1　支付价款

买方必须按照销售合同规定支付价款。

A2　许可证、其他许可和手续

卖方必须自担风险和费用，取得任何出口许可证或其他官方许可，并在需要办理海关手续时，办理货物出口货物所需的一切海关手续。

B2　许可证、其他许可和手续

买方必须自担风险和费用，取得任何进口许可证或其他官方许可，并在需要办理海关手续时，办理货物进口及从他国过境的一切海关手续。

A3　运输合同和保险合同

a）运输合同

卖方必须自付费用，按照通常条件订立运输合同，依通常路线及习惯方式，将货物运至指定的目的地的约定点。如未约定或按照惯例也无法确定具体交货点，则卖方可在指定的目的地选择最适合其目的的交货点。

b）保险合同

无义务。

B3　运输合同与保险合同

a）运输合同

无义务。

b）保险合同

无义务。

A4　交货

卖方必须向按照 A3 规定订立合同的承运人交货，或如还有接运的承运人时，则向第一承运人交货，以使货物在约定的日期或期限内运至指定的目的地的约定点。

B4　受领货物

买方必须在卖方已按照 A4 规定交货时受领货物，并在指定的目的地从承运人处收受货物。

A5　风险转移

除 B5 规定者外，卖方必须承担货物灭失或损坏的一切风险，直至已按照 A4 规定交货为止。

B5　风险转移

买方必须承当按照 A4 规定交货时起货物灭失或损坏的一切风险。如买方未能按照 B7 规定给予卖方通知，则买方必须从约定的交货日期或交货期限届满之日起，承担货物灭失或损坏的一切风险，但以该项货物已正式划归合同项下，即清楚地划出或以其他方式确定为合同项下之货物为限。

A6　费用划分

除 B6 规定者外，卖方必须支付直至按照 A4 规定交货之时与货物有关的一切费用，以及按照 A3a）规定所发生的运费和其他一切费用，包括根据运输合同规定由卖方支付的装货费和在目的地的卸货费；及在需要办理海关手续时，货物出口需要办理的海关手续费用及出口时应缴纳的一切关税、税款和其他费用，以及根据运输合同规定，由卖方支付的货物从他国过境的费用。

B6　费用划分

除 A3a）规定外，买方必须支付自按照 A4 规定交货时起的一切费用；及货物在运输途中直至到达目的地为止的一切费用，除非这些费用根据运输合同应由卖方支付；及卸货费，除非根据运输合同应由卖方支付；及如买方未按照 B7 规定给予卖方通知，则自约定的装运日期或装运期限届满之日起，货物所发生的一切额外费用，但以该项货物已正式划归合同项下，即清楚地划出或以其他方式确定为合同项下之货物为限；及在需要办理海关手续时，货物进口应交纳的一切关税、税款和其他费用，及办理海关手续的费用，以及从他国过境的费用，除非这些费用已包括在运输合同中。

A7　通知买方

卖方必须给予买方说明货物已按照 A4 规定交货的充分通知，以及要求的任何其他通知，以便买方能够为受领货物采取通常必要的措施。

B7　通知卖方

一旦买方有权决定发送货物的时间和/或目的地，买方必须就此给予卖方充分通知。

八、CIP

CIP 是指卖方向其指定的承运人交货，但卖方还必须支付将货物运至目的地的运费，亦即买方承担卖方交货之后的一切风险和额外费用。但是，按照 CIP 术语，卖方还必须办理买方货物在运输途中灭失或损坏风险的保险。因此，由卖方订立保险合同并支付保险费。买方应注意到，CIP 术语只要求卖方投保最低限度的保险险别。如买方需要更高的保险险别，则需要与卖方明确地达成协议，或者自行做出额外的保险安排。“承运人”指任何人在运输合同中，承诺通过铁路、公路、空运、海运、内河运输或上述运输的联合方式履行运输或由他人履行运输。如果还使用接运的承运人将货物运至约定目的地，则风险自货物交给第一承运人时转移。CIP 术语要求卖方办理出口清关手续。该术语可适用于各种运输方式，包括多式联运。

A1　提供符合合同规定的货物

卖方必须提供符合销售合同规定的货物和商业发票或有同等作用的电子信息，以及合同可能要求的、证明货物符合合同规定的其他任何凭证。

B1　支付价款

买方必须按照销售合同规定支付价款。

A2　许可证、其他许可和手续

卖方必须自担风险和费用，取得任何出口许可证或其他官方许可，并在需要办理海关手续时办理货物出口所需的一切海关手续。

B2　许可证、其他许可和手续

买方必须自担风险和费用，取得任何进口许可证或其他官方许可，并在需要办理海关手续时办理货物进口和从他国过境所需的一切海关手续。

A3 运输合同和保险合同

a)运输合同

卖方必须自付费用,按照通常条件订立运输合同,依通常路线及习惯方式,将货物运至指定的目的地的约定点。若未约定或按照惯例也不能确定具体交货点,则卖方可在指定的目的地选择最适合其目的的交货点。

b)保险合同

卖方必须按照合同规定,自付费用取得货物保险,并向买方提供保险单或其他保险证据,以使买方或任何其他对货物具有保险利益的人有权直接向保险人索赔。保险合同应与信誉良好的保险人或保险公司订立,在无相反明示协议时,应按照《协会货物保险条款》(伦敦保险人协会)或其他类似条款中的最佳限度保险险别投保。保险期限应按照 B5 和 B4 规定。应买方要求,并由买方负担费用,卖方应加投战争、罢工、暴乱和民变险,如果能投保的话。最低保险金额应包括合同规定价款另加 10%(即 110%),并应采用合同货币。

B3 运输合同和保险合同

a)运输合同

无义务。

b)保险合同

无义务。

A4 交货

卖方必须在约定日期或期限内向按照 A3 规定订立合同的承运人交货,或如有接运的承运人时,向第一承运人交货,以使货物运至指定的目的地的约定点。

B4 受领货物

买方必须在卖方按照 A4 规定交货时受领货物,并在指定的目的地从承运人处收受货物。

A5 风险转移

除 B5 规定者外,卖方必须承担货物灭失或损坏的一切风险,直至已经按照 A4 规定交货为止。

B5 风险转移

买方必须承担按照 A4 规定交货后货物灭失或损坏的一切风险。买方如未按照 B7 规定通知卖方,则必须从约定的交货日期或交货期限届满之日起,承担货物灭失或损坏的一切风险,但以该项货物已正式划归合同项下,即清楚地划出或以其他方式确定为合同项下之货物为限。

A6 费用划分

除 B6 规定者外,卖方必须支付与货物有关的一切费用,直至已经按照 A4 规定交货为止,以及按照 A3a)规定所发生的运费和其他一切费用,包括装船费和根据运输合同应由卖方支付的在目的地的卸货费;及按照 A3b)发生的保险费用;及在需要办理海关手续时,货物出口需要办理的海关手续费用,货物出口时应交纳的一切关税、税款和其他费用,以及根据运输合同由卖方支付的货物从他国过境的费用。

B6　费用划分

除 A3 规定者外，买方必须支付自按照 A4 规定交货之时起与货物有关的一切费用；及货物在运输途中直至到达约定目的地为止的一切费用，除非这些费用根据运输合同应由卖方支付；及卸货费，除非这些费用根据运输合同应由卖方支付；及如买方未按照 B7 规定给予卖方通知，则自约定的装运日期或装运期限届满之日起，货物所发生的一切额外费用，但以该项货物已正式划归合同项下，即清楚地划出或以其他方式确定为合同项下之货物为限；及在需要办理海关手续时，货物进口应交纳的一切关税、税款和其他费用，及办理海关手续的费用，以及从他国过境的费用，除非这些费用已包括在运输合同中。

A7　通知买方

卖方必须给予买方说明货物已按照 A4 规定交货的充分通知，以及要求的任何其他通知，以便买方能够为受领货物而采取通常必要的措施。

B7　通知卖方

一旦买方有权决定发运货物的时间和/或目的地，买方必须就此给予卖方充分通知。

九、DAF

（一）DAF 贸易术语的含义和规定

DAF 是指当卖方在边境的指定的地点和具体交货点，在毗邻国家海关边界前，将仍处于交货的运输工具上尚未卸下的货物交给买方处置，办妥货物出口清关手续但尚未办理进口清关手续时，即完成交货。“边境”一词可用于任何边境，包括出口国边境。因而，用指定地点和具体交货点准确界定所指边境，这是极为重要的。但是，如当事各方面希望卖方负责从交货运输工具上卸货并承担卸货的风险和费用，则应在销售合同中明确写明。该术语可用于陆地边界交货的各种运输方式，当在目的港船上或码头交货时，应用 DES 或 DEQ 术语。

A1　提供符合合同规定的货物

卖方必须提供符合销售合同规定的货物和商业发票或有同等作用的电子信息，以及合同可能要求的、证明货物符合合同规定的其他任何凭证。

B1　支付价款

买方必须按照销售合同规定支付价款。

A2　许可证、其他许可和手续

卖方必须自担风险和费用，取得任何出口许可证或其他官方许可或其他必要文件，以便将货物交经买方处置，并在需要办理海关手续时办理货物出口并运至指定的边境交货地点以及从他国过境所需的一切海关手续。

B2　许可证、其他许可和手续

买方必须自担风险和费用，取得任何进口许可证或其他官方许可或其他必要文件，并在需要办理海关手续时办理货物进口所需的一切海关手续，及后继运输所需的一切海关手续。

A3　运输合同与保险合同

a）运输合同

i)卖方必须自付费用订立运输合同,将货物运至边境指定的交货地点和具体交货点。如未约定或按照惯例也无法确定边境指定的交货地点的具体交货点,则卖方可在指定的交货地点选择最适合其目的的交货点。

ii)然而,若买方要求,卖方要以同意按照通常条件订立合同,由买方负担风险和费用,将货物从边境指定的地点继续运至由买方指定的进口国的最终目的地。卖方可以拒绝订立此合同,如果这样,应迅速通知买方。

b)保险合同

无义务。

B3　运输合同和保险合同

a)运输合同

无义务。

b)保险合同

无义务。

A4　交货

卖方必须在约定日期或期限内,在边境的指定的交货地点,将仍处于交货运输工具上尚未卸下的货物交给买方处置。

B4　受领货物

买方必须在卖方按照A4规定交货时受领货物。

A5　风险转移

除B5规定者外,卖方必须承担货物灭失或损坏的一切风险,直至已经按照A4规定交货为止。

B5　风险转移

买方必须承担按照A4规定交货之时起货物灭失或损坏的一切风险。如买方未按照B7规定通知卖方,则必须从约定的交货日期或交货期限届满之日起,承担货物灭失或损坏的一切风险,但以该项货物已正式划归合同项下,即清楚地划出或以其他方式确定为合同项下之货物为限。

A6　费用划分

除B6规定者外,卖方必须支付按照A3a)规定发生的费用,及除此之外与货物有关的一切费用,直至已经按照A4规定交货为止;及在需要办理海关手续时,货物出口需要办理的海关手续费用,及货物出口时应交纳的一切关税、税款和其他费用,以及按照A4规定交货之前从他国过境的费用。

B6　费用划分

买方必须支付自按照A4规定交货时起与货物有关的一切费用,包括在边境的指定的交货地点将货物从交货运输工具上卸下以受领货物的卸货费;及如按照A4规定交货而买方未受领货物或未按照B7规定给予卖方通知,因此发生的一切额外费用,但以该项货物已正式划归合同项下,即清楚地划出或以其他方式确定为合同项下之货物为限;及在需要办理海关手续时,办理海关手续的费用及货物进口时应交纳的一切关税、税款和其他费用,以及办理后继运输的费用。

A7 通知买方

卖方必须给予买方有关货物发往边境指定的交货地点的充分通知,以及要求的任何其他通知,以便买方能够为受领货物而采取通常必要的措施。

B7 通知卖方

一旦买方有权决定在约定期限内的时间和/或在指定的地点受领货物的点,买方必须就此给予卖方充分通知。

(二)DAF 使用中应注意的问题

"边境"一词,可以是出口国边境也可以是出口国边境,因此必须明确交货地点。这一术语适用于任何运输方式,但是通常用于公路或铁路运输货物的贸易。

十、DES

(一)DES 贸易术语的含义和规定

DES 是指在指定的目的港,货物在船上交给买方处置,但不办理货物进口清关手续,卖方即完成交货。卖方必须承担货物运至指定的目的港卸货前的一切风险和费用。如果当事各方希望卖方负担卸货的风险和费用,则应使用 DEQ 术语。只有当货物经由海运或内河运输或多式联运在目的港船上货时,才能使用该术语。

A1 提供符合合同规定的货物

卖方必须提供符合销售合同规定的货物和商业发票或有同等作用的电子信息,以及合同可能要求的、证明货物符合合同规定的其他凭证。

B1 支付价款

买方必须按照销售合同规定支付价款。

A2 许可证、其他许可和手续

卖方必须自担风险和费用,取得任何出口许可证或其他官方许可或其他必要文件,并在需要办理海关手续时办理货物出口和从他国过境所需的一切海关手续。

B2 许可证、其他许可和手续

买方必须自担风险和费用,取得任何进口许可证或其他官方许可,并在需要办理海关手续时办理货物进口所需的一切海关手续。

A3 运输合同与保险合同

a)运输合同

卖方必须自付费用订立运输合同,将货物运至指定目的港的指定的点。如未约定或按照惯例也无法确定具体交货点,则卖方可在指定的目的港选择最适合其目的的交货点。

b)保险合同

无义务。

B3 运输合同和保险合同

a)运输合同

无义务。

b)保险合同

无义务。

A4 交货

卖方必须在约定的日期或期限内,在指定的目的港按照 A3a)指定的卸货点,将货物于船上交给买方处置,以便货物能够由适合该项货物特点的卸货设备从船上卸下。

B4 受领货物

买方必须在卖方按照 A4 规定交货时受领货物。

A5 风险转移

除 B5 规定者外,卖方必须承担货物灭失或损坏的一切风险,直至已经按照 A4 规定交货为止。

B5 风险转移

买方必须承担按照 A4 规定交货之时起货物灭失或损坏的一切风险。如买方未按照 B7 规定通知卖方,则必须自约定的交货日期或交货期限届满之日起,承担货物灭失或损坏的一切风险,但以该项货物已正式划归合同项下,即清楚地划出或以其他方式确定为合同项下之货物为限。

A6 费用划分

除 B6 规定者外,卖方必须支付按照 A3a)规定发生的费用,以及按照 A4 规定交货前与货物有关的一切费用;及在需要办理海关手续时,货物出口需要办理的海关手续费用及货物出口时应交纳的一切关税、税款和其他费用,以及按照 A4 规定交货前从他国过境的费用。

B6 费用划分

买方必须支付自按照 A4 规定交货之时起与货物有关的一切费用,包括为受领货物所需要的货物从船上卸下的卸货费;及如货物按照 A4 规定交给买方处置而未受领货物,或未按照 B7 规定通知卖方,由此而发生的一切额外费用,但以该项货物已正式划归合同项下,即清楚地划出或以其他方式确定为合同项下之货物为限;及在需要办理海关手续时,货物进口所需办理的海关手续费用及应交纳的一切关税、税款和其他费用。

A7 通知买方

卖方必须给予买方有关按照 A4 规定指定的船只预期到达时间的充分通知,以及要求的任何其他通知,以便买方能够为受领货物而采取通常必要的措施。

B7 通知卖方

一旦买方有权决定在约定期限内的时间和/或在指定的目的港受领货物的地点,买方必须就此给予卖方充分通知。

(二)DES 使用中应注意的问题

DES 只适用海运和内河运输,卖方必须承担货物运至指定目的港的一切风险和费用,DES 风险转移的界线在目的港的船上,卖方要保证货物在规定的交货期内运达目的港。

DES 属于“到达合同”,而非“装运合同”。这一贸易术语以及下面的三种,虽然买卖双方均没有保险方面的强制性责任,但是,因为卖方承担着一直到进口国的码头或指定地点的风险,所以卖方应自行为这一段货物运输进行投保,以便转移风险。

十一、DEQ

DEQ 是指卖方在指定的目的港码头将货物交给买方处置,不办理进口清关手续,即完成交货。卖方应承担将货物运至指定的目的港并卸至码头的一切风险和费用。DEQ 术语要求买方办理进口清关手续并在进口时支付一切办理海关手续的费用、关税、税款和其他费用。如果当事方希望卖方负担全部或部分进口时交纳的费用,则应在销售合同中明确写明。只有当货物经由海运、内河运输或多式联运且在目的港码头卸货时,才能使用该术语。但是,如果当事方希望卖方负担将货物从码头运至港口以内或以外的其他点(仓库、终点站、运输站等)的义务时,则应使用 DDU 或 DDP 术语。

A1　提供符合合同规定的货物

卖方必须提供符合销售合同规定的货物和商业发票或有同等作用的电子信息,以及合同可能要求的、证明货物符合合同规定的其他任何凭证。

B1　支付价款

买方必须按照销售合同规定支付价款。

A2　许可证、其他许可和手续

卖方必须自担风险和费用,取得任何出口许可证或其他官方许可或其他文件,并在需要办理海关手续时办理货物出口和从他国过境所需的一切海关手续。

B2　许可证、其他许可和手续

买方必须自担风险和费用,取得任何进口许可证或其他官方许可,并在需要办理海关手续时办理货物进口所需的一切海关手续。

A3　运输合同与保险合同

a)运输合同

卖方必须自付费用订立运输合同,将货物运至指定目的港的指定码头。如未约定或按照惯例也无法确定具体码头,则卖方可在指定的目的港选择最适合其目的的码头交货。

b)保险合同

无义务。

B3　运输合同和保险合同

a)运输合同

无义务。

b)保险合同

无义务。

A4　交货

卖方必须在约定的日期或期限内,在按照 A3 规定指定的目的港码头上将货物交给买方处置。

B4　受领货物

买方必须在卖方按照A4规定交货时受领货物。

A5　风险转移

除B5规定者外,卖方必须承担货物灭失或损坏的一切风险,直至已经按照A4规定交货为止。

B5　风险转移

买方必须承担按照A4规定交货时起货物灭失或损坏的一切风险。如买方未按照B7规定通知卖方,则必须自约定的交货日期或交货期限届满之日起,承担货物灭失或损坏的一切风险,但以该项货物已正式划归合同项下,即清楚地划出或以其他方式确定为合同项下之货物为限。

A6　费用划分

除B6规定者外,卖方必须支付按照A3a)规定发生的费用,以及按照A4规定在目的港码头交货之前与货物有关的一切费用;及在需要办理海关手续时,货物出口需要办理的海关手续费用,及货物出口时应交纳的一切关税、税款和其他费用,以及交货前货物从他国过境的费用。

B6　费用划分

买方必须支付自按照A4规定交货时起与货物有关的一切费用,包括在港口搬运货物以便继续运输或存入仓库或中转站的一切费用;及如货物按照A4规定交给买方处置而未受领货物,或未按照B7规定通知卖方,由此而发生的一切额外费用,但以该项货物已正式划归合同项下,即清楚地划出或以其他方式确定为合同项下之货物为限;及在需要办理海关手续时,货物进口所需办理的海关手续费用以及应交纳的一切关税、税款和其他费用以及继续运输的费用。

A7　通知买方

卖方必须给予买方说明按照A4规定的指定的船只预期到达时间的充分通知,以及要求的任何其他通知,以便买方能够为受领货物而采取通常必要的措施。

B7　通知卖方

一旦买方有权决定在约定期限内的时间和/或在指定的目的港受领货物的点,买方必须就此给予卖方充分通知。

十二、DDU

(一)DDU贸易术语的含义和规定

DDU是指卖方在指定的目的地将货物交给买方处置,不办理进口手续,也不从交货的运输工具上将货物卸下,即完成交货。卖方应承担将货物运至指定的目的地的一切风险和费用,不包括在需要办理海关手续时在目的地国进口应交纳的任何"税费"(包括办理海关手续的责任和风险,以及交纳手续费、关税、税款和其他费用)。买方必须承担此项"税费"

和因其未能及时输货物进口清关手续而引起的费用和风险。但是,如果双方希望卖方办理海关手续并承担由此发生的费用和风险,以及在货物进口时应支付的费用,则应在销售合同中明确写明。该术语适用于各种运输方式,但当货物在目的港船上或码头交货时,应使用DES或DEQ术语。

A1　提供符合合同规定的货物

卖方必须提供符合销售合同规定的货物和商业发票或有同等作用的电子信息,以及合同可能要求的、证明货物符合合同规定的其他凭证。

B1　支付价款

买方必须按照销售合同规定支付价款。

A2　许可证、其他许可和手续

卖方必须自担风险和费用,取得任何出口许可证或其他官方许可或其他文件,并在需要办理海关手续时办理货物出口和从他国过境所需的一切海关手续。

B2　许可证、其他许可和手续

买方必须自担风险和费用,取得任何进口许可证或其他官方许可或其他文件,并在需要办理海关手续时办理货物进口所需的一切海关手续。

A3　运输合同与保险合同

a)运输合同

卖方必须自付费用订立运输合同,将货物运至指定目的地。如未约定或按照惯例也无法确定具体交货点,则卖方可在的目的地选择最适合其目的的交货点。

b)保险合同

无义务。

B3　运输合同和保险合同

a)运输合同

无义务。

b)保险合同

无义务。

A4　交货

卖方必须在约定的日期或交货期限内,在指定的目的地将在交货的运输工具上尚未卸下的货物交给买方或买方指定的其他人处置。

B4　受领货物

买方必须在卖方按照A4规定交货时受领货物。

A5　风险转移

除B5规定者外,卖方必须承担货物灭失或损坏的一切风险,直至已经按照A4规定交货为止。

B5　风险转移

买方必须承担按照A4规定交货时起货物灭失或损坏的一切风险。如买方没有履行B2

规定的义务,则必须承担由此而发生的货物灭失或损坏的一切额外风险。如买方未按照 B7 规定通知卖方,则必须自约定的交货日期或交货期限届满之日起,承担货物灭失或损坏的一切风险,但以该项货物已正式划归合同项下,即清楚地划出或以其他方式确定为合同项下之货物为限。

A6　费用划分

除 B6 规定者外,卖方必须支付按照 A3a)规定发生的费用,以及按照 A4 规定交货之前与货物有关的一切费用;及在需要办理海关手续时,货物出口需要办理的海关手续费用,及货物出口时应交纳的一切关税、税款和其他费用,以及交货前货物从他国过境的费用。

B6　费用划分

买方必须支付自按照 A4 规定交货时起与货物有关的一切费用;及如买方未履行 B2 规定的义务,或未按照 B7 规定做出通知,由此而发生的一切额外费用,但以该项货物已正式划归合同项下,即清楚地划出或以其他方式确定为合同项下之货物为限;及在需要办理海关手续时,货物进口所需要办理的海关手续费用以及应交纳的一切关税、税款和其他费用以及继续运输的费用。

A7　通知买方

卖方必须给予买方有关发运货物的充分通知,以及要求的任何其他通知,以便买方能够为受领货物而采取通常必要的措施。

B7　通知卖方

一旦买方有权决定在约定期限内的时间和/或在指定的目的港受领货物的点,买方必须就此给予卖方充分通知。

(二)DDU 使用中应注意的问题

这是 1990 年制订的一种贸易术语,它适用各种运输方式。为明确税负,可以使用 DDU 的变形 Delivered Duty Unpaid, Vat Paid(关税未付,增值税已付)。DDU 风险转移的界线为在进口国指定地点交由买方处置时。

十三、DDP

(一)DDP 贸易术语的含义和规定

DDP 是指卖方在指定的目的地,办理完进口清关手续,将在交货运输工具上尚未卸下的货物交与买方,完成交货。卖方必须承担将货物运至指定的目的地的一切风险和费用,包括在需要办理海关手续时在目的地应交纳的任何“税费”(包括办理海关手续的责任和风险以及交纳手续费、关税、税款和其他费用)。

EXW 术语下卖方承担最小责任,而 DDP 术语下卖方承担最大责任。若卖方不能直接或间接地取得进口许可证,则不应使用此术语。但是,如当事方希望将任何进口时所要支付的一切费用(如增值税)从卖方的义务中排除,则应在销售合同中明确写明。若当事方希望买方承担进口的风险和费用,则应使用 DDU 术语。该术语适用于各种运输方式,但当货物在目的港船上或码头交货时,应使用 DES 或 DEQ 术语。

A1　提供符合合同规定的货物

卖方必须提供符合销售合同规定的货物和商业发票或有同等作用的电子信息，以及合同可能要求的、证明货物符合合同规定的其他凭证。

B1　支付价款

买方必须按照销售合同规定支付价款。

A2　许可证、其他许可和手续

卖方必须自担风险和费用，取得任何出口许可证和进口许可证或其他官方许可或其他文件，并在需要办理海关手续时办理货物出口和进口以及从他国过境所需的一切海关手续。

B2　许可证、其他许可和手续

应卖方要求，并由其负担风险和费用，买方必须给予卖方一切协助，帮助卖方在需要办理海关手续时取得货物进口所需的进口许可证或其他官方许可。

A3　运输合同与保险合同

a）运输合同

卖方必须自付费用订立运输合同，将货物运至指定目的地。如未约定或按照惯例也无法确定具体交货点，则卖方可在目的地中选择最适合其目的的交货点。

b）保险合同

无义务。

B3　运输合同和保险合同

a）运输合同

无义务。

b）保险合同

无义务。

A4　交货

卖方必须在约定的日期或交货期限内，在指定的目的地将在交货运输工具上尚未卸下的货物交给买方或买方指定的其他人处置。

B4　受领货物

买方必须在卖方按照 A4 规定交货时受领货物。

A5　风险转移

除 B5 规定者外，卖方必须承担货物灭失或损坏的一切风险，直至已经按照 A4 规定交货为止。

B5　风险转移

买方必须承担按照 A4 规定交货时起货物灭失或损坏的一切风险。如买方没有履行 B2 规定的义务，则必须承担由此而发生的货物灭失或损坏的一切额外风险。如买方未按照 B7 规定通知卖方，则必须自约定的交货日期或交货期限届满之日起，承担货物灭失或损坏的一切风险，但以该项货物已正式划归合同项下，即清楚地划出或以其他方式确定为合同项下之货物为限。

A6 费用划分

除 B6 规定者外，卖方必须支付按照 A3a）规定发生的费用，以及按照 A4 规定交货之前与货物有关的一切费用；及在需要办理海关手续时，货物出口和进口所需要办理的海关手续费用，及货物出口和进口时应交纳的一切关税、税款和其他费用，以及按照 A4 交货前货物从他国过境的费用。

B6 费用划分

买方必须支付自按照 A4 规定交货时起与货物有关的一切费用；及如买方未履行 B2 规定的义务，或未按照 B7 规定做出通知，由此而发生的一切额外费用，但以该项货物已正式划归合同项下，即清楚地划出或以其他方式确定为合同项下之货物为限。

A7 通知买方

卖方必须给予买方有关货物发运的充分通知，以及要求的任何其他通知，以便买方能够为受领货物而采取通常必要的措施。

B7 通知卖方

一旦买方有权决定在约定期限内的时间和/或在指定的目的港受领货物的地点，买方必须就此给予卖方充分通知。

（二）DDP 使用中应注意的问题

DDP 是卖方承担义务最多的一种贸易术语，并且适用于任何运输方式。在十三个贸易术语中，DDP 是唯一由卖方办理进口清关手续的贸易术语，如果卖方不便直接或间接取得进口许可证，则不宜采用这一贸易术语，而应该采用 DDU，由买方办理进口手续。如果双方同意，也可排除卖方在进口时需支付的某些税费。例如，卖方不负责缴纳增值税，这时的贸易术语可写成：DDP Vat Unpaid。

第三节 贸易术语的选择

目前，应用最多的贸易术语仍为 CIF、CFR 和 FOB。随着各国经济发展水平的不断提高，特别是交通运输业的发展，与 CIF、CFR、FOB 相对应的适合各种运输方式的 CIP、CPT、FCA 三个贸易术语被选用的可能性也越来越大。

通过对 Incoterms 2000 贸易术语的介绍和说明可知，不同贸易术语买卖双方承担的风险和责任不同，要求的运输方式也不同。另外，由于各国与货物买卖相关行业的发展水平、贸易习惯和要求的不同，加之买卖双方本身的要求各异。因此，实践中贸易术语的选用具有很大的灵活性。

总的来说，在出口合同中选用 CIF 或 CFR 要比选用 FOB 更有利于卖方。这是因为在 CIF 条件下，国际货物买卖交易中涉及的三个合同，即买卖合同、运输合同和保险合同均由卖方作为当事人，这样卖方就可以根据具体情况统筹安排备货、装运、投保等事项，保证整个作业流程的相互衔接。同时，还有利于发展本国的航运业和保险业，为国家增加服务贸易收入。当然，这种选择也不是绝对的，出口商应视所交易商品的具体情况、安排运输有无困难、经济上是否合算等因素,来通盘考虑贸易术语的选择。例如,有的发展中国家希望发展自己的海洋运输业和保险业,这样就会要求本国的出口使用CIF,进口使用FOB。

在进口时,许多国家或地区有自己偏爱的一些贸易术语。例如,阿根廷通常愿意选择CIF、FOB和CFR,澳大利亚和美国偏爱FOB,法国和德国偏爱CIF,日本偏爱CIF、FOB和CFR,我国在进口时通常采用FOB和FAS。

进口合同中要慎用、少用CIF条件,特别是大宗货物的买卖。CIF条件一般适用于零星货物进口,尤其是国外装运港为偏远港口,我方无班轮停靠,或者国外运费水平比较低的情况。而且为保证进口货物的安全,应该在买卖合同中规定"卖方租用信誉好的船运公司承运买方的进口货物",以防止船运公司以补充燃料或者其他理由为借口,单方面决定"合理"停靠低价燃料港或途中拉拢其他客户,而耽误船舶的到港时间,给进口商带来额外的风险和损失。总之,在CIF进口合同中,由于卖方掌握着租船、订舱的主动权,若卖方委托资信很差的人租船订舱,甚至与船东勾结,必将给买方造成重大损失。

另外,贸易术语的选择通常还与其他合同条款相配合,例如支付方式。在采用托收或汇付中的货到付款等属于商业信用性质的收款方式时,卖方应该尽量避免采用FOB或CFR术语。因为在使用这两种术语的买卖合同中,办理货运保险不是卖方的义务,而是由买方根据实际情况自己办理。如果履约时市场行情对买方不利,买方会找出种种借口拒绝接收货物,并且有可能不为货物办理运输保险,这样一旦货物在运输送中遭遇风险就有可能使卖方货款两空。如果在不得已的情况下采用了这两种贸易术语,卖方应在当地投保卖方利益险。

思考题

1. 什么是国际贸易术语？如何在合同语句中使用贸易术语？举例说明。
2. 简述国际贸易术语的几次修改和变化。
3. 说明贸易术语的分类。
4. 列举出适用于海运及多式联运的几种贸易术语。
5. 简述FOB、CFR、CIF三种贸易术语的各种条款。
6. 简述贸易术语的选择原则。

参考文献

[1]张神勇.纺织品及服装外贸[M].北京:中国纺织出版社,2002.

[2]陈学军.服装国际贸易概论[M].北京:中国纺织出版社,2002.

[3]赵居礼.国际贸易[M].北京:机械工业出版社,2003.

[4]王明明.国际贸易理论与实务[M].北京:机械工业出版社,2003.

第七章　纺织服装贸易的准备与磋商

本章知识点

1. 出口贸易前期准备工作的内容。
2. 进口贸易前期准备工作的内容。
3. 纺织服装贸易的磋商程序及注意事项。

第一节　纺织服装贸易的准备

在纺织品服装贸易中，若要顺利地进行交易磋商并最终签订合同，无论是货物进口还是出口，进出口商都要做好交易前的各项准备工作。可见，贸易交易前的准备工作对交易能否达成起着重要的作用。

一、出口贸易的前期准备

对于纺织品服装的出口商而言，在交易前需要做充分的准备。准备的内容涉及出口工作的方方面面，而且都要认真细致地完成。但总体来讲，出口商在进行出口交易的磋商前，应着重完成以下几方面的工作：

（一）认真做好市场调查研究

要想实现出口商品的顺利销售，出口商必须广泛收集国外市场资料，进行深入的市场调研，了解各个市场的人口、气候、语言、度量衡制度，摸清消费者的购买能力与消费习惯、消费水平，以及本企业的产品在该市场是否适销、是否存在替代品、竞争状况如何、产品价格变动趋势、是否具有价格优势等问题。此外，还要详细了解市场所在地的进口管制、外汇管制及海关制度等情况，这样才有可能选择一个既适于商品销售，又能保证货款安全收回的销售市场。

对进出口商而言，国外市场中必然存在从未往来过的市场，也存在有交易经验的市场，前者称为新市场，后者称为旧市场。以下分别就新市场与旧市场的调查目的加以说明。

1. 市场调查的目的　由于国际市场瞬息万变，经常会受到各种内在及外在因素的影响，贸易经营者必须时刻关注并调查、分析国外市场的变化情况，注意其发展及变动的趋势。只有掌握最新资讯，方能稳操胜券。

（1）调查新市场的目的。对出口商而言，调查新市场的目的是希望能将产品销售到该市场。如果该市场从未有过同类商品的销售，则视为开发新市场，通常拟销售产品为新产品、专利产品或出口地的独特产品等。如果该市场已有同类商品的销售,则视为争取新市场,亦即将原属于他人的旧市场变成自己的新市场,通常情况下,拟销售的产品必须凭借较佳的品质、较低的价格、良好的售后服务等方面的优势才能取代原有的同类产品。

(2)调查旧市场的目的。对于有往来经验的旧市场,出口商仍需不断关注并分析其可能或者已经发生的变化,切实掌握消费者的需求,以便及时随时采取应变措施,避免遭受无谓的损失。对出口商而言,调查旧市场的目的是希望增加销售量、扩大产品的市场占有率、对抗竞争者、稳固产品的市场地位,或者重新调查市场,分析产品在市场失利的原因,以便重新拟定外销策略,恢复原有市场。

2. 市场调查的项目　国外市场的调查项目可分为两类:一类为一般调查项目,是指关于某市场的一般状况的调查;另一类为特殊项目调查,是关于拟交易商品在该市场的产销状况的调查。具体如下:

(1)一般项目调查。

①地理。比如位置、面积、气候、自然资源、地形等。

②人文。

a. 主要语言:官方语言、方言、对外贸易采用的语言。

b. 人口:总人口数、分布状况、人口规划、就业状况。

c. 宗教:宗教节日、宗教禁忌、宗教团体。

d. 收入:总收入、平均收入、增长速度、生活水准。

e. 教育:普及率、受高等教育的比率。

f. 风俗:特殊节日、消费者偏好、特殊禁忌(如颜色、图案等)。

g. 政治:体制、与我国的外交关系。

h. 城市:行政中心、工商业中心。

③交通。运输设施、主要干道、运费、通信方式、通信费用、通信设备。

④资源。产业结构、生产量、资源储藏量、开发程度。

⑤商业状况。商业习惯、公司商号数量及规模、供需季节、销售渠道、公会及相关机构、进出口统计、国际收支。

⑥经贸政策及法规。贸易管理法规、关税法规、外商投资法规、外汇管理法规等;司法的力量、法律模式的基础、对外国公民的保护程度等;专利法、商标法和著作权法等;国际协定(例如是否参加世界贸易组织)、征用法等。

⑦金融。通货种类、物价水平、外汇制度、汇率、利率、金融市场交易状况。

(2)特殊项目调查。

①该商品在国外市场的生产量、生产厂商名单。

②该商品在国外市场的进出口量、进出口厂商名单。

③该商品在国外市场的消费量、消费季节。

④当地产品的品质、价格、分销渠道、促销方法、交易条件。

⑤进口产品的品质、价格、分销渠道、促销方法、交易条件。

⑥该商品是否需要进口许可证,国内对该商品是否有出口限制。

市场调查的项目繁多,若是每一次调查时都针对各个项目逐一进行了解,不仅形成时间及金钱上的负担,甚至可能因为项目太多,反而不易掌握重点。因此,市场调查的项目除视商品种类而定外,亦应配合调查的目的,做到主次分明,重点突出。例如出口季节性非常强的纺织品服装时,必须充分调查国外市场的气候及变化状况。假如拟出口的国外市场竞争者众多,则应详细调查竞争者供应的品质、功能、规格、价格、分销渠道、促销手段等项目。

3. 市场调查的方法　市场调查的方法有两种:一种为搜集原始的初级资料(Primary Data),亦即自己实地调查、搜集而得的第一手资料;另一种为利用既有的次级资料(Secondary Data),亦即经他人搜集、整理的第二手资料。

初级资料的搜集方法有两种:一为自行调查,二为委托专业市场调查机构代为调查。贸易商自行调查常用的方法为采用电话、传真等通信方式调查或委派人员出国访问。对于通信调查来说,调查项目不宜过多,而且调查的对象最好曾有往来,否则不易获得正确可靠的资料;出国访问调查则宜于调查多个项目,对较重要事项亦易于获得正确详实的资料,但其花费较通信调查为高。如何选择合适的调查方式,出口商应根据调查的目的自行斟酌。至于委托专业机构调查,其效果较好,但成本较高,非一般中小规模的贸易商所能负担,通常仅限于规模大的进出口商采用。

通常情况下,出口商是对搜集的现成的次级资料加以分析和研究而进行市场调查的。由于次级资料的来源广泛,搜集比较容易,而且大多已经过整理,只要再花一些时间重新整理分析,即可获得满意的结果。但有的基于特殊的调查目的,例如某类商品的品质、价格、付款条件、供需数量、促销方式、潜在竞争者等,经常因为次级资料不易搜集或不够完整,而必须由贸易商自行或委托专业机构进行实地调查。

次级资料的来源甚广,凡报纸杂志、年鉴、手册、学术研究报告,或是各官方、民间机构等发行的报告、统计资料、调查报告皆为次级资料的重要来源,除此之外,互联网亦提供了大量的市场资讯。

另外,搜集国际商情资料必须持续地、不间断地进行,只有长期坚持下来,才能具有对市场敏锐的观察力及判断力。

(二)选择合适的销售市场和交易对象

由于交易对象关系到贸易合同能否顺利履行,所以在具体进行交易磋商前,一定要合理选择交易对象。出口商通过与客户的直接接触,或通过政府机构、银行、商会、咨询公司等多种渠道全面了解客户的政治背景、政治态度、资信状况及其经营范围、经营能力、经营作风,从而选择政治上友好、资信状况良好、经营能力较强的客户作为交易对象,并与之建立稳定的贸易关系。另外,出口商还要注意不断扩大客户的范围,尽量避免因对少数客户的过分依赖而使自己处于被动的局面。

1. 寻找客户的渠道　出口商在经过市场调查之后,即可选定符合理想的市场,再从这个市场寻找适合的交易客户,以便进行交易。寻找客户的渠道主要有:

(1)自行寻找。

①参加商展。国内外经常会定期举办各种类型的商展,出口商可通过外贸商会或其他相关机构获得消息、参加展出,与国外买主直接洽谈;进口商亦可通过参观商展比较各厂商提供产品的品质及价格,进而选择最佳客户,这是一种有效的渠道。

②派员出国。公司派员常驻国外或出国访问,直接寻找客户,除了可发掘潜在的客户以外,还可以当面洽谈,这是一种最有效的方法。

③利用设在国外的贸易中心展出产品。我国在世界各地的重要经贸地区都广泛设立了贸易中心,厂商可提供样品陈列,吸引买主注意,也是一种值得利用的方法。

④在国内外贸易专业期刊上刊登广告:国内外有许多贸易专业期刊,发行范围甚广,在这类期刊上刊登广告,同样也可以招揽国外买主。

⑤利用国际互联网。厂商可在国际互联网上建立主页、刊登广告、展示自己产品的目录,拓展知名度,也可在网络上找寻适当的交易对手。

(2)通过第三者介绍。

①通过本国驻世界各地的大使馆、领事馆及其他驻外单位介绍。为发展贸易,本国驻各国的大使馆、领事馆及政府机构驻外单位、商务办事处等均负有促进经贸关系的责任,可请其协助推荐客户。

②通过外国驻本国的大使馆、领事馆及其他外国驻外单位介绍。各国驻外大使馆、领事馆等单位掌握有完整的厂商资料,请其代为介绍,往往可收到事半功倍的效果。

③通过往来银行介绍。可通过往来银行,转请其国外同业介绍当地客户。银行的这项服务,通常不收取费用,并且经由银行推荐的客户,财务状况都较为健全可靠。

④通过国外进出口商会等机构介绍。以邮寄方式函请这些机构代为介绍,手续简单,是国外经常采用的方法。

⑤通过国外亲友或往来客户介绍。

(3)利用现成客户名单寻找。

①依据国外工商名录,去函联络。这类工商名录往往每年更新一次,进出口商要注意所采用的是否为最新版本。

②依据贸易专业期刊上的广告,去函联系。国外所发行各专业期刊上经常有国外客户刊登广告,可选择适当的对象,进行联络。

③依国内各贸易相关机构所发布的贸易机会,发信联络。国内贸易推广机构经常收到国外客户主动洽询的函电,或是驻外单位传回的贸易机会,进出口商可利用这些机构所发布的贸易机会与对方联系。

④与来函的国外客户联络。国外进出口商通过我驻外单位的介绍,或是通过专业期刊上的广告,或是利用国内工商名录,获知我方而主动来函洽询,这种机会亦值得把握。

⑤与来访国外客户洽谈。国外客户往往以组团或个别方式从事商务考察访问,进出口商可利用相关刊物或新闻媒体的报道,主动与客户约谈。

⑥通过国际互联网。通过国际互联网上所公布的贸易机会、厂商刊登的广告,寻找适当的交易伙伴。

总之,寻找客户的渠道有很多,每一种途径所需的成本及所得到的效果也都不一样,进出口商应该依据交易商品的种类、目标市场的特性、资料取得的难易以及自身预算的多少,选择几种可行的方法加以采用。

2. 寄发招商函电　经由各种渠道找到可能的客户后,即应进行详细记录,以便发出招商函,提议建立业务关系,简要说明交易条件,并提供信用查询的备询人。出口商主动寄发的招商函,往往另附价格单、商品目录,甚至另寄样品,以供客户参考。

(1)价格单,简称 P/L,是记载货物名称、规格及参考价格的文件。国际贸易上所使用的价格单并无固定的标准格式,有的贸易商为方便国外客户订货,并减少函电往来的麻烦,甚至将交货、付款、检验等条件一并记载于价格单中。由于价格单上所列价格仅作为对方参考之用,卖方需要根据市场情况的变动调整价格单上的价格。为避免误解与纠纷,出口商往往在价格单上以下列文字提醒对方注意:

The above prices are subject to our final confirmation.

上列价格以我方最后确认为准。

Estimations made on this price list are not firm offers, but merely give you the idea of current price level.

本价目表上估算的价格并非确定报价,仅供贵公司对于现行价格的参考。

According to the market fluctuation, the acceptable prices shall be changed without notice.

随市场的变化,可接受价格亦随之改变,不另行通知。

(2)商品目录,是卖方提供客户参考的宣传印刷材料,载有品名、价格、式样、规格,并附上图样或照片,以提高买主对商品的了解及兴趣。其中,附有图样或照片者,称为图片目录(Illustrated Catalog);若仅有文字说明者,称为说明目录(Descriptive Catalog)。

(3)样品,卖方为使客户对于商品的品质、形状或功能等有清楚的了解,在商品体积及重量不大,且单价不高的情况下,往往连同招商函一并或另行寄上一些样品给对方。

(三)资信调查

1. 资信调查的目的　在寄发招商函之后,若对方回复表示愿意建立交易关系,则在双方进行交易之前,应先做好资信调查。资信调查的目的,在于了解对方的资信,以作为日后交易的参考。国际贸易的买卖双方相隔遥远,交易的风险本来就很大,尤其有些不良进口商本无诚意购买,专门以索取样品为业;有些则在交易中预设陷阱,等待对方违约后,再提出索赔要求,以赚取赔偿金为目的,诈骗手法极为恶劣,即使双方约定以信用证作为付款方式,仍不免会发生买方伪造信用证、迟开信用证、开立与契约条款不符的信用证,或者挑剔单据瑕疵拒付等。此外,就进口商而言,在开立信用证后,卖方拒不交货、交货迟延、交货不符,甚至伪造单据骗取货款,都可能造成交易损失。因此,为减少交易风险,促进交易顺利进行,并防止恶意的索赔,双方在进行正式交易前,应先做好资信调查。许多较具规模的贸易商都严格要求对客户的资信调查,并依据资信程度决定不同的交易资信额度。

2. 资信调查的项目 资信调查主要在于分析对方的资信程度。不同的公司或专业调查机构所制定的评定标准之间存在差异，一般在从事资信调查时应掌握的重点原则为调查对象的信用特征（Character）、经营能力（Capacity）以及资本（Capital）。

（1）信用特征（Character）。品格良好，具有商业道德的贸易商，通常都能根据合同约定履行义务，不会任意违约，即使遭遇意外状况，履约不易，甚至遭到损失，也都能顾及对方权益，不轻易违约或提出索赔。反之，若对方是一个经常毁约，不遵守承诺，甚至时常与人发生商业纠纷的贸易商，最好避免与其往来，以免遭受意外损失。

（2）经营能力（Capacity）。经营能力强的贸易商，对于交易上有关的专业知识及交易技术均有相当的认识与了解，进行交易时自然较为顺利。一般而言，经营历史较久，经验较丰富的贸易商，其经营能力也比较强，寻找交易对手，自应选择能力强的。

（3）资本（Capital）。资本雄厚与否关系到买方的付款能力以及卖方的备货能力。若是对方资本不足，纵有良好的商业道德及经营能力，进行交易时仍难免力不从心，倘若有雄厚资本为后盾，必然能够使交易的进行更加顺利。

以上所述，是在做资信调查时的基本重点，在实际进行时，应对以下各具体项目进行调查：资本额（Capital），创业时间（Year of Establishment），组织形式（Form of Organization），营业性质、经营商品项目（Line of Business），员工人数（Number of Employee），总股份数、主要股东的股份数及其职务，过去三年营业额（Business Volume in the Past Three Years），主要经营人员背景及能力（Top management people），与银行的往来情况，过去三年的获利情况（Profit/Loss in the Past Three Years）。

3. 资信调查的方法 虽然资信调查是在进行交易之前的重要步骤，但是由于贸易商本身业务繁忙，且资信资料取得不易，如果专门设立资信调查部门，负责实地的资信调查，则经济上负担沉重，因此，一般的做法是依据相关机构所提供的现成资料，加以分析研究。通常取得资信资料的渠道有：

（1）往来银行。贸易商可以委托往来银行转请其国外分行或往来银行提供国外客户的资信资料，一般设有国际部或资信调查部门的银行，都设有专门负责资信调查的人员，并与国外分行或往来银行保持密切的联系，提供客户资信调查的最新资料。银行提供的资料包括对方的资本额、创业时间、组织形式、营业性质、经营商品项目、负责人姓名、与银行往来的情况以及银行的综合意见。

（2）银行备查（Bank Reference）。根据对方所提供的往来银行名称、去函要求提供资信资料。这种方法与上述请往来银行代为调查的方法使用较多，主要原因在于银行提供的资料重点介绍该客户与银行往来的财务状况，是最具参考价值的资信资料。

（3）商号备查人（House Reference）。商号备查人是指对方所提供的曾与其有过交易的商号。商号备查人提供的资信资料，一般认为仅具有补充的参考价值，主要是因为商号备查人仅能提供与调查对象的交易往来经验，有时甚至基于交易关系的情谊，对其资信状况，提供多有所保留。

（4）对方国家的相关机构。对方国家的进出口商会等机构，可提供调查对象的一般资信资料，例如资本额、创业时间、组织形式、负责人姓名、营业项目、员工人数等，但其财务状况则不一定能提供，因此，仅凭这些资料，不足以评定其资信。

(5)本国驻外单位。应本国贸易商的要求，驻外单位将尽力协助提供所需的国外客户资信资料。

(6)专业资信调查机构。倘若出口商需要更为详尽的资信资料，可以付费委托国内外专业的资信调查机构(Credit Agency)代为调查。

(四)制订出口商品经营方案

在完成相应的市场调查和资信调查之后，出口商就要着手指定出口商品经营方案。出口商品经营方案是出口商对外洽商交易的依据，它实际上就是出口商在一定时期内对外推销某种或某类商品的具体安排。

出口商品经营方案的主要内容包括国内货源情况，国外市场情况，有关国家和地区的进口管制和关税情况，对其他国家和地区出口计划的初步安排，对客户、贸易方式、运输方式、收汇方式的选择，对价格与佣金的掌握以及对出口经济效益的核算。另外，还要对出口过程中可能遇到的问题做出估计，并提出解决关键问题的方法。

在出口商品经营方案中一定要尽可能地对商品出口的经济效益进行核算。各种经济效益指标有助于出口商判断出口是否可行，从而决定是否出口、出口多少以及如何掌握出口商品价格。核算中最常用的两个指标是出口盈亏率与出口换汇成本。出口换汇成本越高，出口商品的盈利率越低或亏损率就越高；而如果换汇成本降低，则出口盈利率提高或亏损率降低。

出口商通过对同类商品不同时期出口盈亏率和换汇成本的比较，可以改进经营管理；而通过对同类商品出口到不同国家和地区的出口盈亏率与换汇成本进行比较，则可以更好地选择市场。

在国际货物贸易中，对大宗或重点推销的商品，出口商通常要逐个制订经营方案，对一般商品只需按大类制订经营方案，而对一些中小商品或成交额不大的商品，制订简单的价格方案即可。

(五)做好出口商品的广告宣传

对于出口的纺织品服装，出口商一定要做好产品的广告宣传工作。宣传工作可以委托国外的代理人或广告商来做，也可以自己亲自通过广播、电视、报刊等大众传播媒介，或者通过举办展览、印发宣传品等各种方式，将产品的用途及突出特点介绍给特定市场上的消费者，力求加深消费者对商品的印象，扩大产品的国际市场份额。

(六)根据出口商品的经营方案，细化具体问题和操作步骤

对于进出口商来说，在完成市场调查、寻找客户、资信调查等工作之后，便可与对方约定交易磋商的时间和地点进行谈判，以便商讨和确定具体的交易事项，比如商品的品质、价格、包装、数量、运输、保险等一系列的交货条件。而在谈判之前，对于进出口商双方都必须做好充分的准备工作，也就是要将进行的工作进一步细化为可具体执行和操作的步骤。一般来讲，国际纺织品服装贸易谈判过程包括：谈判准备阶段，实际谈判阶段及谈判签约阶段，其中最关键的是谈判准备阶段。谈判的准备阶段是谈判人员搜集谈判信息、分析谈判项目、制订谈判计划的过程。实际谈判阶段是贸易条件交换过程,包括一方当事人发出要约,另一方当事人承诺或反要约的过程。谈判签约过程是以书面方式确定谈判结果,正式签订合同的过程。

谈判准备过程是由多个工作环节构成的,前期工作包括谈判人员的知识与能力准备、谈判前的信息收集、谈判目标的设定、确定谈判的争议点、评估当事人之间的优劣势、分析市场及预测对方的谈判底线与初始报价、考虑双赢的结果。在此基础上,考虑本企业的谈判底线与初始报价,明确谈判的战略与战术,最后决定谈判的议程和交流方式。谈判准备过程是赢得谈判成功的关键。

1. 谈判人员的知识与能力准备 外贸谈判人员首先需要有商业知识,包括纺织品服装的商品知识、国际货物运输知识、国际商务业务知识、运输与财产保险知识、外汇与金融知识等,需要了解我国及进口国纺织品的产品政策和进出口政策、纺织品检验和标准化规定、外汇管理制度与政策等。其次,需要培养良好的心理适应能力、控制能力、协商能力、制订计划的能力、分析能力、沟通能力、容忍激烈或模棱两可的措辞能力和创造性解决问题能力。同时,谈判人员也应该准备从事商业活动必要的工具,如商船录、价格表、公司介绍、名片、记事簿、笔、计算器、订货单和销售确定书等。

2. 谈判前的信息整理和细化 众所周知,信息是影响谈判的决定性因素。结合前面所进行的市场调查,谈判之前必须将所获得的信息细化为具体的问题。只有这样,才能做到谈判时知己知彼,百战不殆。需要重点准备的资料有:

(1)企业的目标市场是什么,企业的利益点在什么地方。

(2)公司有关的资料,包括公司的发展历史、组织人事、主要业绩、企业的经营哲学、企业文化等反映企业情况的信息。

(3)明确什么是公司的唯一卖点(Unique Selling Point),知道公司在市场中的竞争优势。

(4)企业提供的产品或服务是否有创新或和他人不同。

(5)回顾企业的销售记录与文献,了解企业出口商品在客户所在地市场上的历史销售量,客户历史上的采购量。

(6)企业的竞争对手是否也有出口。

(7)详细列出每个参加谈判的客户或合作伙伴的企业性质、经营范围、经营能力、技术支持能力、商业信用以及与众不同的特点等情况。

(8)本企业的国外竞争者是否将类似产品销售到客户所在的市场。

(9)国外竞争者的产品是否已经进入中国国内市场。

(10)本企业的国内客户是否向目标市场出口本企业的产品。

3. 设定谈判目标 谈判目标可分为基本目标与期望目标两种。基本目标是指谈判必须达到的有形或无形的目标,基本目标是评价谈判是否成功的关键,没有达到基本目标的谈判,只能是一个失败的谈判。期望目标是在谈判中尽力追求的目标,它是企业通过谈判而获得的额外利益,期望目标是评估谈判满意感的指标,期望目标达到越多,对谈判成功的满意感就越大。谈判人员在设计谈判目标时需要考虑的问题是:本次谈判是以竞争性为主,还是以合作性为主;本次谈判是短期的合作还是长期的合作;谈判有几个目标,目标之间是否存在相互冲突;谈判目标是否具体明确,是否可以量化表示;谈判目标是否有可行性、操作性,能否表现在具体的合同条款之中。

4. 确定谈判的争议点　争议点是指当事人之间可能存在利益冲突的地方。谈判人员应该确定每项谈判的争议点在什么范围,对方会如何定义这些争议点。确定争议点的目的是为把握谈判的主动权、确定可以讨价还价的空间、明确双方对争议点的界定,以便通过交换与让步解决实际问题。

5. 评估自身的优劣势　评估优劣势的作用是了解对方参与此交易的目的,了解对方在谈判中的优势,减少或消除本方的劣势。确定企业是否具有优势时,可以先考虑如下问题:

(1)本企业的主要利益在什么地方。

(2)本企业的纺织与服装产品是否受市场欢迎。

(3)企业在处理有关产品、交易等方面的效率如何。

(4)企业处理与操作订单的程序与效率如何。

(5)企业是否有良好的技术支持、售后服务支持。

(6)企业的形象、产品促销宣传是否良好。

(7)对方的主要利益是什么。

(8)对方对此谈判的诚意如何。

(9)对方的真正需要是什么。

如果回答了上述问题,企业就容易明确自己的位置。优劣势的分析可使出口企业在谈判中为自己创造更多的优势,消除或弥补自己的缺点或使对方处于劣势。

6. 分析市场　分析市场是在营销调查基础上,对具体谈判对手的市场特征作进一步分析。分析市场要考虑市场特点、商业惯例和谈判习惯,了解对方对有关产品或服务的市场价值的估计,同时评估这些因素对产品出口的潜在影响。分析市场中的主要问题是:

(1)本企业出口的纺织品服装是否已经有现存的市场,现存的和潜在的顾客是谁。

(2)这些产品的市场是如何发展的,其发展趋势如何。

(3)在这个市场中谁是我们的竞争者,竞争者有什么优势和劣势。

(4)本企业出口的产品在当地的市场价值是什么。

(5)谈判对手和当地市场如何评价本企业的产品和服务的价值。

(6)本企业进入这个市场有什么障碍和问题,如市场客户与消费者、技术及条件、各种政策与法律、地区消费习惯和文化、商业做法与惯例等在多大程度上会影响本次谈判。

(7)在这个市场中最佳的销售方式是什么。

(8)在这个市场中最佳的谈判方式是什么。

7. 预测对方谈判底线与初始报价　此步骤是综合判断对手的谈判策略与战术。它需要运用想象力,较准确地估计对方的底价及初步报价。谈判底线是指谈判的基本目的及最低的交易条件,初始报价是指谈判开始时提出的最初交易条件。对进口商而言,价格的谈判底线是购买纺织品服装最高可接受的价格,其初始报价则是指向出口商第一次开出的价格,是可能成交的最高价格。多数企业在评估对方的成交条件时总是考虑底线在什么地方,而忽略了对方的初始报价,不能从总体上评估对方的成交条件。事实上,谈判底线和初始报价构成了一个谈判的区间,判断与评估这个区间对取得谈判成功至关重要。

8. 考虑双赢结局　现代商务是强调竞争与合作的活动。出口企业在制订谈判计划时应该首先争取双赢的结果,即双方都能获利。传统的商务谈判使用的是竞争模式,一方获得利益,必然是另一方有所损失。但是这种谈判模式会影响企业形象,失去多数客户,最终损害企业获利,阻碍企业进一步发展。以双赢思维方式谈判可以促进企业与其商务伙伴的互相信任,相互获益,维持和开发市场,与商业伙伴共同发展。制订双赢模式时可以考虑:什么可以导致本企业获利,而对方因此又不受损失;什么可以导致双方都获益。

9. 确定本企业初始报价与谈判底线　完成上述步骤后,需要确定企业在进出口谈判中的初始报价和谈判底线。出口企业在设计初始报价与底线之间要有一定的差距,要设定在对方的谈判底线之上,但又不能太高。这样本企业有让步的余地,又可避免初始报价过高,而谈判不成。设定谈判底线是帮助谈判者判断谈判是否完成的指标。任何低于谈判底线的报价或交易条件,本企业都应给予拒绝。如果谈判中涉及多项争议点,如产品质量、交货日期、成交价格、售后服务等,则需要对每个争议点设定初始报价与谈判底线。

10. 明确谈判的战略与战术　谈判战略是指导谈判的综合方法,谈判战术是指实施谈判战略的具体手段。谈判战略包括不让步、让步和问题解决战略等。不让步战略是指将初始报价定为谈判底线,一旦报出价格后就不让步,这是最强硬的谈判战略。让步战略是指初始报价定高于谈判底线,在谈判过程中给予对方让步,让步可以在对方要求时做出,也可以首先让步,选择让步战略时需要考虑让步与交换的条件。问题解决战略是将一项谈判作为解决问题的方式,通过对谈判问题的定义,分清双方的单独利益和共同利益,最终解决谈判中的实际问题。本企业事先预测对方的战略战术有助于采用相应的战略战术对策。

11. 决定谈判的议程和交流方式　这一步是确定进出口谈判的具体活动。一般涉及的问题是:

(1)企业本次谈判的主要内容是什么。

(2)企业谈判前首先需要提出什么先决条件。

(3)本次谈判什么时间举行,谈判日程如何,谈判的最后期限是什么。

(4)企业派谁参与谈判,是一个人谈判,还是小组谈判。

(5)企业选择在什么地方谈判,是在本企业所在地,还是在对方企业所在地,或是在其他地方。

(6)企业用什么方式谈判,是书面谈判,电话谈判,网上谈判,还是面对面谈判。

二、进口贸易的前期准备

进口与出口是同一事物的两方面,不论交易是否由进口商或出口商主动发起,在交易前的准备手续方面，进口与出口都大致相同，都必须经过市场调查、寻找客户、资信调查等步骤，但所进行的具体内容和侧重点不同。以下将就纺织服装进口贸易交易前的准备工作做简要介绍。

（一）做好充分的市场调查工作

进口商拟从国外进口货物，必须先做市场调查，以了解哪一国可供应拟进口的商品，哪一国供应的商品品质较佳、价格较低等。同样地，对于进口商的市场调查也可分为新市场和旧市场两种：

对进口商而言，调查旧市场的目的在于了解旧市场的变动，例如供应商的增减、供应品质的变化、供应价格的涨跌、供应数量的增减等情形，充分掌握当地的商情，以便采取有效的应对策略；而调查新市场的目的，则是希望能够了解有哪一个市场可供应拟进口的商品，哪一个市场供应的商品品质较优而价格较低，以及该市场的供应季节与数量如何等，以寻求最有利的市场。

关于市场调查的项目，也包括一般调查项目和特殊调查项目两种。对于一般调查项目，进出口商基本相同，不同的是特殊调查的项目。对于进口商而言，需要进行以下内容的特殊调查项目：该商品的供应国家、供应数量、供应季节、供应厂商名单；该商品的品质、价格、包装、设计；供应国过去及目前出口地区、数量、价格；供应国对该商品有无出口限制，国内对该商品是否有进口限制；国内同业的进口品质、价格、数量、交易条件；国内目前及潜在消费者及消费数量；国内市场该商品的价格及行情变动情况；进口税率及其他相关费用。

至于市场调研的方法两者基本相同，只需根据具体的情况，考虑时间、精力以及资金的许可程度，选择恰当的方法即可。

（二）选择合适的采购市场与供货商

在市场调查之后，进口商即可根据所获得的资料分析比较，选定较理想的市场，再从这个市场中寻找合适的国外出口商以便进行交易。进口商在选择采购市场时，应对不同可供货的国家和地区生产技术与工艺的先进程度及产品的性能进行比较，以便选择购买能满足我国需要、适合我国技术条件、价格合理的商品。选择供货商与选择出口交易对象的原则是相同的，但应特别注意对方所提供的商品是否先进、适用，交易条件是否对我方有利。

（三）资信调查

在尚未进行交易磋商之前，进口商也应该调查出口商的资信状况，因为这直接影响到日后货物能否保证及时供应、所供应货物的质量以及其他的相关事宜。那些资信不佳的出口商，往往交付劣货，甚至伪造单据骗取货款，使进口商遭受损失。因此，选择资信良好的交易对手，对进口商来说也是相当重要的。

（四）制订进口商品经营方案

进口商品经营方案是进口商对外采购商品的主要依据，是对一段时期内进口业务的具体安排。凡是要进口大宗或重要的商品，一般都要提前制订进口经营方案，根据商品的特点、国内要货情况、国际市场价格走势及进口企业的资金情况，适当安排订货数量、交货时间、采购市场、供货商、贸易方式，并对价格及其他交易条件做出初步规定，还要对进口经济效益进行核算。如果因为掌握资料有限,难以在交易开始之前订出完整的进口经营方案,也可以在交易磋商的过程中制订或完善该方案。对中小商品的进口,一般只制订一个比较简单的价格方案。

需要注意的是,有些商品的进口是受政府管制的,必须先从有关机构取得进口许可证,方能办理有关进口手续。另外,如果国内用货企业还没有自营进口的权利,则它们必须先与有进口经营权的企业签订代理进口的合同,由后者代其进口所需货物。

(五)根据进口商品的经营方案,细化具体问题和操作步骤

关于进口商需要做的工作与出口商的做法基本相同,这里不再赘述。

第二节　纺织服装贸易的磋商

在完成交易前的准备之后,进出口双方便可着手纺织品服装贸易的磋商、洽谈以及合同的签订。纺织品服装销售合同的签订是国际纺织品服装买卖的首要环节,一般都要经过多次洽商才能达成交易。在进出口业务中,要根据国家方针政策和经营意图,按照国际市场上通常使用的方式同国外客户进行交易洽商。国际纺织服装贸易与其他商品贸易一样,合同的交易磋商程序大致可分为四个环节:询盘、发盘、还盘和接受,其中发盘和接受是必不可少的两个基本环节。

一、询盘

询盘(Inquiry)又称询价,是指进出口一方向另一方发出的询求购买或销售该产品交易条件的表示。在法律上询价是邀请另一方提出要约,无法律约束力,因而被称为“要约邀请”(Invitation for Offer)。进口商询价后无购买货物的义务,出口商询价后无出售货物的责任。但是在交易习惯上,应该避免出现只询价不购买或不售货的现象。

询盘的内容可涉及价格、规格、品质、数量、包装、装运以及索取样品等,而多数只是询问价格。询盘依据发出人的地位不同,可分为两种:第一种是买方发出询盘,也称“邀请发盘”(Invitation to Make An Offer)。例如:“Please quote us your lowest prices of FOB London for the following goods at the earlist delivery ______”(请报以下商品伦敦装运港船上交货的最快交货期的最低价:______)。第二种是卖方发出询盘,也称“邀请递盘”(Invitation to Make A Bid)。例如:“We can supply the following goods with shipment in July. Please fax us if you are interested”(我方可供应以下商品,7月份交货。如有兴趣,请致传真)。

在国际贸易业务中,发出询盘的一方叫询盘人,收到询盘的一方是被询盘人。询盘只是邀请对方发盘的一种意思表示。询盘并非交易的必经步骤,也不一定是为了达成交易,在某些特定情况下,买方可能直接收到卖方的发盘,或直接向卖方发盘。但一般来说,询盘往往是一笔交易的起点。所以在询盘阶段应注意以下问题:

(1)询盘对象的多少要根据商品和交易的特点来确定,既不宜只局限于个别客户而无法进行比较,也不宜在同一地区多头询盘,影响市场价格。同时,对外询盘的时间不要过于集中,以免给对方留下急于交易的印象,使得在后面的磋商环节中处于不利地位。

(2)在布置询盘时,要注意策略。一般地,询盘的内容既要为客户报盘提供充分的信息,又要防止过早透露采购数量、价格等,以防被客户摸到底细。对于采用书面方式做出的询盘,还应注明编号以加速国外复电、复函的传递,并力求详细说明应报商品品种、规格、型号、技术要求,以免商品不符合要求。

(3)对接到的询盘应予以重视,并做出及时和适当的处理。每一个询盘都意味着一个可能带来长期合作关系的机会。作为被询盘的一方,应对接到的询盘及时予以回复,即使无法立即报价,也应该及时告知询盘人,以表示对对方的尊重,并显示自己的效率与诚意。

(4)询盘虽然对双方无法律上的约束力,但在实际业务中也要避免做没有诚意的询盘,以防影响到企业的声誉。此外,由于交易的达成是双方在询盘的基础上多次磋商的结果,因此若履约时双方发生争议,原询盘的内容也会作为磋商成交文件的不可分割部分而成为处理争议的依据。

(5)出口商应对进口商的资信状况、财力以及对方国家的进口障碍等做充分的调查,进而根据调查结果决定是否询盘或接受来自进口商的询盘,与对方开展贸易往来。

二、发盘

发盘(Offer)又称报盘、报价、发价、要约,是指交易的一方向另一方提出一定交易条件,并愿意按照提出的交易条件达成买卖该项货物的交易,签订合同的一种口头或书面的表示。《联合国国际货物销售合同公约》(以下简称《公约》)第14条对发盘的定义为:"向一个或一个以上特定的人提出的订立合同的建议,如果十分确定并且表明发盘人在得到接受时承受约束的意旨,即构成发盘。一个建议如果写明货物并且明示或暗示地规定数量和价格或规定如何确定数量和价格,即为十分确定。"

在实际进出口交易中,发盘多是由卖方在收到买方的询盘后做出,也可由卖方未经买方询盘而主动发出,这种由买方做出的发盘称为"售货发盘"(Selling Offer)。

例如:We have received your fax of July 15th, inquiring for... and take pleasure to offer as follows...

我方已收到贵方7月15日发来的询问××商品的传真,我方现报盘如下……

买方也可以在收到卖方的邀请后做出发盘,或不经卖方邀请而直接发盘,这种由买方向卖方做出的发盘称为"购货发盘",或称"递盘"。

例如:Our clients have carefully tested the samples sent to us on 8 April and are much interested. Now bid as follows...

我方客户已详细测试了你方4月8号寄送的样品,很感兴趣,现递盘如下……

发盘对发盘人具有法律约束力,表现为发盘一经受盘人有效接受,合同即告成立,当事人双方即受到法律的约束。

(一)发盘应具备的条件

根据《公约》的定义,可以看出一项发盘的构成必须具备下列4个条件:

1. 向一个或一个以上的特定人发出　发盘是由发盘人向受发盘人(Offeree)发出的。因此,这里所谓特定的人是指受发盘人须为特定人,即发盘人在发盘时必须指明收受该项发盘的公司、企业或个人的名称或姓名。这项规定的目的是把刊载普通商业广告或向广大公众散发商品目录(Catalogues)、价目表(Price List)等行为与发盘区别开来。

2. 发盘的内容必须十分确定　所谓十分确定(Sufficiently Definite)是指必须符合《公约》所提出的最低限度的要求。《公约》认为,一项关于订立合同的建议,如果包含了以下三项内容,即符合"十分确定"的要求:

(1)载明货物的名称。

(2)明示(Expressed)或默示(Implied)地规定货物的数量或规定如何确定数量的方法。例如,在发盘中可以明确规定"椰子油1000公升"等。但也可以不规定具体的数量,而只规定某种确定数量的方法,例如,可在发盘中规定"拟出售某农场在某段时间内所生产的全部小麦"等。

(3)明示或默示地规定货物的价格或规定如何确定价格的方法。在国际贸易实际业务中,前者称为固定价(Fixed Price),后者称为开口价(Open Price)。由于国际市场的价格经常发生波动,因此,在国际贸易中,当事人对于某些敏感性的商品交易或长期性供货合同,往往愿意采用开口价的做法,以减少风险。

按照《公约》的规定,一项发盘,如果包含了以上三项内容,便可以认为是"十分确定"的,一旦它被对方接受,买卖合同即告成交。至于发盘中没有规定的其他事项,在买卖合同成立后,可按《公约》有关规定办理。例如,如果在发盘中对交货时间没有作出具体规定,则在合同成立后,按照《公约》处理。《公约》第33条明确规定,卖方必须按以下规定的日期交付货物:如果合同规定有日期,或从合同可以确定日期,应在指定日期交货如果合同规定有一定期限,或从合同可以确定一定期限,则除非情况表明应由买方选定一个日期外,可在该期限内任何时候交货;在其他情况下,应在订立合同后一段时间内交货。

但是,在实际业务中,一项发盘,最好内容全面,否则容易引起争议。

3. 发盘人须有当其发盘被接受时而受约束的表示　发盘的目的是为了同对方订立合同。因此,发盘一旦被对方接受,合同即告成立,发盘人即须受到约束。如果发盘人在其发盘中附有某种保留条件,表明即使他的"发盘"被对方接受,他亦不受任何约束,那么,这就不是一项真正法律意义上的发盘,而只是一种发盘的邀请。按照这种规定,我国外贸公司在业务中所发出的"实盘"(Firm Offer),是完全符合《公约》关于发盘的要求的,因为我国外贸公司发出的实盘一旦被对方接受,合同即告成立。但是,"虚盘"则不符合《公约》关于发盘的要求,因为"虚盘"一般都附有保留条件,表明发盘人在发出"虚盘"时并无受约束的意思。

4. 发盘在送达受盘人时生效　《公约》第15条第1款规定:"发盘于送达受发盘人时生效。"

(二)发盘阶段应注意的问题

1. 发盘的有效期　发盘的有效期是指可供受盘人对发盘做出接受的期限,也是发盘人承受约束的期限。它一方面是对发盘人的一种限制,即在发盘有效期间,发盘人不得任意撤销发盘，一旦受盘人在此期限内将接受通知送达发盘人，发盘人则必须承担按发盘条件订立合同的责任；另一方面也是对发盘人的一种保障，即一旦超出发盘的有效期，发盘人将不再受该发盘的约束。注明发盘有效期的主要目的是防止价格变动造成不必要的经营风险。因此，虽然明确规定发盘的有效期并不是构成发盘必不可少的条件，但是为了避免损失和纠纷，在对外发盘时，还是明确规定发盘的有效期为宜。在确定有效期限时，要考虑商品的特点、市场状况、交易金额等因素。对大宗的、价格波动频繁的市场敏感性商品，发盘有效期不宜过长，以免造成不必要的损失。

2. 发盘的撤回与撤销　发盘的撤回（Withdrawal）与撤销（Revocability）是两个不同的概念。发盘的撤回是指发盘人在发出发盘之后，在其尚未到达受发盘人之前，即在发盘尚未生效之前，将该项发盘收回，使其不发生效力。而发盘的撤销则是指发盘人在其发盘已经到达受发盘人之后，即在其发盘已经生效之后，将该项发盘取消，从而使发盘失去效力。

关于发盘的撤回，《公约》第15条第2款明确规定："一项发盘，即使是不可撤销的，得予撤回，如果撤回的通知于发盘送达被发盘人之前或同时送达被发盘人。"按照上述规定，一项发盘是在传达到被发盘人时才发生效力，因此，在被发盘人收到该项发盘之前，发盘人可以用更为迅速的传递方式声明撤回，只要该声明是早于或与发盘同时送达被发盘人，撤回即可生效。

关于发盘的撤销，《公约》第16条规定："在未订立合同之前，发盘得予撤销，如果撤销通知于被发盘人发出接受通知之前送达被发盘人。"但同时，《公约》规定了两种例外情况下，发盘不得撤销，即"发盘写明接受发盘的期限或以其他方式表示发盘是不可撤销的"或"被发盘人有理由信赖该项发盘是不可撤销的，而且被发盘人已本着对该项发盘的信赖行事"。在这种情况下，发盘人如果撤销发盘，将会对受发盘人带来损失。

3. 发盘的终止或失效　按照《公约》的规定，发盘在以下几种情况发生时失效：

（1）发盘因受盘人拒绝而终止。

（2）发盘因发盘人撤回或撤销而终止。

（3）发盘因所规定的接受届满或"合理期限"已过而自然终止。

三、还盘

还盘（Counter-offer）是指受盘人收到发盘之后，对发盘的内容不同意或不完全接受，向发盘人提出修改建议或新的限制性条件的口头或书面表示。一笔交易可以不经过还盘达成，此时，发盘直接被对方所接受，还盘因而成为交易磋商中的一个非必经环节。但多数情况下，进出口交易都要经过往返多次的还盘（再还盘）才能达成。在交易洽商中，还盘具有以下性质：还盘是对原发盘的拒绝，原发盘即行失效；还盘是有约束力的新的发盘。在还盘阶段应注意以下问题：

1. 还盘的做出应以全面的分析和比价为基础　收到国外来盘后，要对来盘中的各项交易条件进行全面分析，并将从其他方面调查和收集的价格材料进行综合比较，预测成交价格，以便选择适当的对象进行还盘。

2. 还盘要在交易双方互利互让的基础上最终实现"双赢" 还盘不是交易磋商的必经阶段,但在大多数贸易实践活动中,却是达成交易的重要一环。还盘是交易双方就共同的利益不断交换意见从而调整各自想法的过程,因而可以说是真正的磋商阶段,决定了双方能否最终达成交易。因此,还盘的成功不在于打击对手,而在于实现互利,促进整个交易活动的成功,这就要求在还盘阶段交易双方必须处理好冲突与合作的关系,以实现"双赢",达成交易为最终目标。

3. 成功的还盘,既要能够维护自身的利益,又要能使对方做出接受的决定 还盘重在向对方陈述要求其变更交易条件的理由,最大限度地说服对方作出让步,接受己方的条件。以价格条件为例,还盘方可以将报价与其他不同出口商的同期报价比较;也可以将过去进口同样商品的成交价格或过去供应商对同类商品的报价与现在的价格进行比较;还可以根据国际市场的价格趋势,供求态势以及一国内市场的竞争程度等来说服对方调低价格。理由的陈述要以一定的事实为依据,否则会被认为缺乏达成交易的诚意,失去获得优惠条件的机会。

四、接受

接受又称承诺(Acceptance),是指受盘人在发盘有效期之内同意发盘的全部内容,并愿意签订合同的一种口头或书面的表示。《公约》第 18 条第 1 款对接受的定义是:"受盘人声明或做出其他行为表示同意一项发盘,即为接受。缄默或不行动本身不等于接受。"

(一)接受应具备的条件

作为一项有效的接受,必须具备以下条件:

1. 接受必须是被受盘人做出 一般说来,一项发盘都明确规定了受盘人,即一个或一个以上特定的人,只有他们表示接受才可以达成交易。除此之外,任何第三人表示接受,均无法律效力。

2. 接受的必须是发盘内容 原则上说,当接受中含有对发盘内容的增加、限制或修改,接受均不能成立。但是,为了促进交易达成和发展国际贸易,《公约》对此做了变通,第 19 条明确规定:

(1)发盘表示接受但载有添加、限制或其他更改的答复,即为拒绝该项发盘,并构成还盘。

(2)但是,对发盘表示接受但载有添加或不同条件的答复,如所载的添加或不同条件在实质上并不变更该项发盘的条件,除发盘人在不过分迟延的期间内以口头或书面通知反对其间的差异外,仍构成接受。如果发盘人不做出这种反对,合同的条件就以该项发盘的条件以及接受通知内所载的更改为准。

(3)有关货物价格、付款、货物质量和数量、交货地点和时间,一方当事人对另一方当事人的赔偿责任范围或解决争端等的添加,均视为在实质上变更发盘的条件。

因此,应将还盘与肯定接受前提下的"请求"(Request)区分开来。还盘是指对发盘提出了新的附加条件,是对发盘的拒绝,如果发盘人不接受附加条件,就不能达成交易。而请求则不然,无论发盘人同意与否,都不影响交易的达成。

3. 接受必须在一项发盘的有效期限之内或一段合理的时间内做出 当接受通知超过发盘规定的有效期限或发盘尚未具体规定有效期限而超过合理时间才传达到发盘人,则称为逾期接受(Late Acceptance)。逾期接受在一般情况下,不能视作法律上有效的接受,而是一项新的发盘。但是《公约》为了促成交易的进行,对此做了变通:

(1)逾期接受仍有接受的效力,如果发盘人毫不迟延地用口头或书面将此种意见通知被发盘人。

(2)如果载有逾期接受的信件或其他书面文件表明,它是在传递正常,能及时送达发盘人的情况下寄发的,则该项逾期接受具有接受的效力,除非发盘人毫不迟延地用口头或书面通知受盘人他的发盘已经失效。

4. 接受必须由受盘人采用声明或做出实际行动表示,并在传达给发盘人时生效 在《公约》18 条第 2 款规定:"接受发盘于表示同意的通知送达发盘人时生效。"第 3 款又规定:"如果根据该项发盘或按照当事人之间确立的习惯做法或惯例,被发盘人可以做出某种行为,例如:与发运货物或支付价款有关的行为,来表示同意,而无须向发盘人发出通知,则接受于该项行为做出时生效。"

(二)接受阶段应注意的问题

1. 接受的有效期 国际货物买卖中,如果认为国外来盘或还盘后的各项交易条件较为合理,就要及时向对方表示接受,以免错过了发盘的有效期。

2. 接受的生效时间 法律的一般要求是,接受必须在发盘的有效期内被传达到发出人方能生效。在用电话、电传或电子邮件做出接受表示时,接受可立即被传达到对方,因而当场立即生效。在用信件或电报方式表示接受时,由于接受的表示不能立即传达到发盘人,产生了各国关于接受应于何时生效的不同解释。英美法系的国家采用"投邮生效"原则,即当信件投邮或电报交发,接受即告生效。大陆法系的国家则采用"到达生效"原则,即表示接受的函电必须在发盘有效期内到达发盘人,接受才生效。《公约》采用"到达生效"原则:其第 18 条第 2 款规定,接受于到达发盘人时生效。我国《合同法》也有类似规定。

3. 接受的撤回和撤销 根据《公约》与我国《合同法》规定,接受可以撤回。但是,撤回接受的通知应当在接受通知到达发盘人之前或者与接受通知同时到达发盘人。因此,如果买方在发出接受通知后发现价格或其他交易条件对自己不利,为避免损失,接受人可以采用先于接受到达的方式,阻止接受生效,将接受撤回。一旦接受通知送达发盘人,接受就不得撤销。因为接受的通知一经到达发盘人,接受即生效,双方的合同关系即告成立。根据法律规定,依法成立的合同,对当事人具有法律约束力,当事人应当按照约定履行自己的义务,不得擅自变更或者解除合同。因此,如果撤销接受,在实质上就属于毁约行为。

思考题

1. 什么是询盘?
2. 什么是发盘?构成一项有效发盘的条件是什么?发盘能否撤回和撤销?

3. 什么是接受？构成一项有效接受的条件是什么？

4. 试以出口1000件的服装为例，说明出口贸易前期需要做的工作有哪些？

参考文献

[1]卓乃坚. 服装出口实务[M]. 上海：东华大学出版社，2006.

[2]张彦欣，等. 国际贸易操作实务[M]. 北京：中国纺织出版社，2005.

[3]张神勇. 纺织品及服装外贸[M]. 北京：中国纺织出版社，2002.

[4]贾建华，等. 新编国际贸易理论与实务[M]. 北京：对外经济贸易大学出版社，2003.

[5]黄立新. 服装国际贸易实务[M]. 杭州：浙江大学出版社，2005.

[6]张彦欣，等. 纺织品贸易实务[M]. 北京：中国纺织出版社，2005.

第八章　纺织服装贸易合同的签订与履行

本章知识点

1. 纺织服装贸易合同中名称、品质、数量、包装、价格、运输和保险、货款支付、检验、索赔、不可抗力、仲裁等各项条款的含义。
2. 纺织服装贸易合同中各个条款的规定方法。
3. 纺织服装贸易合同中签订合同时应当注意的问题。

第一节　纺织服装贸易合同的签订

一、纺织品服装的名称、品质、数量和包装

(一)纺织品服装的名称

国际货物买卖合同中的品名条款主要列明买卖双方成交商品的名称。纺织面料一般以主要成分或原料命名,服装常以其主要用途、功能来命名。

1. 纺织面料(Fabric,Shell)的名称　纺织面料根据加工制作机理不同可以分为机织面料(Woven Fabric)、针织面料(Knitted Fabric)和非织造面料(Nonwoven Fabric)。针织面料由于手感柔软、穿着舒适,常被用来做内衣的材料,机织面料普遍用作外衣的材料。纺织面料的主要成分包括棉(Cotton)、毛(Wool)、丝(Silk)、麻(Linen)、涤纶(Polyester)、锦纶(Nylon)、粘胶(Rayon)、醋酯(Acetate)、腈纶(Acrylic)等。纺织面料名称的表示一般由材料成分和品名两部分组成。例如 T/C Poplin(涤/棉府绸)、Silk Habotai(真丝电力纺)、Rayon Velvet(粘胶丝丝绒)、Polyester Polar Fleece(涤纶双面起绒布)等。复杂的面料还需要借助布样来说明。

2. 服装辅料(Accessory)的名称　服装的辅料主要包括里料(Lining Fabric;Lining)、衬料(Interlining;Interfacing)、填料(Filling;Filler;Wad;Wadding;Padding)、线(Thread)、纽扣(Button)、拉链(Zip;Zipper)、绳带(Cord;Rope;String;Drawstring)、商标(Label)、徽章(Badge)等。辅料的命名方法与面料类似,前面一般加上辅料的成分或特征,例如 Nylon Zipper(锦纶拉链)、Woven Tape(织带)、Hood Drawstring(帽子拉绳)、Four-hole Button(四眼扣)、Embroidery(绣花线)、Cotton Thread(棉线)、Acrylic Wadding(腈纶喷胶棉)。

3. 服装(Garment,Clothing)的名称　服装可以根据穿着部位、穿着功能、特定的穿着人群来命名。

根据穿着部位的不同,服装可以分为上装、下装、内衣。常见的上装包括大衣(Coat)、夹

克(Jacket)、毛衣(Sweater)、开衫(Cardigan)、衬衫(Shirt)、马甲(Vest);常见的下装包括裤子(Trousers;Pants;Longs)、裙子(Skirt)、短裤(Shorts);另外还有上下关联的连衣裙(Dress)、套装(Suit)、风衣(Weather-all Coat)等。内衣(Underwear;Undershirt)的品种包括胸衣(Corsage)、紧身胸衣(Corset)、三角裤(Briefs)、睡衣裤(Pajamas)、吊带衬裙(Slip)等。

服装根据穿着的功能来区分种类繁多。例如常见的运动装(Sweat Suit;Play Suit)包括游泳服(Swimming Suit)、登山服(Mountaineering Suit)、滑雪服(Ski Suit)、田径服(Track Suit)、沙滩装(Beach Suit)等。另外还有针对不同人群的服装,例如童装(Children's Wear)、婴儿装(Baby's Jacket)、银行服(Bank Uniform)、医务服(Medical Uniform)等。

签订合同时,如果纺织品服装有货号(Article Number)或款号(Style Number),则最好引用,例如 Art. No. 1234。如果买卖双方对此货号的规格指标的含义有共识,那么以后就不需要再具体描述。

(二)纺织品服装的品质

1. 品质的含义 商品品质(Quality of Goods)是指商品内在质量和外观形态的综合。纺织品服装的内在质量包括成分、缩水率、物理机械性能、化学性能等;外观形态包括纱线的细度、长度、织物的幅宽、服装的颜色、造型等。品质在国际货物买卖合同中非常重要,它是构成商品说明的重要组成部分,也是买卖双方交接货物时对货物品质进行检验的依据。

2. 品质的表示方法 品质的表示方法包括两种:以实物表示商品品质和用文字说明表示品质。纺织品服装的品质常将两种方法结合使用。

(1)实物表示品质。实物表示品质的方法适合于没有标准化又不容易用语言描述清楚的商品,具体包括看货成交和凭样品成交。

看货成交即买方或买方代理人先验看货物,认为货物的品质符合其要求就成交。国际贸易中由于买卖双方相隔遥远,所以很少采用这种方法交易,主要适用于寄售、拍卖和展卖业务。

凭样品成交也称为凭样品买卖,买卖双方凭样品进行磋商、订立合同,以样品的品质来作为衡量卖方交货品质是否合格的最后依据。样品(Sample)是指能够代表商品品质的少量实物。由卖方提供样品的交易称为凭卖方样品买卖;由买方提供样品的交易称为凭买方样品买卖,或"来样加工""来样制作"。买方提供样品对于卖方来讲可以直接生产出适销对路的产品,降低库存,扩大销售,减少风险。在纺织品服装贸易实践中,涉及的样品种类很多,在工业生产中也没有统一的术语。例如,纺织服装进出口贸易中客户提供的原始样品常被称为"原样";根据原样进行生产制作的样品称为"款式样"或"生产样",款式样的生产制作水平直接影响着买方最终是否下订单;为了避免日后交货时因为品质发生争议,生产方在大货生产之前要用订单中规定的面辅料制作规格、色码齐全的样品并由买方确认,被称为"大货样"或"产前样"。除此之外,还有用于展览的"展销样",用于推销新产品的"推销样"等。在纺织面料的出口中,除了一般规格的白坯布外,大多需要提交色布等样品,提供给买方予以确认生产企业的工艺水平是否达标、设计风格是否符合。

(2)文字说明表示品质。用文字说明表示品质具体包括凭等级买卖、凭规格买卖、凭标准买卖等。凭等级买卖是指买卖双方在交易中以商品的等级表示商品的品质,并以此对卖方交货的品质进行检验。凭标准买卖是指买卖双方在交易中约定以某种标准表示商品的品质,并以此对卖方交货的品质进行检验。凭规格买卖是指买卖双方在交易中用规格表示商品的品质,商品的规格主要是指一些能够反映商品品质的指标,如化学成分、物理性能、含量、色泽、重量、尺寸、款式等。这种方法方便准确,在纺织服装进出口贸易中广泛使用。

纺织原料的品质指标主要包括长度、细度、强度、捻度等,另外棉花的品质指标还包括成熟度、含杂率、含水率,羊毛纤维的品质指标还包括卷曲度、色泽,化学纤维还包括伸长率、含油率、沸水收缩率等。

机织面料常见的量度品质指标包括纱线细度、织物密度、幅宽、匹长等。纱线细度的表示方法为:经纱细度×纬纱细度。国际贸易中织物密度一般用英制来表示,方法为:每英寸经纱根数×每英寸纬纱根数。织物的幅宽单位一般都用英寸,如44″、59″,由于工艺的原因,幅宽应当有一定的机动幅度,如59″/60″,定购面料时应当按照下限即59″来计算。匹长一般都用码为单位,如1000yard。

针织面料是由线圈相互穿套而构成,结构与机织面料不同,其密度有横向密度、纵向密度和总密度。

纺织面料的理化品质指标包括化学成分及比例、缩水率(Shrinkage)、色牢度(Colorfastness)、有害物质含量以及对织物后整理(Finishing)的要求,如柔软整理(Soft Finishing)、砂洗整理(Sand-washed Finishing)、拒水整理(Water Repellency Finishing, W/R)、抗菌整理(Anti-bacterial Finishing)等。

服装的品质除了对面料、里料的要求,还包括服装的号型、尺寸、公差范围、款式、色彩、色彩搭配、制作工艺细节、印花或绣花说明、特殊工艺说明等方面的内容。在来样加工贸易中,买方一般应该提供工艺单和尺寸表,给出成品服装的款号、款式图、材料耗用量、加工要求、主要部位的测量尺寸等,作为生产和成品验收的依据之一。

3. 订立品质条款的注意问题

(1)慎用两种方法表示品质。纺织品服装贸易中常常会用到文字和样品两种方法表示商品的品质,这时应当避免两者的内容不符合,否则既要与文字相符,又要与样品相符,成为双重标准。有时可以用一种方法表示商品的某些方面的品质特征,用另一种方法表示商品其他方面的品质特征,则两者的要求就不会重叠了。例如,纺织面料的交易中,可以用样品表示其颜色,用文字说明的方式表示纱支细度、幅宽、成分等。

(2)品质应当有机动幅度。品质的机动幅度是指在合同中规定的、允许卖方交货的品质出现能够一定幅动的范围。例如:

bleached cotton shirting, width 44″/45″(漂布,幅宽44/45英寸)。

grey duck feather, down content 18%, 1% more or less(灰鸭毛,含绒量18%,上下机动幅度1%)。

(3)注意品质表示的科学性和合理性。品质的描述应当具体、明确,合理,不宜规定得过高或过低。尽量避免使用“大约”“左右”等含糊的概念，以防日后在履行合同的过程中发生争议。

案例1

中国某公司同日本某公司签订出口羊绒衫合同，出口1万多件，价值100多万美元，规定含绒量100%。出口时羊绒衫商标标注“100%羊绒”，结果对方检验后，因含量不符提出索赔，最终中国公司向国外赔偿了数十万美元结案。

(三)纺织品服装的数量

根据《联合国国际货物销售合同公约》的规定，卖方所交付的货物的数量必须与合同规定相符。如果卖方所交付货物的数量少于合同规定的数量，买方有权拒收货物；卖方所交付的数量如果多于合同规定的数量，买方除了可以拒收超额的部分以外，也可以全部拒收。因此，买卖双方应当认真制订并履行数量条款。

1. 纺织品服装常用的计量单位　国际中使用比较广泛的度量衡制度包括公制(亦称米制或国际单位制 SI)、英制、美制等。我国从1991年1月1日开始使用公制，但在国际贸易中经常为照顾对方国家的习惯而在合同中采用英制或美制。

(1)长度单位。长度单位常出现在纺织服装面料的长度、幅宽以及服装尺寸的表示中。常用的公制单位包括千米(Kilometer)、米(Meter)、厘米(Centimeter)；英制、美制的长度单位包括：码(Yard)、英尺(Foot)、英寸(Inch)。其换算关系如下：

1米=1.094码=3.2808英尺=39.37英寸

(2)重量单位。重量单位常用于纺织原料、服装填充料的交易中。常用的公制单位包括公吨(Metric Ton)、公斤(即千克，Kilogram)、克(Gram)等。常用的英制、美制重量单位包括长吨(即英吨，Long Ton)、短吨(即美吨，Short Ton)、磅(Pound)、盎司(Ounce)。其换算关系如下：

1公吨=0.9842长吨=1.1023短吨

1公斤=2.2046磅=35.2736盎司

(3)面积单位。面积单位常用于皮革、地毯的交易中。公制单位主要有平方米(Square Meter)，英制、美制最常用的是平方码(Square Yard)。其换算关系如下：

1平方米=1.19599平方码

(4)数量单位。纺织品常用的数量单位有：卷(Roll)、袋(Bag)、箱(Case)、包(Bale)等，服装常用的有：件(Piece，Pc)、套(Set)、双(Pair)、打(Dozen，Doz)、罗(Gross，Rm)等。其中：

1罗=12打=144件

案例2

一个纺织出口公司的业务员与中东一位客户签订了一份买卖合同，中东客户购买我国的花布面料。不久，客户开来信用证，定购一个20英尺集装箱的面料。原来合同上计价单位是码，但制单人员将“码”写成了“米”，数值并未换算，并按米下达了计划书。1码=0.914米，结果算下来，企业损失了1600多美元。虽然单据与信用证不符，但买家多收了货，所以很快提货了。

2. 计算重量的方法　纺织原料和纺织品大多按照重量来计量。重量的计算方法有很多种，下面介绍常见的三种。

(1)按毛重(Gross Weight,GW)计算。毛重是指商品本身的重量与包装重量之和。一般用于单位价值较低、包装价值与商品价值接近的货物，如粮食、饲料等。

(2)按净重(Net Weight,NW)计算。净重是指商品本身的实际重量。净重与毛重的关系是：

净重 = 毛重 - 皮重

一般凡是按照重量计算的商品都以净重计价。如果合同中没有明确规定是按照毛重还是净重计算，习惯也是按照净重计算。

(3)按公量(Conditioned Weight)计算。由于棉花、羊毛、生丝等纺织品具有比较强的吸湿性，在不同国家或地区的气候条件下，所含水分受客观环境的影响较大，其重量也就很不稳定。所以为了准确计算这些商品的重量，国际上采取除去所含的实际水分，加上标准水分以求得重量的做法，所得重量即为公量。其计算公式为：

公量 = 干量 + 标准含水量

= 实际重量 ×(1 + 标准回潮率)/(1 + 实际回潮率)

案例 3

某公司从澳大利亚进口羊毛 10 公吨，合同的数量订明："10 公吨"。结果，澳方所交的羊毛实际回潮率竟高达 33.3%，使我方蒙受了损失。

3. 制订数量条款应当注意的问题

(1)成交数量应当合理。对于出口方来讲，成交数量越大，预期利润越大。但卖方应当考虑到该种纺织品或服装的生产能力以及自身的资金调配能力。因此，当生产能力允许和货源充沛的情况下，可以适当扩大成交量；反之，则不宜盲目成交，以免给出口企业履约带来困难。另外成交数量越大，金额越多，风险也大。因此企业对于资信不了解的客户和资信欠佳的客户，不宜轻易签订成交数量较大的合同，以尽可能地避免由于进口商资信不好给出口企业带来的损失。对于进口方来讲，在约定成交数量时，应当考虑到国内市场的实际需要以及纺织品服装的季节性特点，避免盲目进口，产生积压。

(2)成交数量的规定应当明确具体。为了便于履行合同和避免引起争议，进出口合同中的数量条款应当明确具体，尽量不用约量，即避免"About""Approximately"等词。由于各个国家对"约量"有不同的解释，有的国家解释为 2%，有的为 5%。《跟单信用证国际统一惯例》中的约量条款认为数量变动幅度在 10% 以内，因此容易引发争议。此时可以采用溢短装条款(More or Less Clause)明确规定机动幅度，机动幅度的大小通常采用百分比来表示，如：1000pc，3% more or less。机动幅度范围内超出或低于合同数量的多装或少装部分一般是按合同价格结算。

(四)纺织品服装的包装

包装对于纺织品服装是必不可少的。在当前国际市场竞争十分激烈的形势下，许多国家都把改进包装作为增强产品竞争力的重要手段。包装的成本应当计入商品总成本中，据统计，一般包装费用占到商品价格的6%～10%，某些特殊商品如法国香水，则包装费占商品价格的70%～80%，包装是其创汇主角。在纺织品服装出口贸易中，不仅应当选择适合的包装方式，而且应当符合进口国家有关包装的标准和规定以及当地的消费习惯。

1. 包装的种类　根据在流通中所起作用的不同，商品包装可以分为运输包装（外包装，Shipping Package）和销售包装（内包装，Selling Package）两类。

运输包装又称为大包装或外包装，是为了方便运输而进行的包装。运输包装的主要作用是保护货物在长时间和远距离的运输过程中免受损坏或散失，同时方便于货物的搬运与储存等作业。销售包装，又称小包装、内包装、个体包装。销售包装除了保护商品的基本质量性能外，还有美化商品、宣传推广、陈列促销、吸引消费的作用。

2. 包装的方法　纺织服装根据材料和包装方式的不同可以分成多种方法。

（1）箱类包装。包括纸箱、木箱、板条箱等。纺织品服装一般采用瓦楞纸箱，但对于一些高档或者需要远程运输的纺织品，则采用坚固的板条箱或木箱。包装箱的内外应当采取防潮措施。标准纸箱的底面积的长和宽的大小为600mm×400mm，在此基础上成倍数或约数地增大或减小，例如小号纸箱的底面积可以是300mm×400mm，300mm×200mm等，大号纸箱的底面积可以是600mm×800mm，1200mm×800mm等。如果采用集装箱运输，应当考虑纸板箱尺寸和集装箱尺寸的关系，以便充分利用集装箱的容积。

（2）捆包包装。包括棉布捆包、麻布捆包、铁丝捆包、塑料带捆包等，适用于可压紧打包的羊毛、棉花、布匹、生丝、羽绒、纺织成品布和半成品等商品。

（3）袋类包装。包括麻袋、布袋、塑料袋、编织袋、纸袋、复合袋等。塑料袋在纺织品服装的包装中用得最为广泛，常见的方法是先套塑料袋，再装纸板箱。其优点是成本低廉、防污染性较好、便于运输，缺点是支撑强度小，容易损坏。如果是较厚且蓬松的棉类或羽绒制品，为了缩小体积，降低运输成本，可以考虑采用真空包装（Vacuum Package）。其方法一般是将商品装入封闭的塑料袋后，将袋内的空气抽掉，封闭袋口。

（4）盒包装。盒包装是一种比较硬的包装方式，常用于纺织品和服装，如床单、被罩、衬衫等。其优点是成本低、强度好、外表美观，但包装量受到限制，体积较大，运输成本相对较高。

案例4

某企业出口羽绒被，采用普通塑料袋包装体积很大，一只纸箱只能装14条羽绒被，体积为0.351m^3。后改用真空包装袋，14条羽绒被仅占体积0.181m^3，节约运费50%左右。

3. 包装的标志　包装标志是指在运输包装外部用文字、图形、数字等制作的特定记号和说明事项。包装标志按其用途不同分为：运输标志、指示性标志、警告性标志。运输标志（Shipping Mark）又称为唛头，是为了便于买方识别货物、核对单证，在商品的运输包装上刷制的标志。它一般是由一个简单的几何图形和一些简单的文字、字母、数字组成。其主要内容包括：收货人（发货人）的代号、合同号码、信用证号码（通常采用一个简单的图形表示）；目的港名称；该批货物的总件数和本件货物的顺序号（图8－1）。1979年联合国欧洲经济委员会简化国际贸易工作组，开始推行使用“标准运输标志”，包括四项内容，举例如下：

CBDF 收货人或买方的名称或缩写

S/C87b001 一组参考号码（如订单号码、发票号码、合同号码）

HAMBURG 运输目的地

1/30 货物的件号和批号

以上四项是必需的，如双方约定还要再注明其他内容，例如原产地、进口许可证号、重量等，应当将它们与“标准运输标志”分开标注。

指示性标志（图8－2）又称为安全标志或注意标志，如“小心轻放”“保持干燥”，并配以图形。警告性标志主要是针对易燃、易爆、有毒等货物用文字或图形进行标注。

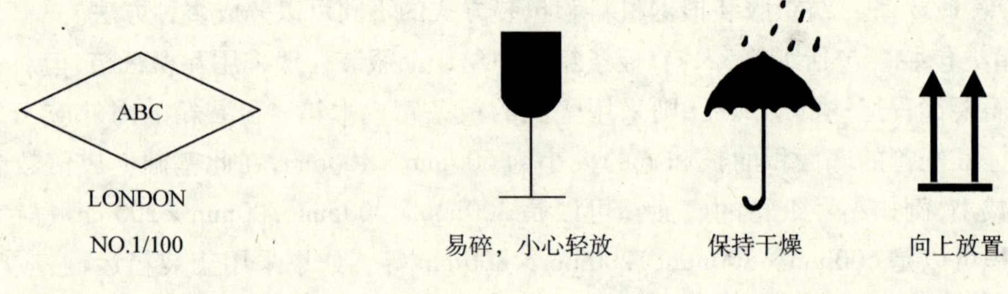

图8－1 运输标志

图8－2 指示性标志

4. 制订和设计包装时应注意的问题

（1）应当迎合进口国家的消费习惯。各个国家和地区都有自己的消费习惯，在实际业务中，买方经常会提出非他们的习惯包装而拒收货物。因此，包装的装潢、颜色和文字说明等要适应国外消费者的风俗习惯和爱好。例如法国人喜欢天蓝色、白色、浅紫色等色彩，而不喜欢墨绿色；美国人多喜欢明朗、活泼的颜色。日本人非常讲究，西服、大衣、风衣、裙子为避免褶痕，尽量使用挂式集装箱运输，每件需套上塑料袋以防尘。

（2）应当符合进口国家的包装标准和规定。各国法律对运输包装会有一些不同的规定，包装的设计和材料的选择必须考虑有关国家的标准和规定。例如德国、欧盟、瑞士、东欧及亚洲等部分国家、组织和地区客户对我国出口的纺织品服装、鞋类等部分包装（主要是瓦楞纸箱、鞋盒、布袋）要求禁用偶氮染料，并进行检测。有些国家因恐将病虫害带进国内，禁止使用柳藤、稻草之类的材料做包装用料；有些国家对包装标志和每件包装的重量、尺寸都有特殊的规定和要求。此外，如客户就包装提出某些具体特定的要求时，卖方也应设法满足。例如：“Only polystyrene hangers and polyethylene bags can be used”（只能使用聚苯乙烯衣架和聚乙烯塑料袋），类似的规定往往来自进口国家政府的环保法规。

（3）包装必须适应各种不同运输方式的要求。不同运输方式对运输包装的要求不同，例如，海运包装要求牢固，并具有防挤压、防碰撞、防潮的功能；铁路运输包装要求具有较好的防震功能；航空运输包装应当轻便而且尽量减小体积。运输包装的成本、运输包装的重量、体积的大小，都直接关系到费用的开支和企业的经济效益。因此，在选用包装材料、进行包装设计和打包时，在保证包装牢固的前提下，应注重合理和节约。

5. 包装条款 包装条款的主要内容包括包装材料、包装方式、包装费用、运输标志等。一般包装条款包括具体规定和笼统规定两种方法。

笼统规定如："Seaworthy Packing"（适合海运的包装），"Customary Packing"（习惯包装），"Normal export carton packing, suitable quantity per carton"（普通出口纸箱包装，每箱装合适的数量），除非买卖双方已有共识或另有协议，否则不要采用过于笼统的包装条款，以防产生纠纷。

具体规定包括对包装的数量、材料、尺寸、唛头等有着较为明确具体的规定。例如"In new single gunny bags of 40 kg net each"（单层新麻袋，每袋净重 40 公斤）；"To be packed in strong cartons, Each coat is to be packed in a poly-bag, about 25 pieces to a carton"（结实的纸箱子包装，每箱约装 25 件衣服，每件衣服用一个塑料袋包装）。

案例 5

我国销往加拿大一批货物，合同中规定用塑料袋包装。由于备货时没有准备塑料袋，因此临时改成纸袋包装。货到后，为了适应市场的需要，进口商不得不雇人重新更换包装。之后，进口方向我方公司提出索赔，我方不得不赔偿。

二、纺织品服装的价格

(一)进出口商品的作价原则

在进出口业务中，商品作价应当遵循的原则是：在贯彻平等互利的原则下，根据国际市场价格水平，结合国别(地区)政策，并按照我们的购销意图确定适当的价格。由于国际贸易中商品的价格是受多种因素影响的，因此具体制订价格还应考虑下列因素：

(1)商品的质量。包括商品质量的优劣、档次的高低、包装的质量、样式是否流行、是否符合季节性的需求、商品有无品牌等。

(2)运输距离的远近，计算运输成本，并计入价格中。

(3)成交数量的大小。一般情况下，成交数量越多价格越便宜。

(4)交货条件的变化。不同的贸易术语成交，买卖双方承担的费用和风险不同，因此价格有差异。

(5)支付条件的变化。采用不同的支付方式和货币会有不同的风险，使价格产生差异。

(二)纺织品服装的报价

一个完整的价格条款应当由 4 部分组成：计价单位、单价金额、计价货币、贸易术语。例如：

USD 10 per piece CIF Hong Kong(每件 10 美元，CIF 香港)

HKD 120 per dozen CFR Shanghai（每打 120 港元，CFR 上海）

在价格条款的几项内容中，纺织品服装的计量单位、贸易术语在前面已经讨论，这里重点介绍货币和单价金额的规定方法。

1. 货币的选择 在国际贸易中，用来计价的货币可以是出口国家的货币、进口国家的货币，还可以是第三方国家的货币。具体应当掌握两个原则：一是应当选择可以兑换和世界通用的货币；二是出口争取使用硬币，进口争取使用软币。所谓硬币是指汇价坚挺、看涨的货币，而软币是指汇价看跌的货币。例如，在服装的来料加工中，进口面料尽量考虑使用软币，出口服装应当尽量考虑使用硬币。

货币的表达应当规范具体，如“元（$）”有美元（US Dollar，USD）、澳大利亚元（Australia Dollar，AUD）、加元（Canada Dollar，CAD）、港元（Hong Kong Dollar，HKD）等，在使用时应当注意规范性。

案例6

中国某外贸公司同德国某公司签订了一份国际货物买卖合同。在双方磋商买卖合同的计价货币条款时，德方代表称中国的外汇管制严格，主张以美元做中介货币，在德方公司付款时由其将德国马克换算成美元付给中方外贸公司，并称这样做对双方都有利。中方公司业务员对德国马克汇率的变化前景未作任何预测，认为美元可以作为计价货币，就同意了德方公司提出的要求。结果买卖合同履行过程中，美元与德国马克的比价发生变化，到德方公司向中方公司付款时，德国马克对美元大幅度升值，造成中方公司少收了100多万美元。

2. 单价金额的确定　单价金额一般由出口成本，运费、保险费、佣金，预期利润等项目构成。

（1）出口成本。出口成本是商品报价的基础。纺织服装的出口成本一般包括两部分：产品本身的成本和商品装运出口前的费用，即：

出口成本 = 产品成本 + 国内费用

产品成本有三种：生产成本、加工费用、材料采购成本。例如出口服装报价时，要考虑材料成本和服装厂加工成衣的费用。材料成本包括面料、辅料、内外包装材料的成本，加工的费用包括缝制工费、印花加工费、整熨加工费、包装加工费等。由于纺织服装实施出口退税制度，出口企业在核算价格时，为了增加其产品在售价上的竞争力，可以将出口退税部分予以扣除，从而得出实际成本。

国内费用具体包括国内运输费、仓储费、经营管理费、捐税、商检费、银行费用等。由于各种国内费用在报价时大部分还没有发生，因此该费用的核算实际是一种估算。一般是根据以往的经营经验，按生产成本取一百分比作为通常条件下的定额费用率，一般在3%～10%之间。如某公司出口纺织品，若生产成本为1美元/码，定额费用率为4%，则每码国内费用为：

$$1 \times 0.04 = 0.04 \text{ 美元/码}$$

如果交易条件有所改变，需要明显增加经营开支时可以考虑适当调整额定费用率。

（2）运费、保险费、佣金。运费是指货物出口支付的海运、陆运或空运费用。保险费是指出口商向保险公司购买保险所缴纳的费用。运费和保险费的计算方法将在下一部分中讨论。

佣金（Commission）是指出口商（或进口商）向中间商支付的为介绍交易提供服务的酬金。包括佣金的价格叫做“含佣价”，不含佣金或折扣的价格叫“净价（Net Price）”。佣金的规定要合理，其比率一般掌握在1%～5%之间。

佣金在价格条款中一般采用百分率来表示，如：

USD2.5 per meter CFR San Francisco including 2% commission（每米2.5美元，包含

2.5%的佣金，CFR旧金山）。

也可以简写成：

USD2.5 per meter CFRC2% San Francisco.

佣金也可以用绝对数来表示，如：

Pay commission USD 10 per carton.（每箱付佣金10美元）

佣金一般按照交易金额的百分比计算，我国实际业务中，佣金的计算方法是：

佣金＝含佣价×佣金率

含佣价＝净价＋佣金＝净价/(1－佣金率)

例：某公司出口纺织品对外报价是每箱500美元，FOB天津新港，之后外商要求改报FOBC5%价，此时应当怎样报？

解：　　含佣价＝净价/(1－佣金率)＝500/(1－5%)＝526(美元)

(3)预期利润。在实践中，一般是以一定的百分比作为经营的利润率来核算利润额。在用利润率核算时，应当注意计算的基数，可以用某一个成本(生产成本、购货成本或出口成本)作为计算利润的基数，即：

利润额＝成本×利润率

也可以用销售价格作为计算利润的基数，即：

利润额＝出口报价×利润率

(三)不同贸易术语下的价格换算

1. 净价之间的换算　以FOB、CFR、CIF之间的换算关系为例。

CFR价＝FOB价＋运费

CIF价＝(FOB价＋运费)/(1－投保加成×保险费率)

＝CFR价/(1－投保加成×保险费率)

2. 净价与含佣价之间的换算　以已知FOB含佣价，换算各种净价为例。

FOB净价＝FOB含佣价×(1－佣金率)

CFR净价＝FOB含佣价×(1－佣金率)＋运费

CIF净价＝[FOB含佣价×(1－佣金率)＋运费]/(1－投保加成×保险费率)

三、纺织品服装的运输和保险

(一)纺织品服装的运输

1. 常见运输方式　进出口贸易中常见的运输方式包括海洋运输(Ocean Transport)、铁路运输(Rail Transport)、公路运输(Road Transport)、航空运输(Air Transport)、集装箱运输(Container Transport)国际多式联运(International MultiModal Transport)。海洋运输是应用最广泛的一种运输方式，海运量在国际货物运输总量中占2/3以上。目前纺织服装贸易采用最多的也是海洋运输。对俄罗斯和中亚国家如乌克兰、蒙古、乌兹别克斯坦等，采用铁路运输也非常方便。由于纺织品服装具有季节性，经常要求在季节到来之前运到市场，否则过期将无法销售，因此在要货很急的情况下也可以采用航空运输。

相比于其他运输方式,海洋运输具有货物运量大、运费低、不受轨道和道路的限制等优点。海洋运输的运费约为铁路的1/5,公路运费的1/10,航空运费的1/30。海洋运输的缺点也非常明显,受自然气候影响大,航期不准确,风险大,速度低。下面就海洋运输中最常见的班轮运输和现代集装箱运输方式进行介绍。

(1)班轮运输。班轮运输(Liner Shipping)是海洋运输中非常普遍的一种运输方式。其特点主要包括四个:

①四固定,即船期固定、航线固定、港口固定、运费相对固定。

②运费内包括装卸费。

③运输品种、数量灵活。

④班轮公司和货主一般不订立书面合同,船方签发的提单就是运输契约。

班轮承运人和托运人责任和风险的划分一般以船舷为界。承运人的基本义务是在一定期限内将货物完好无损地运到约定的地点交给收货人;托运人的基本义务是按约定的时间准备好要托运的货物,以保证船舶能够连续作业,并及时支付有关的费用。

(2)集装箱运输。集装箱(Container)又称"货柜""货箱",它是一种能反复使用的、具有较好的强度和刚度、并且便于机械操作和运输的大型货物容器。以集装箱作为运输单位进行货物运输的运输方式称为集装箱运输。它具有装卸效率高、简化货运手续、节省包装用料和费用、减少货损、货差、提高运输质量等优点,适用于海洋运输、铁路运输、航空运输及国际多式联运。目前国际上通用的集装箱多为LA型(长40英尺,简称40′柜)和IC型(长20英尺,简称20′柜)。

图8-3　挂衣集装箱

纺织服装一般采用普通的干货集装箱(Dry Cargo Container)运输,这种集装箱通常为封闭式,在一端或侧面设有箱门,可以用来装运文化用品、工艺品、医药、日用品、纺织品等。对于高档服装,如毛呢、裘皮类服装以及高档时装等,常采用挂衣集装箱(服装集装箱,Dress Hanger Container)运输。如图8-3所示,这类集装箱内部装有许多横杆,每根横杆上垂下若干条皮带扣、锦纶带扣或绳索,成衣服装套上包装袋后,利用衣架上的钩,直接挂在带扣或绳索上。在国外,挂装运输服装十分常见。在我国挂衣集装箱运输属于一种新型高档的运输方式。这种装载法属于无包装运输,它不仅节约了包装材料和包装费用,而且减少了人工劳动。同时,挂装运输可以避免服装在运输过程中产生褶皱,减少重复熨烫等人工成本和上架时间。采用门到门的服务方式,将货物直接从工厂输送到卖场,减少了很多中间环节,缩短了运送时间,也可以减少货损。但由于挂装运输在空间利用方面不如普通包装,并且,通常要采用特殊的设备或车辆,所以这种运输方式的成本相对较高。

2. 运输条款

(1)装运时间的规定。对于买方来讲,装运期太迟会错过行情,太早会增加额外的仓储费和资金的占用。对于卖方来讲,要考虑货源以及自己的生产供货能力,如果负责安排运输,还要考虑船源情况。在实际业务中,交货时间一般是规定一个期限,而不是某个具体日期。装运时间的规定方法有:

①具体规定时间。可以规定某一段时间装运,如"Shipment from End May to End June"(五月底到六月底装运);也可以规定最迟装运期限,如"Shipment Before October 30th,2006"(2006 年 10 月 30 号以前装运)。一般"Beginning"应理解为该月的 1 ~ 10 日,"Middle"应理解为该月的 11 ~ 20 日,"End"应理解为该月的 21 ~ 最后一天。

②规定收到信用证以后一定时间内装运。这种规定方法有利于卖方及时、安全地收汇和结汇,如"Shipment within 30days after receipt of L/C"(收到信用证后 30 天内装运)。

③笼统的规定方法。如"Immediate Shipment"(立即装运)、"Prompt Shipment"(即刻装运)等。由于这些说法没有统一的解释,因此尽量避免使用。

(2)装运港和目的港的规定。装运港(Port of Shipment;Port of Loading)是起始装运的港口,目的港(Port of Destination;Port of Discharge)是最终卸货的港口。装运港一般是卖方提出经买方同意后确定,选择的原则是尽量接近货源所在地;目的港一般是由买方提出经卖方同意后确定,选择原则是港口尽量接近销售地。一般情况下,装运港和目的港分别规定一个,如"Port of Shipment:Shanghai,Port of Destination:Hong Kong"。如果实际业务需要,也可以规定两个或两个以上的港口。

(3)分批装运和转运。分批装运(Partial Shipment)和转运(Transshipment,Transhipment)直接关系到买卖双方的利益,因此需要在交易磋商时确定。

分批装运是指一笔交易分成若干批或若干期装运。根据国际商会《跟单信用证统一惯例》规定,除非信用证做出相反规定,可准许分批装运。在国际贸易中,凡数量较大,或受货源、运输条件、市场销售或资金的条件所限,有必要分期分批装运的,均应在买卖合同中规定分批装运条款。分批装运对于卖方来讲比较主动,可以避免因一次交货数量不够而违约,同时也可以缓解资金占用。

例如,成衣在检验阶段因为质量不合格而被剔出是在所难免的,如果在合同中交货数量没有规定"溢短装条款"或上下机动幅度,则最好能够允许分批装运。对于买方而言,分批装运则有利于减少仓储和资金占用。分批装运的规定方法如"Partial Shipments Are Permitted"(允许分批运输)。

按照惯例,对于具体规定了各批装运时间或数量的分批装运,如果其中一批没有按照约定时间或数量装运,则该批与以后各批均告无效。

转运是指货物在运输过程中,从一个运输工具转到另一个相同或不同的运输工具上。货物在中途转运,容易受损和散失,延迟到达目的地的时间。但在无直达运输工具的情况下转运就不可避免,因此有必要在买卖合同中规定是否允许转运,有时还要规定在何地和以何种方式转运的条款。按照 1993 年修订的《跟单信用证统一惯例》中对转运的规定,如果信用证中未规定是否可以转运,则视为"准许转运"。转运的规定方法如"Transshipment at Shanghai is allowed"(允许在上海转运)。

案例 7

一家奥地利公司从中国一家出口公司购买一批毛皮服装，按照 CIF 贸易术语成交。由于客户给的价格较低，所以业务员想从运费中挤些利润，找了一家便宜的航空公司，由于转机，到奥地利的时间比预计晚了一周，结果影响了销售，进口商要求索赔 6000 美元。出口公司为了保住以后的订单，无奈赔偿。

3. 海运提单

(1)海运提单的含义。海运提单(Bill of Loading, B/L)简称提单，是船方或其代理人签发的、证明货物已经收到，允许将货物运至目的地并交付给收货人的书面凭证。

提单的作用表现在三方面：它是货物收据，表示提单签发人已经收到了提单所列货物；它是运输契约的证明，提单上列明了承运人与托运人相互之间的权利和义务，是处理双方争议纠纷的法律依据；它是物权凭证，收货人或提单的合法持有人，有权向承运人提取提单上列明的货物。

(2)海运提单的内容。提单包括正面和背面条款。正面条款内容包括：托运人提供并填写部分(包括托运人、收货人、被通知人、货名及件数、标志及件数、重量和体积等)和承运人印就与填写部分(如外表状况良好条款、承认接受条款、船公司或其代理人的签章等)。背面条款内容包括承运人、托运人、收货人之间的权利、义务和责任豁免，是处理争议时的主要法律依据。

(3)海运提单的种类。按提单上有无不良批注分为清洁提单和不清洁提单。清洁提单(Clean B/L)指货物装船时“表面状况良好”，承运人在提单上未加任何有关货物受损或包装存在缺陷的不良批注。不清洁提单(Unclean B/L)指承运人在提单上加有货物受损或包装存在瑕疵等“货物表面状况”不良的批注。在进出口业务中，通常都要求卖方提供“清洁提单”。

按货物是否装船可分为已装船提单和备运提单。已装船提单(On Board B/L, Shipped B/L)指承运人在货物已经装上指定船舶后所签发的提单。备运提单(Received for Shipment B/L)又称收讫待运提单，是指承运人已收到托运货物，等待装船期间所签发的提单。在实际业务中，如果采用 FOB、CFR、CIF 术语成交，卖方肯定需要提供“已装船提单”。采用 FCA、CPT、CIP 等术语成交时，只要进口方不强调货物必须装船才能取得提单，卖方只要把货物交给承运人就可将包括备运提单在内的所有单据送交银行收款。

按提单收货人的写法不同分为记名提单、不记名提单和指示提单。记名提单(Straight B/L)指提单的“收货人”栏内写明了收货人名称的提单。这种提单只能由提单上指定的收货人提取货物，不能转让给第三者。不记名提单(Open B/L)指提单的“收货人”栏内不写具体的收货人名称，而仅写“To Bearer”(交持单人)的提单。不记名提单无须作任何背书，仅凭交付即可转让。指示提单(Order B/L)指提单的“收货人”栏内填上“To Order of...”(凭某人指示)或“To Order”(凭指示)字样的提单。这种抬头的提单可以通过“背书”转让。发出指示的人不同则背书人不同，如为“To Order of Shipper”，转让时应由“托运人”背书；如为“To Order of... bank”，转让时应由该指定的“银行”背书；如为“To Order of Consignee”，则由“收货人”背书。对于收货人栏为“To Order”，习惯上称为“空白抬头”的提单，虽然未列明具体的“指示人”，根据惯例，转让时由“托运人”背书。

根据使用效力不同提单还可以分为正本提单(Original B/L)和副本提单(Copy B/L)。另外还有过期提单(Stale B/L)、预借提单(Advanced B/L)、倒签提单(Antedated B/L)等。

(二)纺织品服装的运输保险

1. 运输保险的含义　货物运输保险(Insurance)是以运输过程的各种货物作为保险标的,保险人对保险标的在运输过程中所发生的约定范围内的损失给予被保险人以经济上补偿的一种业务。国际贸易中,不同的运输方式办理的保险业务不同,如海上货物运输保险、航空运输保险、陆上货物运输保险。

2. 运输保险条款

(1)FOB、FCA、CFR、CPT 贸易条件下的保险条款。如果按照 FOB、FCA、CFR、CPT 贸易条件签订买卖合同,则由买方办理保险手续并缴纳保险费,此时保险条款的内容比较简单。例如,"CFR to be effected by the buyer"(CFR 由买方负责办理保险)。

(2)CIF、CIP 贸易条件下的保险条款。如果按照 CIF、CIP 贸易条件签订买卖合同,则按照惯例由卖方负责办理保险并缴纳保险费。此时保险条款的内容应当比较详细,须明确投保的金额、投保的险别等。例如,"CIF to be effected by the seller for 110% of invoice value to cover All Risks according the Ocean Marine Cargo Clause of the People's Insurance Co. of China"(CIF 由卖方负责办理保险,投保金额为发票金额的 110%,按照中国人民保险公司海上货物运输保险的规定投保一切险)。其中,保险金额是保险人所承担的最高赔偿金额,按照国际惯例,保险金额按照 CIF 或 CIP 总值加成一定的投保加成率来计算,即:

$$保险金额 = CIF价(CIP价) \times (1 + 投保加成率)$$

投保加成率一般取 10% 计算。保险费是办理保险业务时缴纳的费用,它的计算公式是:

$$保险费 = 保险金额 \times 保险费率$$

按照 CIF 出口时由我方办理保险,合同中一般约定以中国人民保险公司海上货物运输保险条款投保。投保险别包括基本险(Basic Risks)和附加险(Additional Risks)两大类。基本险又叫主险,是可以独立投保的险别,包括平安险(Free from Particular,FPA)、水渍险(with Average or with Particular,WA or WPA)、一切险(All Risks)。附加险不能独立投保,必须依附于基本险项下,并另外支付保险费,包括:一般附加险、特殊附加险等。

3. 保险索赔　保险索赔(Insurance Claim)是指当被保险货物遭受承保范围内的风险损失时,被保险人依据保险合同向保险人要求赔偿的行为,也称提赔。被保险人向保险公司索赔必须具备三个条件:

(1)被保险人是保险单的合法持有人。

(2)被保险人要求赔偿的损失必须是承保责任范围内的风险造成的损失。

(3)被保险人必须拥有可保利益。可保利益,也称保险利益,是指被保险人对被保险货物因具有某种利害关系而享有的为法律所承认可以投保的经济利益。例如,按 FOB 或 CFR 贸易术语成交条件下,保险是由买方办理的,而买方是在货物装船后才承担风险,亦即此时他才享有可保利益。

4. 保险责任的起讫期限　按照目前国际惯例,中国人民保险公司对保险责任的起讫采用"仓至仓"条款的规定处理,即保险公司所承担的保险责任从被保险货物运离保险单所载明的启运地发货人仓库或储存处所时开始,直至货物到达保险单所载明的目的地收货人仓库时为止,最长不超过被保险货物卸离海轮后60天。战争险的保险责任起讫期限不采用"仓至仓"条款,仅以水面危险为限。如不卸离海轮或驳船,则从海轮到达目的港的当日午夜起算满15天,保险责任自行终止。

四、纺织品服装贸易货款的支付

货款的支付直接关系到买卖双方的利益,在贸易磋商中是双方高度关注的环节。国际贸易中,采用现金结算的较少,大多使用非现金结算的方式,即使用票据代替现金作为流通手段和支付手段的信贷工具来结算国际的债权债务。汇票是国际贸易中使用最广泛的一种票据。

(一)汇票

1. 汇票的定义　各国的票据法都对汇票(Bill of Exchange, Draft, B/E)进行了定义。按照《英国票据法》的规定:汇票是指一个人向另一个人签发的,要求即期或定期或在可以确定的某一将来时间,对某人或其指定人或持票人支付一定金额的无条件支付命令。我国在1996年1月1日起实施《中华人民共和国票据法》,其中对汇票的定义是:出票人签发的,委托付款人在见票时或在指定日期无条件支付确定金额给收款人或持票人的票据。

2. 汇票的主要内容　汇票的主要内容包括:标明"汇票"的字样、无条件的支付命令、确定的金额、付款人名称、收款人名称、出票日期、出票人签章等。

3. 汇票的种类

(1)根据汇票是否随附货运单据,可以将汇票分为光票(Clean Bill)和跟单汇票(Documentary Bill)。

跟单汇票是指汇票在流通过程中必须随附货运单据,即出票人出票时必须提交约定的货运单据,才能取得货款。跟单汇票在国际贸易中广泛使用,它体现了货款与单据对流的原则。

(2)根据付款时间的长短不同,可以将汇票分为即期汇票和远期汇票。

即期汇票是指见票后立即支付货款的汇票,如"Pay at sight"(见票立即付款);远期汇票是指在一定期限或特定日期付款的汇票,如"Pay at 30 days after sight"(见票后30天内付款);"Pay at 30 days after date of draft"(出票后30天内付款)。

(3)根据汇票受款人写法不同,汇票可以分为限制性抬头汇票、持票来人抬头汇票、指示性抬头汇票。

限制性抬头的写法如"Pay to A only"(只能付给A),这种汇票不能流通转让,只有指定的受款人才能接受票款。指示性抬头的汇票如"Pay to the order of A"(付给A的指定人)、"Pay to A"(付给A),这种汇票能够经过背书(Endorsement)继续转让。

4. 汇票的使用流程　汇票的使用流程包括出票(Issue, To Draw)、提示(Presentation)、承兑(Acceptance)、付款、背书、拒付(Dishonor)、追索(Recourse)等几个环节。

(1)出票,即开出汇票,指出票人填写汇票的各个项目,签字后交给收款人的行为。

(2)提示,即持票人向付款人(受票人)出示汇票,要求其对汇票进行承兑或付款的行为。

(3)承兑,指远期汇票付款人须先对汇票签字,承诺汇票到期时履行付款责任。付款人在汇票正面写明“承兑”字样,注明日期并签名。

(4)付款,指持票人持即期汇票或到期的远期汇票提示后,付款人支付票据金额,并收回汇票。

(5)背书,指汇票的持票人在汇票的背面签上自己的名字,并将收款的权利转让给他人的过程。背书的方法分为限制性背书、记名背书、不记名背书等。持票来人抬头的汇票如“Pay to bearer”(支付给持票来人),这种汇票无须背书,即可转让。根据我国票据法的规定,汇票必须记载收款人的名称,否则无效。

(6)拒付和追索,指如果付款人因为各种原因拒绝付款或无法付款,此时持票人有权向所有的前手直至出票人追要票款及有关费用。

(二)支付方式

国际贸易中常用的支付方式有三种:汇付、托收、信用证。

1. 汇付

(1)汇付的含义。汇付(Remittance),又称汇款,是指付款人委托银行采用各种支付工具,将款项汇交收款人的支付方式,属于顺汇法。汇付的当事人包括汇款人、收款人、汇出行、汇入行。

(2)汇付的种类。汇付的种类包括电汇、信汇和票汇。

电汇(Telegraphic Transfer)是指汇出行应汇款人的申请,拍发加押电报、电传或 SWIFT 给在另一国家的分行或代理行指示解付一定金额给收款人的一种汇款方式。这种付款方式需要缴纳较高的银行手续费,但优点是速度快,因此在汇付业务中广泛使用。

信汇(Mail Transfer)是指汇出行应汇款人的申请,将信汇委托书寄给国外汇入行,授权解付一定金额给收款人的一种汇款方式。信汇具有费用低廉的特点,但速度慢,业务中较少使用。

票汇(Remittance by Banker's Demand Draft)是指汇款人使用汇票、本票或者支票等支付工具将货款主动交付收款人。票汇中以使用银行即期汇票最为常见。

(3)汇付支付的特点。汇付方式手续简便,但银行在汇付过程中只为进出口双方提供有偿服务,并不保证买方一定付款或者卖方一定提交符合合同要求的货运单据,因此汇付方式完全有赖于买卖双方的相互信任。由于国际贸易中当事人双方距离遥远,互不信任,因此在付款时间上很难达成一致,也导致汇付方式在实际贸易中的应用非常有限,一般只用于小额的交易、佣金、预付定金、支付余额等。

2. 托收

(1)托收的含义。托收(Collection)是指出口方委托银行代收货款的支付方式,也称为银行托收。具体流程是出口商发货装船取得提单和其他单据之后,签发以进口人为付款人的汇票，到托收行办理托收业务，委托该银行通过它在进口人所在地的分行或代理行向进口人收款，待款项收妥后再通过银行转交给出口人。托收的当事人包括委托人、付款人、托收行、代收行、提示行等。

(2)托收的种类。根据托收是否随附货运单据可以分为光票托收和跟单托收。光票托收是指汇票不随附货运单据，这种方式在我国使用较少。跟单托收是指出口方将随附全套货运单据的汇票交给托收行，委托银行代收货款。

根据交单方式不同，托收可以分为付款交单(Documents Against Payment，D/P)和承兑交单(Documents Against Acceptance，D/A)。付款交单是指卖方的交单须以买方的付款为条件，即出口人将汇票连同货运单据交给银行托收时，指示银行只有在进口人付清货款时才能交出货运单据。按支付时间不同，付款交单又可分为即期付款交单和远期付款交单两种。承兑交单指出口人的交单以进口人的承兑为条件。进口人承兑汇票后，即可向银行取得货运单据，待汇票到期日才付款。

(3)托收支付的特点。托收方式属于商业信用。银行办理托收业务时，只是按委托人的指示处理票据和商业单据，到底银行是否能收到货款，完全依赖于买方的信用。

托收方式对买方比较有利，费用低，风险小，付款或承兑后可以立即拿到货运单据提货。对卖方来说，即使是付款交单方式，万一买方因某种原因拒付，卖方将遭受来回运输费用的损失和货物被迫低价转售的损失。另外，远期付款交单和承兑交单相比，承兑交单风险更大，因为买方只要承兑远期汇票，就可以取得运输单据提取货物，一旦买方拒付，卖方可能要承担货款两失的风险。因此，我国外贸企业以托收方式出口，一般不采用承兑交单。

3. 信用证

(1)信用证的含义。信用证(Letter of Credit，L/C)是指开证银行根据申请人(买方)的要求和指示，向受益人(卖方)开具的载有一定金额，在一定期限内凭符合规定的单据付款的书面保证文件。信用证实质上是银行的有条件的付款承诺。

(2)信用证的内容。信用证的主要内容包括：

①信用证本身的说明。包括信用证的种类、编号、开证日期、当事人的情况、信用证的金额、有效期限、到期地点等。

②汇票的说明。包括汇票的出票人、付款人、受款人、付款期限、金额等。

③单据的说明。包括要求提交的单据名称、各种单据的份数以及单据的具体要求。

④运输的说明。包括货物的装运地、目的地、运输期限、能否分批装运或转运等。

⑤货物的说明。包括货物的名称、数量、价格、包装等情况。

⑥其他事项的说明。包括开证行保证付款的文字，开证行对议付行的指示以及其他一些特殊规定。

(3)信用证的当事人。信用证的主要当事人包括六个：开证申请人、开证行、受益人、通知行、议付行、付款行。另外根据信用证的种类和性质不同，还会出现保兑行、承兑行、代付行等。

(4)信用证的种类。

①按照信用证是否随附货运单据,可以将信用证分为光票信用证和跟单信用证,跟单信用证(Documentary Credit)是国际贸易中普遍使用的信用证。

②按照信用证是否可以撤销,信用证可以分为不可撤销信用证(Irrevocable Credit)和可撤销信用证(Revocable Credit)。不可撤销信用证是指开证行开出信用证后,在信用证的有效期内,未经有关当事人的同意,不得随意修改或撤销的信用证。可撤销信用证是指信用证开出以后不经过出口商的同意,可以进行修改或撤销的信用证。

③按照支付时间的不同信用证可以分为即期信用证(Sight Credit)和远期信用证(Usance Credit)。即期信用证是指付款行在收到符合信用证规定的单据后,立即履行付款责任的信用证。远期信用证是指付款行收到符合信用证规定的单据时,不立即付款,而是在规定期限到来时才付款的信用证。

④按照信用证的付款方式不同信用证可以分为付款信用证(Payment Credit)、承兑信用证(Acceptance Credit)、议付信用证(Negotiation Credit)。付款信用证是指受益人向付款行提交规定的单据时,银行就要付款。付款信用证又分为即期付款信用证和延期付款信用证。承兑信用证是指付款行在收到信用证规定的单据时,先承兑,等汇票到期再付款。议付信用证是指开证行允许受益人向某一银行交单议付的信用证,一般都注明“Available by negotiation(允许议付)”。

除此之外,还有保兑信用证(Confirmed Credit)、对开信用证(Reciprocal Credit)等。

(5)信用证的特点。信用证是开证行向受益人的付款承诺。在信用证支付方式下,开证行处于第一付款人的地位,它的付款责任是首要和独立的,即使进口人失去偿付能力或者拒绝付款,只要出口人提交的单据符合信用证的条款,开证行也有义务付款。

信用证是独立的自足文件。信用证一经开立,它就成为独立于买卖合同以外的契约。信用证的各当事人的权利和责任以信用证中所列条款为依据,不受买卖合同的约束,出口人提交的单据如果符合买卖合同要求,但若与信用证条款不一致,仍会遭银行拒付。

信用证是一种纯单据业务。在信用证支付方式下,实行的是凭单付款的原则。开证行或付款行处理的是单据,而非货物,只凭符合信用证规定的正确单据付款。

五、纺织品服装的检验

(一)检验的含义和作用

商品检验(Commodity Inspection)简称商检,是指商品检验机构对货物进行检验和鉴定,并出具检验证书,从而确定货物的各项指标是否符合合同规定和进出口国家的有关规定。商品检验是国际贸易中非常重要的一个环节。买卖双方共同认可的第三方检验机构对货物检验后出具的检验证书,是交易双方交接货物、支付货款、索赔、理赔和解决纠纷的依据。

根据《中华人民共和国进出口商品检验法》的规定,凡是列入《商检机构实施检验的进出口商品种类表》(以下简称《种类表》)的进出口商品,以及其他法律法规规定须经商检机构检验的进出口商品,都必须实施强制性检验。对《种类表》以外的进出口商品,商检机构可以抽查检验。部分纺织品服装是属于法定检验商品,在进出口时需要接受强制性检验。另外,除了《种类表》里规定的纺织服装商品外,根据我国《中华人民共和国进出口商品检验法》及外经贸部的有关规定,一些纺织服装商品也是必须经过我国的商检机构查验后方能出口的。

(二)国内纺织品服装商品检验机构

目前,国内纺织品服装市场中存在着众多的检测机构,按照机构是否由政府设立,可以分为官方检验机构和独立检验机构。官方检验机构是由政府设立的监督检验机构,主要依照法律和行政法规的规定,对有关进出口商品实施严格的检验管理。独立检验机构是由商会、协会或私人设立的半官方或民间商品检验机构,担负货物的检验和鉴定工作。由于独立检验机构承担的民事责任有别于官方商品检验机构承担的行政责任,所以在国际贸易中更易被买卖双方接受。

1. 中华人民共和国出入境检验检疫局 1998年7月,原国家商检局、原卫生部负责的国家出入境卫生检疫局、原农业部负责的动植物检验局合并组建了国家出入境检验检疫局(State Administration of Exit and Entry Inspection and Quarantine of the People's Republic of China,CIQ),简称"中国出入境检验检疫局"。2001年4月,国务院将原国家质量技术监督局和原国家出入境检验检疫局合并,成立了"国家质量监督检验检疫总局"(General Administration of Quality Supervision, Inspection and Quarantine of the People's Republic of China, AQSIQ)。作为国家商品检验机构,国家质量监督检验检疫总局主要承担的责任包括:对进出口商品实施法定检验,对进出口商品的质量和检验工作进行监督管理,办理进出口商品的公证鉴定等。在对纺织品服装进行检验时主要依据:

(1)国家有关进出口的法律法规。例如《中华人民共和国进出口商品检验法》《中华人民共和国进出口商品检验法实施条例》《中华人民共和国国境卫生检疫法》《中华人民共和国国境卫生检疫法实施细则》等。

(2)纺织品服装进出口的国家指定标准和技术规范要求。例如《进出口纺织品安全项目检验规范》《生态纺织品技术要求》《进出口针织服装检验规程系列标准》《进出口服装检验规程系列标准》《出口西服大衣检验规程》《出口毛针织品检验规程》《进出口纺织品安全项目检验规范》等。

(3)进口国家的法律法规。

(4)其他依据。例如合同、信用证的规定;双边政府协议及相对应的标准;国家有关纺织服装产品的管理规定等。

2. 上海通标标准技术服务有限公司 通标标准技术服务有限公司(SGS—CSTC Standard Technical Service Ltd. ,Shanghai Branch)是世界上最大的专门从事国际商品检验测试的公司——瑞士通用公证行(SGS)与原国家质量技术监督局所属的中国标准技术开发公司于1991年共同投资建立的合资公司。SGS创建于1878年,其总部设在日内瓦。1991年至今,通标标准技术服务有限公司陆续在上海、北京、天津、青岛、广州、厦门、宁波、秦皇岛、南京、湛江、武汉等地注册成立了15家分公司。通标公司提供的纺织品检测服务包括法规性检测、功能性检测、绿色环保检测、安全性能检测等,涉及的产品范围包括:纤维、纱线、地毯、成衣配料、羽毛及羽绒产品、手套、皮革制品、夹棉等。测试采用的标准涵盖了国际标准化组织ISO标准、美国纺织化学家和染色家协会AATCC标准、德国标准学会DIN标准、英国标准学会BS标准、澳大利亚标准学会AS标准、日本标准协会JIS标准等。

3. 上海天祥质量技术部服务有限公司 天祥检验集团(Intertek Testing Services,ITS)是世界上著名的工业与消费产品检验公司之一。总部设在伦敦,自1988年进入我国检验市场以来,目前已在北京、沈阳、天津、青岛、大连、上海、厦门、广州、深圳有分支机构和实验室网络。上海天祥质量技术部服务有限公司提供的纺织品检测服务包括法规性测试、品质及性能测试、生态纺织品测试等。法规性测试主要是为客户提供产品是否符合买方所在国的技术法规和技术标准要求的测试,主要内容有纤维标签、护理标签、羽绒试验、防火测试等。品质及性能测试主要是提供布料和成衣的常规化学、物理性能和功能性测试。生态纺织品测试按照Oeko-Tex Standard 100生态纺织品标准以及买方所在国的有关法规进行。

4. 日本化学纤维检查协会上海科恳服装检验修整有限公司 随着我国输日纺织品贸易的发展,1994年设立了上海科恳服装检验修整有限公司(Shanghai Kakon Apparel Test & Mending Co.,Ltd),在青岛、大连、宁波、无锡设有试验室。它是由财团法人日本化学纤维检查协会与上海虹桥开发区虹欣实业有限公司建立的合资公司。财团法人日本化学纤维检查协会成立于1948年,总部设在东京,是日本最有影响的检验机构之一。目前,上海科恳服装检验修整有限公司已通过中国实验室国家委员会的认可,成为国内第一家被认可的中日合资的纺织品检验公司,也是目前国内最大的输日纺织品检验修整合资公司。其检验标准主要是依据日本标准协会JIS标准以及KAKEN标准进行检验,检验项目包括各种色牢度、强度、防水度、抗起球性能、耐水度、成衣耐洗涤性、洗涤标识检查等。

(三)检验条款的规定

1. 检验条款的内容 进出口合同中的检验条款一般包括下列内容:有关检验权的规定,检验或复验的时间和地点,检验机构,检验检疫证书等。检验证书依据检验的项目不同分为品质检验证书、重量检验证书、数量检验证书、包装检验证书、卫生检验证书、兽医检验证书、消毒检验证书、残损检验证书、财产价值检验证书、生丝品级及公量检验证书等。

2. 检验的时间和地点 在国际货物买卖合同中,关于商品检验的时间和地点有各种不同的规定办法,通常有以下几种做法:

(1)在出口国检验。出口国检验包括在产地检验和在装运港(地)检验。

产地检验是指由出口国的生产工厂检验人员或按照合同规定与买方验收人员一同于货物在工厂发运前进行检验。一旦检验合格,在运输途中出现的品质、数量等方面的风险由买方负责。

在装运港(地)检验,习惯上称为离岸品质和离岸重量,是指货物在装运港(地)装运前由买卖双方约定的商检机构对货物的品质、数量、包装等进行检验,并出具检验证书,作为货物是否合格的最后依据。当货物运抵目的港(地)后,即使买方复验发现了问题,也无权提出异议和索赔。除非买方能证明货到目的地时的变质或短量是由于卖方未能履行合同中的品质、数量、包装等条款,或因货物固有的瑕疵而引起的。

(2)在进口国检验。进口国检验包括在目的港(地)卸货后检验和在买方营业处或最终用户所在地检验。

目的港(地)卸货后检验习惯上称为到岸品质和到岸重量,即货物到达目的港(地)卸货后,由买卖双方约定的检验机构对货物的品质、数量、包装等进行检验,并出具检验证书,作为货物是否合格的最后依据。

在买方营业处或最终用户所在地检验是指在买方营业处或最终用户所在地由买卖双方约定的检验机构对货物的品质、数量、包装等进行检验,并出具检验证书,作为货物是否合格的最后依据。

(3)出口国检验,进口国复验。目前,我国对外签订的买卖合同多数使用的是货物在装船前进行检验,由卖方凭商检证书连同其他装运单据,进行议付货款。货物到达目的港后,再由双方约定的机构在约定期限内,对货物进行复检。如发现货物的品质或数量与合同规定不符,买方有权在规定时效内提出异议。

检验条款举例:

The Certificate of quality and weight(quantity) issued by the China Exit and Entry Inspection and Quarantine Bureau at the port of shipment shall be part of the documents to be presented for negotiation under the relevant letter of credit. Any claim by the buyers regarding the goods shipped shall be lodged within... days after arrival of the goods at the port of destination, and supported by a surveyor approved by the seller.(以装运港中国出入境检验检疫局签发的质量和重量检验证书作为有关信用证下议付单据的一部分,买方对于货物的任何索赔须于货物到达目的港……天内提出,并须提供卖方同意的公证机构出具的检验证书。)

3. 订立检验条款注意的问题　在制订检验条款时应当注意确定检验的时间、地点、方式以及检验的内容、检验的标准,在合同中的说明应当科学、合理、明确,并结合实际的检验技术。另外,应当尽可能地选择权威的商品检验机构进行检验,并明确检验费用由谁来承担,一般情况出口检验的费用由卖方自己承担,但是如果买方提出额外要求,则应考虑额外费用的负担问题。

案例 8

2005 年,南方某棉纺织实业有限公司从印度进口棉花,经检验检疫部门逐包检验后发现短重 3.85 吨,短重率近 2%。由于该批进口棉花是看样成交,合同没有明确相关具体的品质检验条款,因此给相关检验鉴定工作带来一定的困难。虽然经抽样检验其品质、重量都存在些不足,但依据合同只能为该公司出具重量索赔证书,品质则只能放弃对外索赔。最终,在检验检疫局的帮助下,该公司对外成功获赔 5 万元。

分析:企业在进口纺织品服装时合同中一定要明确品质、等级和重量的相关检验条款,以确保我方的权益。

六、索赔、不可抗力、仲裁条款

(一)索赔条款

1. 索赔的含义 索赔(Claim)是指买卖合同的一方当事人因另一方当事人违约致使其遭受损失而向另一方当事人提出要求损害赔偿的行为。理赔则是指违约方对受损方提出的索赔要求进行处理。在实际业务中经常遇到的索赔包括保险索赔、运输索赔、买卖索赔。保险索赔是指运输过程中发生保险项下的事故,造成全部损失或部分损失以及发生的合理的施救费用,按规定向保险公司索赔。运输索赔是指由于承运人没有履行基本义务,向承运人进行索赔。买卖索赔是指由于买方或卖方原因造成的损失,向对方索赔。

2. 索赔条款 索赔条款的主要内容包括索赔依据、索赔期限、罚金条款等。

索赔依据是指受损害的一方当事人在提出索赔时必须提供的、证明对方违约的书面材料,主要指各种检验证书。

索赔期限又称索赔时效,是指损害方向违约方提出索赔的有效期限,如果逾期索赔,违约方可以不予受理。在签订进口合同时,要特别关注索赔期限,掌握索赔的主动权,以避免索赔期过短而影响企业索赔。

索赔依据和索赔期限主要是针对卖方的交货品质、数量、包装等不符合合同而订立的。在进料加工中,务必注明收货检验的标准,要求其承诺进口原料或面料品质要符合中国强制性标准的要求。同时,纺织原料或面料到货后,应及时到检验检疫局报检,积极配合做好鉴重、抽样、送样、检测等工作,以便及时出具证书,对外索赔,维护企业自身利益。索赔期限的规定如"Claims for incorrect material must be made within 60 days after arrival of the goods at the destination and supported by sufficient evidence for sellers' reference; otherwise, the sellers shall refuse to consider"(对不合格物品的索赔应当在货物抵达目的地60天内提出,并须提供充分的证据,否则卖方不予受理)。

罚金条款(Penalty Clause)是指在合同中规定,由于一方未履行合同或未完全履行合同,向对方支付一定数量约定金额作为赔偿。罚金条款主要是针对卖方延期交货、买方延期接货或延期开信用证等而订立。按照惯例,罚金数额以不超过货物总金额的5%为宜,买卖双方支付罚金后,并不能解除其继续履行合同的义务。

(二)不可抗力

1. 不可抗力的含义和种类

不可抗力(Force Majeure)是指在货物买卖合同签订后,由于发生了当事人既不能预见和预防,又无法避免和克服的事件,以致不能履行或如期履行合同,遭受意外事件的一方可以免除履行合同的责任或延期履行合同。不可抗力事件包括以下几类:

(1)自然界的事件,主要包括水灾、风灾、冰灾、暴风雪、山崩、海啸、雷电、森林等。

(2)政府行为事件,是指有关政府颁布了新的法律、法规、行政措施等使原来的合同不能继续履行。

(3)社会异常事件,是指社会上出现了罢工、战争等偶然发生的事件,使当事人难以履行合同。

(4)经济事件,是指物价或货币价值暴涨或骤跌,严重影响合同的履行。

2. 不可抗力条款 不可抗力的规定主要有三种方式:概括规定、列举规定、综合规定。

概括规定是指条款中对不可抗力事件范围只作笼统的规定,而不具体规定哪些事件属于不可抗力事件的范围。例如:"The seller shall not be held responsible for failure or delay in delivery of the entire or apportion of the goods under this contract in consequence of an fore majeure incidents"(如因人力不可抗拒的原因,以致不能全部或部分履行合同时,卖方不负责任)。

列举规定,即一一列举不可抗力事件的范围,这种方法虽然明确,但是不够灵活,不可能列出每一种可能发生的情况。

综合规定是指一方面列出比较常见的不可抗力事件,另一方面还要再加上"以及双方同意的其他不可抗力事件"等补充说明。

(三)仲裁条款

在国际贸易中,如果买卖双方发生争议,一般可以采用协商、调解、诉讼、仲裁等方法解决。仲裁是采用最广泛的一种方式。

1. 仲裁的含义 仲裁(Arbitration)是指贸易双方在执行合同时发生争议,按照协议将有关争议提交仲裁机构裁决。仲裁又分为质量仲裁和技术仲裁。质量仲裁解决的是因商品的品质、规格问题引发的纠纷;技术仲裁解决的是因单据解释不同而引起的纠纷。

2. 仲裁的机构 世界上许多国家和国际组织都设有专门从事国际商事仲裁的常设机构,如总部设在法国的国际商会仲裁院、英国国际仲裁院、美国仲裁协会、瑞典斯德哥尔摩商会仲裁院、瑞士苏黎世商会仲裁院、日本国际商事仲裁协会等。我国的涉外仲裁机构为中国国际经济贸易仲裁委员会,总部设在北京,在上海和深圳设有分会,它是我国唯一的对外经贸仲裁机构。

3. 仲裁协议 提交仲裁需要有仲裁协议,仲裁协议是仲裁机构和仲裁员受理争议案件的依据。仲裁协议包括两种形式:仲裁条款和提交仲裁的协议。仲裁条款是指买卖双方在争议发生之前订立的、表示愿意将未来可能发生的争议提交仲裁的条款;提交仲裁的协议是指买卖双方发生争议之后,将争议提交仲裁之前订立的书面协议。仲裁协议的主要内容包括仲裁地点、仲裁程序、仲裁裁决的效力以及仲裁费用的负担等。

仲裁协议举例:

All disputes arising from the execution of or in connection with this contract shall be settled through amicably negotiation. If no settlement can be reached through negotiation, the case shall then be submitted to the Foreign Trade Arbitration Commission of China Council for the Promotion of the International Trade, Beijing, for arbitration in accordance with its provisional rules of procedure. The award of arbitration is final and binding upon both parties. (凡因执行合同或有关合同所发生的争议双方应当友好协商解决,如果协商不能获得解决,应提交北京中国国际贸易仲裁委员会按照其规定进行仲裁,仲裁判定的结果是终局的而且对双方都有约束力。)

第二节　出口合同的履行

贸易条件不同，出口交易的程序也不同。我国纺织服装出口贸易中常用的交易条件是：海洋运输，即期信用证支付方式及 CIF、CFR、CIP 等贸易术语，在这类交易条件下，履行出口合同的过程可归纳为货（备货、报验）、证（催证、审证、改证）、运（托运、转船、保险、报关等）、单（制单）、款（结汇）五个主要环节。

一、备货、报验

备货也叫排产，是出口单位根据合同或信用证规定，向生产加工及仓储部门或国内工厂下达联系单或购销合同，并对货物进行清点、加工整理、刷制运输标志以及办理申报检验和领证等工作。卖方的基本义务是交付货物、移交与货物有关的单据并转移货物所有权。安排好货物是保证卖方按时、按质、按量履行合同的前提条件，事关重大，应当引起高度重视。

备货大体经过签订购销合同、商品验收入库、整装刷唛三个过程。在备货过程中我们应该注意以下几个问题：第一，卖方应按合同规定的时间交货。交货时间是买卖合同的主要条件，延迟装运或提前装运均可导致对方拒收或索赔。合同中如未规定允许分批装运或转运，则应理解为不允许分批装运或转运。合同中如规定允许分期/分批装运的，但同时又规定了每批的数量，则卖方必须严格照办。如果其中某一期未按规定时间或数量装运，买方可按违约情况要求损害赔偿直至解除该期合同，甚至解除该期以后各期的合同。第二，货物包装应与合同和法律的要求一致。合同中对包装的要求有繁有简，凡是合同中有明文规定的，卖方必须严格照办。对于合同没有明文规定的，应注意符合有关法律的要求。第三，货物的品质必须符合合同的规定和法律的要求。第四，交货数量应符合合同的规定。交货数量是合同的一个重要交易条件。对于卖方在交货数量上应承担的义务，各国法律都有具体的规定，但并不一致。由于世界各主要贸易国家和地区都是《联合国国际货物销售合同公约》的缔约方，因而不论其国内和地区法如何规定，我国企业在与其贸易时，均按《公约》规定处理。

出口商品报验是出口生产、经营单位按照《商检法》规定，向当地出入境检验检疫局申请办理检验手续。一般在货物备妥后填写“出境货物报验单”，同时附上合同和信用证副本等凭据，向商检部门报验，实施“先报验，后报关”的通关模式。非法定检验但须商检出证的商品，没有经过商检机构检验和发放相应证书，银行不予结汇。对于法检商品，检验合格后，商检部门签发“出境货物通关单”，加盖检验检疫专用章，海关凭以放行。卖方须在通关单签发之日起 60 天内（鲜活商品 2 周内，植物检疫 3 周内）报运出口，逾期仍未装运的，重新检验，取得合格证书后，方可出口。出口商品检验的一般程序是：

（1）出口商填写“出口商品检验申请表”，以书面方式向商检部门提出商品检验申请（报验）。

（2）商检部门接受出口商商品检验申请，对出口商品进行检验。

(3)商检部门按照检验结果进行出证。

二、催证、审证、改证

落实信用证通常包括催证、审证、改证三项内容。从理论上讲,信用证若能按合同开立,落实信用证的工作并不是非做不可。但从实际业务看,催证、审证和改证的工作却仍是经常需要进行的。

(一)催证

在证实签署买卖合同以后,卖方应该及时开展下一步工作。在信用证支付方式下,就应该立即催促客户开立信用证,而不能采取静候等待的办法。我们如果不催促,一种可能是客户会因为其他的生意而把我们的生意忘记或搁置了;另一种可能是客户会担心我们对此笔生意不热心、没有多大兴趣,他们因此会放弃或转向其他卖方去购买。

(二)审证

审证是履行合同的一个非常重要的环节。一旦受益人接受了与合同规定不符的信用证,则受益人只有严格按信用证的规定提交单据,才能收到货款。在收到国外进口商通过银行开来的信用证之后,出口企业应根据买卖合同并参照 UCP 600(Uniform Customs and Practice for Documentary Credits 600,跟单信用证统一惯例 600)的规定对信用证进行审核。对信用证的审核包括通知行审核和出口商审核两个方面。

银行一般着重审核开证银行的政治背景、资信能力、付款责任及索汇路线等方面的问题;出口人的审核侧重与信用证的内容是否与买卖合同相一致。包括:

1. 信用证的性质　信用证是否是不可撤销的、是否保兑等。UCP 500 规定,信用证应明确注明是可撤销或是不可撤销的;如无此项注明规定,应视为不可撤销的信用证。在新修订的 UCP 600 中则明确规定取消可撤销的信用证。

2. 适用惯例　审核信用证中是否申明所适用的国际惯例规则,如:"THIS CREDIT IS SUBJECT TO THE UNIFORM CUSTOMS AND PRACTICE FOR DOCUMENTARY CREDITS 2007 REVISION ICC PUBLICATION NO. 600"。若无此申明,一般不宜接受。若为 SWIFT 信用证,则自动遵循 UCP 600。

3. 信用证的金额　信用证的金额、币种、金额的大、小写应与合同一致,若合同订有溢短装条款,则信用证金额也应有相应得机动幅度。

4. 开证人与受益人的名称、地址　审核信用证中开证申请人与受益人是否与合同相符。若有误,应及时修改更正,以免给制单带来不必要的麻烦和无法解决的困难。

5. 信用证中的有关期限　审核信用证中的装运期、交单期与到期日及到期地点,并注意审核判断能否在信用证规定的装期内备妥有关货物并按期出运。如来证收到时装期太近,无法按期装运,应及时与客户联系修改;信用证中若规定了分批出运的时间和数量,应注意能否办到,否则,任何一批未按期出运,以后各期即告失效;检查能否在信用证规定的交单期交单;若信用证中的装运期和有效期是同一天,即通常所说的"双到期",在实际业务中,应将装运期提前一些时间,如 7 ~ 10 天,以便有合理的时间来制单;审核装运期、交单期与到期日之间是否有矛盾。

6. 信用证的付款期限　信用证的付款期限在信用证中往往不是直接通过信用证本身反映出来，而是反映在汇票的期限上。例如：合同规定“凭即期信用证付款”，信用证中则表达为“L/C available by draft at sight”。即期信用证的期限很容易分辨，远期信用证则有真假之分。真远期一般有到期付款字样。假远期有两种形式：一是国外付款行负责贴现，通常表示为 USANCE DRAFTS TO BE NEGOTIATED ON SIGHT BASIS AND DISCOUNTED BY US，即远期汇票可按即期议付，由我行（开证行）负责贴现；二是一切利息、贴现息和承兑费由买方负担，表示为 ALL INTEREST, DISCOUNT CHARGES AND ACCEPTANCE COMMISSION ARE FOR BUYER'S ACCOUNT。真远期信用证会占压我方资金，但有些假远期信用证也会在很大程度上占压我方资金。例如，120 天的远期信用证规定：INTEREST FOR THE USANCE PERIOD WILL BE OPENER'S ACCOUNT NOT EXCEEDING “LIBOR” PREVAILING ON THE DATE OF NEGOTIATION。对方银行实际上议付后 90 天才付来货款并加上 90 天的利息，利率水平只相当于伦敦银行同业拆借利率，十分低。所以，对真远期及利率很低的假远期信用证，一般不予接受，除非在充分考虑我方的资金实力的情况下，为占有市场，或为保持与老客户的良好关系才可执行。

7. 信用证对单据的要求　审核信用证是否存在单据种类不当；提单抬头和背书要求、运费条款与成交条件是否有矛盾；要求提交的检验证书种类与实际是否相符；投保金额、险别范围与合同规定是否一致等。

8. 信用证中是否附有“软条款”　“软条款”是指开证申请人要求银行在信用证内加列各种条款，致使开证行做出付款行为必须受开证申请人或其代表履行某种行为的约束，或者说受益人获得银行付款取决于进口商履约意思，从而降低或削弱信用证这一信用工具的银行信用程度。例如：“Shipment can only be effected upon our issuance of documentary L/C amendment which is in turn subject to beneficiary's shipment sample duly approved by applicant”，即“在开证申请人收到并确认受益人的船样的前提下，我行对此跟单信用证做出修改后，受益人才能装运”。很显然，这是一份带有附加条件的信用证，对受益人的约束很大，其实质就是一份可撤销的信用证。凭此条款，如果买方认为船样不合格，他就会指示开证行不对信用证做出修改，卖方就不能发运货物，此笔业务也就取消了。常见的对出口商不利的软条款有：必须取得进口国政府批准进口的证书后信用证方可生效的条款；在信用证中插入信托收据的条款，允许进口商先借单提货，待检验检疫合格，由进口商向银行交该种检验检疫证书付款；有关运输事项，如船运公司、船名、装船日期、装卸港等须以开证申请人的书面通知或开证行的修改通知为准；规定检验检疫证书须经进口商同意等。

这类条款对受益人很不利，在审证过程中，要做到及早发现“软条款”，并立即通知进口商通过开证行进行修改或删除，千万不可边装边等信用证修改函，否则货物上船后才发现情况不妙，则为时已晚，万一对方不肯修改，我方就会陷入被动。

（三）改证

出口商通常要求修改的原因有：信用证的内容与合同不符；信用证中某些条款出口商无

法办到;货源或船期等出现问题,要求延期等。

进口商通常要求修改的原因有:由于市场或销售情况发生变化,如要提前或推迟发货、增加或减少货物数量或品种、改变信用证价格等;进口国发生某些情况,使信用证必须修改,才能进口有关货物,如政府宣布对某产品进口要求许可证或某特定单据等;开证行工作疏漏,在打字或传递上造成的错误使信用证必须更改等。

改证时应注意:不能直接向开证行提出改证要求;对于一张信用证中的问题,应尽可能一次提出修改;应坚持在收到对方银行的修改信用证通知书后才对外发货。

改证函示例:

Dear Sirs,

Your letter of credit No. 4586 issued by the Bank of Barclays has arrived.

On examination, we find that transshipment and partial shipment are not allowed.

As direct sailings to Liverpool are infrequent, we have to ship via London more often than not. As a result, transshipment may be necessary. With regard to partial shipment, it would speed matters up if we could ship immediately the goods we have in stock instead of waiting for the whole shipment to be completed.

With this in mind, we faxed you today, asking for the letter of credit to be amended to read: "partial shipment and transshipment allowed."

We trust this amendment will meet with your approval and you will fax us to that effect without delay.

Yours sincerely,

译文:

由巴克莱银行开立的第4586号信用证已如期收到。

经详细审核,发现不允许转船和分批装运。

由于到达利物浦的直达班轮稀少,我们不得不经常在伦敦转船,因此,转船装运是有必要的。至于分批装运,如能将手头现货立即装运而不必等到整批货物全部备妥一次装运,这对我们双方都有益处。

因此,现传真你方要求将信用证修改为"允许分批装运和转运"。

相信上述安排会得到你方的赞同并立即将此意传真我方。

三、货物托运

在CIF、CFR、CIP、CPT条件下,租船订舱是出口方的责任。国际货物运输具有面广、线长、中间环节多、空间距离大、涉及部门多、情况复杂等特点。只有掌握国际货物运输的基本知识,才能在交易磋商及签订合同时充分考虑有关情况,使合同的运输条款的订立更加明确、具体、合理,为合同的顺利履行奠定基础。办理货运手续包括:查看船期表,填写出口货物托运单(B/N);船公司或代理人签发装货单(S/O)或下货纸;装船完毕,由船长或大副签发大副收据(Mate's Receipt)或收货单;托运人凭收货单向外轮代理公司交付运费并换取正式提单。

四、货物投保

按照 CIF 和 CIP 条件成交的合同,在装船前须按合同和信用证的规定向保险公司办理投保手续。

(一)填写投保单

保险单是投保人向保险人提出投保的书面申请,其主要内容包括被保险人的姓名、被保险货物的品名、标记、数量及包装、保险金额、运输工具名称、开航日期及起讫地点、投保险别、投保日期及签章等。

(二)支付保险费,取得保险单

保险费按投保险别的保险费率计算。保险费率是根据不同的险别、不同的商品、不同的运输方式、不同的目的地,并参照国际上的费率水平而制订。它分为“一般货物费率”和“指明货物加费费率”两种。前者是一般商品的费率,后者系指特别列明的货物(如某些易碎、易损商品)在一般费率的基础上另行加收的费率。交付保险费后,投保人即可取得保险单(Insurance Policy)。保险单实际上已构成保险人与被保险人之间的保险契约,是保险人与被保险人的承保证明。在发生保险范围内的损失或灭失时,投保人可凭保险人要求赔偿。

(三)提出索赔手续

当被保险的货物发生属于保险责任范围内的损失时,投保人可以向保险人提出赔偿要求。按 INCOTERMS 2000 E 组、F 组、C 组包含的 8 种价格条件成交的合同,一般应由买方办理索赔。按 INCOTERMS 2000 D 组包含的 5 种价格条件成交的合同,则视情况由买方或卖方办理索赔。

被保险货物运抵目的地后,收货人如发现整件短少或有明显残损,应立即向承运人或有关方面索取货损或货差证明,并联系保险公司指定的检验理赔代理人申请检验,提出检验报告,确定损失程度;同时向承运人或有关责任方提出索赔。属于保险责任的,可填写索赔清单,连同提单副本、装箱单、保险单正本、磅码单、修理配置费凭证、第三者责任方的签证或商务记录以及向第三者责任方索赔的来往函件等向保险公司索赔。

五、报关

出口企业在备齐出口货物,确定运输工具和航线后应及时办理出口报关手续,如果是委托货运代理公司办理报关手续的,可在委托货运业务的同时,向货运代理公司提交报关委托书和其他报关所需要的单证,委托其代理报关。

海关对出口货物的监管过程分为申报,查验,征税和放行四个环节。

(一)申报

出口货物的发货人在根据出口合同的规定,按时、按质、按量备齐出口货物后,即应当向运输公司办理租船订舱手续,准备向海关办理报关手续,或委托专业(代理)报关公司办理报关手续。

需要委托专业或代理报关企业向海关办理申报手续的企业，在货物出口之前，应在出口口岸就近向专业报关企业或代理报关企业办理委托报关手续。接受委托的专业报关企业或代理报关企业要向委托单位收取正式的报关委托书，报关委托书以海关要求的格式为准。

准备好报关用的单证是保证出口货物顺利通关的基础。一般情况下，报关应备单证除出口货物报关单外，主要包括：托运单（即下货纸）、发票一份、贸易合同一份、出口收汇核销单及海关监管条件所涉及的各类证件。

申报应注意报关时限，报关时限是指货物运到口岸后，法律规定发货人或其代理人向海关报关的时间限制。出口货物的报关时限为装货的 24 小时以前。不需要征税费、查验的货物，自接受申报起 1 日内办结通关手续。

（二）查验

查验是指海关在接受报关单位的申报并已经审核申报单位为依据，通过对出口货物进行实际的核查，以确定其报关单证申报的内容是否与实际出口的货物相符的一种监管方式。

通过核对实际货物与报关单证来验证申报环节所申报的内容与查证的单、货是否一致，通过实际的查验发现申报审单环节所不能发现的有无瞒报、伪报和申报不实等问题。

通过查验可以验证申报审单环节提出的疑点，为征税、统计和后续管理提供可靠的监管依据。海关查验货物后，均要填写一份验货记录。验货记录一般包括查验时间、地点、出口货物的发货人或其代理人名称、申报的货物情况，查验货物的运输包装情况（如运输工具名称、集装箱号、尺码和封号）、货物的名称、规格型号等。需要查验的货物自接受申报起 1 日内开出查验通知单，自具备海关查验条件起 1 日内完成查验，除需缴税外，自查验完毕 4 小时内办结通关手续。

（三）征税

根据《海关法》的有关规定，进出口的货物除国家另有规定外，均应征收关税。关税由海关依照海关进出口税则征收。需要征税费的货物，自接受申报 1 日内开出税单，并于缴核税单 2 小时内办结通关手续。

（四）放行

对于一般出口货物，在发货人或其代理人如实向海关申报，并如数缴纳应缴税款和有关规费后，海关在出口装货单加盖“海关放行章”，出口货物的发货人凭以装船起运出境。

申请退关货物发货人应当在退关之日起三天内向海关申报退关，经海关核准后方能将货物运出海关监管场所。

（五）报关单的类别

1. 按进出口状态　可以分为进口报关单和出口报关单。

2. 按表现形式　可以分为纸质报关单和电子报关单。

3. 按使用性质　可以分为进料加工进出口货物报关单（粉红色）、来料加工及补偿贸易进出口货物报关单（浅绿色）、一般贸易及其他贸易进出口货物报关单（白色）、外商投资企业进出口货物报关单（浅蓝色）、需国内退税的出口货物报关单（黄色）。

4. 按用途　可以分为报关单录入凭单、预单录入报关单、电子报关单、报关单证明联。

5. 按使用范围 可以分为海关作业和留存联、收付汇证明联、加工贸易核销联、出口退税联。

六、制单

出口货物装船后，出口企业应按照信用证的规定，正确缮制各种单据。在信用证支付方式下，付款银行要求受益人提交的单据种类和内容与信用证的规定严格相符。如出现不符点，而开证申请人又不同意接受单据的话，则开证行将拒付货款。因此，出口企业必须做到"单据齐全""单证一致""单单一致""单货一致"。

单据的种类按照信用证的规定而定，常用的有汇票、提单、商业发票、保险单、检验证书、产地证书、装箱单、重量单等。出口单证基本要求：正确、完美、及时、简明、整洁。

(一)汇票

汇票是无条件的书面支付命令，要求付款人即期或定期支付票面上的金额。汇票一般开具一式两份，其中一份付讫，另一份即自动失效，也就是通常所说的"付一不付二""付二不付一"。现将汇票中各项内容的填制方法陈述如下：

(1)NO.——此栏为汇票的编号，该编号应与商业发票的编号相同。

(2)Exchange for——此栏应填汇票的金额，用阿拉伯数字书写，金额与货币名称应与发票上的相同并不得超过信用证上的金额。

(3)汇票的右上方是议付地点和议付日期。地点一般印就在汇票上，议付日期由议付行在寄单之前打上。

(4)At Sight——此栏是汇票的期限。如为即期汇票，在 At 与 Sight 之间打"..."符号。如为远期汇票，则应按信用证上规定的时间填制，并将其打在 At 与 Sight 之间。例如：30days 或 60days，也可在日期之后加"after"字样，也可不加，因计算汇票的时间，不包括见票日，即常说的算尾不算头。

(5)Pay order——此栏应填信用证的受益人。如为托收应填出口人。但通常都是填由受益人或出口人所委托的某家银行作为收款人。如通过中国银行议付或托收的则填 Bank of China。

(6)The Sum of——此栏应填汇票的金额，但应用英文大写，货币名称与金额应与上述(2)中的内容一致。习惯上在大写数字前加"say"和大数字后加"only"字样。

(7)Drawn Under——此栏为出票依据。如为 L/C，应填开证行的名称、信用证号码，开证日期，或按信用证上的要求填写。如为托收，应填合同号和签约日期。如为光票，应填出票的缘由，如：being additional premium under L/C NO 96/54321。

(8)to——此栏应填受票人亦即付款人。在信用证的情况下，通常填开证行或开证行指定的付款行。在托收的情况下应填进口商及详细地址。

(9)汇票右下方空白处应由出票人签字盖章。在信用证情况下，出票人应是信用证上指定的受益人，并应与发票上的签署人相一致。

(10)在制作汇票时要认真仔细，不能有涂改，不能加盖校对图章。也就是说，不能有丝毫差错,否则将会遭到付款人的拒付。

(二)商业发票

商业发票是出口人开给进口人的出口货物清单,是买卖双方交接货物和结算货款的主要依据,也是全套出口单据的核心,其他单据均应参照它制作。现将其各项内容和制作方法介绍如下。

1. 发票的抬头 在"Sold to Messrs"或"TO"之后,必须填开证申请人。若开证人为ABCCO,但来证要求发票抬头改为他人也可照办。如为托收,发票抬头应填进口人。

2. 发票上的品名、规格、数量、包装以及唛头等项目 所填写的内容必须与信用证上所规定的完全一致,不能有任何省略或改动,即使证上有错字、漏字,也只能将错就错。如来证的品名用的是法文或德文,而合同上用的是英文也应按来证的文字,但可在其后加括号注明英文。如来证没有规定详细品质或规格,则不要加注,如必须加注时,可按合同上的规定加注。

(三)运输单据

运输单据因不同贸易方式而异。有海运提单、海运单、航空运单、铁路运单、货物承运收据及多式联运单据等。

(四)保险单

保险单是保险人与被保险人之间订立的保险合同的凭证。是被保险人索赔、保险人理赔的依据,在CIF或CIP合同中,出口商在向银行或进口商收款时,提交符合销售合同及/或信用证规定的保险单据是出口商必不可少的义务。保险单主要内容如下:

(1)保险人及保险公司。

(2)保险单编号。

(3)被保险人,即投保人。在CIF或CIP条件下,出口货物由出口商申请投保,在信用证没有特别规定的前提下,信用证受益人为被保险人,并加空白背书,以转让保险权益。

(4)标记,指运输标志应和提单、发票及其他单据上的标记一致。通常在标记栏内注明"按××号发票"(as per Invoice No. XXX)。

(5)包装及数量。应与发票内容相一致。

(6)保险货物名称。可参照商业发票中描述的商品名称填制,也可填货物的统称。信用证有时要求所有单据都要显示出信用证号码,则可在本栏空白处表示。

(7)保险金额。按信用证规定金额投保,若信用证未规定,则按CIF或CIP价格的110%投保。

(8)保费及费率。保费及费率一般没有必要在保险单上表示。该栏仅填"AS ARRANGED"。但来证如果要求标明保费及费率时,则应打上具体数字及费率。

(9)装载运输工具。海运货物应填写船名和航次。如果需在中途转船,如投保时已确定二程船名,则把二程船名也填上。如二程船名未能预知,则在第一程船名后加注"and/or steamers"。

(10)开航日期、起运地和目的地。

(11)承保险别。本栏是保险单的核心内容,主要规定了保险公司对该批货物承保的责任范围,也是被保险人在货物遭到损失后,确定是否属保险公司责任的根据。本栏应按投保资料缮制,并要严格符合信用证条款的要求。

(12)赔付地点和赔付代理人。一般为保险公司在目的地或就近地区的代理人。

(13)保险单签发日期和地点。保险单的出单日期不迟于提单或其他货运单据签发日期,以表示货物在装运前已办理保险。

(14)保险公司签章。

(五)原产地证明

原产地证明(Certificate of Origin)是用以证明货物原产地或制造地,是进口国海关计征税率的依据。我国出口商品所使用的产地证主要有以下几种:

(1)普通产地证。用以证明货物的生产国别,进口国海关凭以核定应征收的税率。在我国,普通产地证可由出口商自行签发,或由进出口商品检验局签发,或由中国国际贸易促进委员会签发。实际业务中,应根据买卖合同或信用证的规定,提交相应的产地证。在缮制产地证时,应按《中华人民共和国原产地规则》及其他规定办理。

(2)普惠制产地证(GSP Certificate of Origin)。凡是向给惠国出口受惠商品,均须提供普惠制产地证,才能被受关税减免的优惠,所以不管来证是否要求提供这种产地证,我出口商均应主动提交。普惠制产地证的书面格式名称为格式A(Form A),但对新西兰还须提供格式59A(Form 59A)。对澳大利亚不用任何格式,只须在商业发票上加注有关声明文句。在我国,普惠制产地证由进出口商品检验局签发。

(3)纺织品产地证(Certificate of Origin Textile Product)。对欧盟国家出口纺织品,需提交该产地证。该证是进口国海关控制配额的依据。在我国,该证由地方外经贸委(厅)颁发。GSP产地证是取得关税优惠,而纺织品产地证是取得配额证明。对欧盟出口有关产品时,需同时提交两种产地证。

(4)对美国出口的原产地声明书。凡属对美国出口的配额商品,如纺织品等,应由出口商填写原产地声明书。有三种格式:

①格式A:单一国家声明书(Single Country Declaration),声明商品产地只有一个国家。

②格式B:多国家产地声明书(Multiple Country Declaration),声明商品的原材料是由两个或两个以上国家生产的。

③格式C:非多种纤维纺织品声明书,亦称否定声明书(Negative Declaration),凡纺织品的主要价值或主要重量属于麻或丝的原料或含羊毛量不超过17%,则可填用此格式,以说明该类商品为非配额产品。

(六)检验证书

检验证书一般由国家指定的检验机构出具,也可根据不同情况,由出口企业或生产企业自行出具。应注意出证机构检验货物名称和检验项目必须符合信用证的规定。

(七)包装单据

包装单据(Packing Document)是指一切记载或描述商品包装种类和规格情况的单据,是商业发票的补充说明。主要有装箱单(Packing List)、重量单(Weight List)、尺码单(Measurement List)。

(八)其他单证

其他单证按不同交易情况由合同或信用证规定,常见的有:寄单证明(Beneficiary's Certificate for Despatch of Documents)、寄样证明(Beneficiary's Certificate for Despatch of Shipment Sample)、邮局收据(Post Receipt)、快速收据(Courier Receipt)、装运通知(Shipping Advice)以及有关运输和费用方面的证明。

七、出口结汇

信用证交易是纯粹的单据买卖,出口人要想及时、安全地收回货款,应在按信用证要求发运货物、缮制信用证规定的全套单据后,在信用证规定的交单期和信用证的有效期内,递交议付行请求议付,该过程称为交单。

在跟单信用证业务中,交单起着非常重要的作用,因为这是信用证最终结算的关键。若信用证中没有规定交单期限,银行将不接受自装运日起 21 天后提交的单据,在任何情况下,单据的提交不得迟于信用证的有效期。受益人向银行提交单据后能否得到货款,在很大程度上取决于单证是否一致。

出口企业按信用证规定制单后,应在信用证规定的议付有效期内将单据交信用证所规定的议付行,在正常情况下,单据经银行审核无误后,出口商与银行之间就可以履行结汇手续。在我国出口业务中,使用议付信用证比较多。在具体办理信用证项下的出口结汇时,银行主要有以下三种做法:

(一)出口押汇

出口押汇又称"买单结汇",是指议付行在审单无误的情况下,按信用证条款贴现受益人的汇票,从票面金额中扣除从议付日到估计收到票款之日的利息,将余款按议付日外汇牌价折成人民币,拨给出口企业。议付行向受益人垫付资金、买入跟单汇票后,即成为汇票持有人,可凭票向付款行索取票款。这是议付行向受益人提供的一种资金融通的方式,有利于加速出口企业的资金周转。

(二)收妥结汇

收妥结汇又称"先收后结",是指议付行审核单据无误后,将单据寄给国外的开证行或付款行索汇,待开证行或付款行将外汇划给出口地银行后,该行再按当日外汇银行买入价结算人民币交付给受益人。

(三)定期结汇

定期结汇是指议付行根据向国外付款行索偿所需时间,预先确定一个固定的结汇期限,并与出口企业约定该期限到期后,无论是否已经收到国外付款行的货款,都主动将票款金额折成人民币拨交出口商。

八、处理争议

如果买卖双方无争议,则合同履行完毕。如因买方未按规定履行合同的义务,卖方可向买方提出索赔。如因货物与合同规定不符或其他原因买方向卖方提出索赔,卖方应认真理赔。

索赔或理赔时,应在调查核实事实的基础上,按合同所适用的法律和惯例来处理争议。争议应争取采用协商的方式解决。如协商不成,可提请仲裁。如双方达不成仲裁协议或对方发生侵权行为,可向法院起诉。

九、出口退税

出口退税就是将出口货物在国内生产和流通领域过程中缴纳的间接税退还给出口企业,使出口商品以不含税的价格进入国际市场。我国出口退税所要退的是出口商品在国内已经缴纳的增值税、消费税。

十、出口收汇核销

出口收汇核销制度是国家外汇管理局在海关的配合与外汇指定银行的协助下,以跟踪核销单的方式对出口单位的货物报关出运直至出口收汇的全过程进行监管、核查的一种管理制度。

根据《对外贸易法》的有关规定,对外贸易经营者在对外贸易经营活动中,应当依照国家外汇管理制度的要求结汇、用汇,银行对企业的收付汇实行结汇、售汇制。为了保证充足的外汇来源,满足用汇需要,在国际货物的进出口过程中,实行了严格的收付汇核销制度。

(一)出口收汇核销的一般程序

1. 备案登记　出口单位首次出口业务前,要到海关办理“中国电子口岸”企业法人IC卡与“中国电子口岸”企业操作员IC卡电子认证手续。再凭以下材料到外汇管理局办理核销备案登记:单位介绍信、申请书;外贸部门批准经营进出口业务的批件正本及复印件;工商营业执照副本及复印件;企业法人代码证书及复印件;海关注册登记证明复印件;出口合同复印件。外管局对上述材料审核无误后为出口单位办理登记手续。

2. 申领核销单　出口单位在开展业务前,凭单位介绍信,出口核销员持IC卡到外管局领取加盖“监督收汇章”的核销单,并当场在每张核销单的“出口单位”栏内填写单位名称或加盖单位名称章。出口单位填写的核销单应与出口货物报关单上记载的有关内容一致,核销单自领单之日起两个月以内报关有效。出口单位应当在失效之日起一个月内将未用的核销单退回外汇管理局注销。

3. 报关　出口单位持在有效期内、加盖出口单位公章的核销单与相关单据办理报关手续,海关将逐票核对报关单上的核销单编号与所附核销单编号是否一致。出口货物经审核无误后,海关在专为出口收汇核销用的、贴有防伪标签的报关单与核销单上盖“验讫”章,并退给企业或其报关代理人。

4. 送交存根　出口单位办理报关后,要在自报关之日起60天内,凭盖“验讫”章的报关单和核销单,以及商业发票到外管局办理送交存根手续。

5. 核销　出口货款汇到后，银行将给出口企业出具结汇水单（或收账通知书），并向企业提供出口收汇核销专用联。出口单位应在收到外汇之日起30天内，由核销员凭核销单、银行出具的"出口收汇核销专用联"或收账通知书及其他规定的单据到外管局办理出口收汇核销。核销完毕，外管局将在核销单上加盖"已核销"章，并将其中的出口退税专用联退给出口企业。

第三节　进口交易程序

在我国货物进口业务中，大多数交易采用海洋运输，即期信用证支付，贸易术语采用FOB的交易条件。按此类交易条件签订的合同履行程序包括申请开立信用证、办理运输、办理保险、审单付款、报关提货等主要环节。

一、申请开立信用证

在信用证支付方式下，进口合同签订后，进口企业应按合同规定向经营外汇业务的银行办理申请开证手续。申请开证时，应填写开立信用证申请书并向开证行支付一定比例的保证金或其他担保品。开证申请书的有关内容将成为信用证的条款，所以其内容要与买卖合同一致，开证时间应按合同规定。

二、办理运输

在FOB、FCA条件下，由我国进口企业办理运输。进口企业应按合同规定，向中国对外贸易运输公司、中国船舶公司等外运代理机构等办理托运手续。办妥后应及时将船名及预计到达港口的日期通知卖方，同时做好催装工作。

三、办理保险

在FOB、CFR、FCA、CPT贸易术语下，由进口企业办理保险。我国进口企业一般都是与保险公司签订"海运进口货物运输预约保险合同"，接到外商的装运通知后，只需按要求填制进口货物"装货通知"并交保险公司，保险公司即自动按预约保险合同所规定的条件承保。

四、审单付款

审单是进口信用证业务重要的处理环节之一，是开证银行是否履行付款责任的主要依据。根据UCP 500的规定，开证行处理单据的时间最迟不应超过收到单据后的7个银行工作日。经办行和开证行应特别注意来单日期和单据的交接手续，收到单据后应及时送达有关业务人员处理。进口审单的主要内容包括：

1. 审核国外银行BP(Bill of Purchase)面函的有关内容　BP面函是国外银行的索汇依据和指示，一般包括金额、信用证号码、寄单说明、付款指示、索汇路线、是否有不符点以及处理意见等内容。

2. 对信用证下的单据进行审核　审核内容主要包括：

(1)单据种类与份数是否与所附单据相符。

(2)单据种类、名称与份数是否与信用证要求相符。

(3)议付/交单日期是否与信用证要求相符。

(4)汇票、商业发票、运输单据、保险单据的内容与信用证的要求是否相符。

五、进口报关

进口报关的基本程序是：申报→审核单证→查验货物→办理征税→结关放行。

首先是要得到国外客户的全套单据，包括提单、正本发票、正本箱单、合同，再附上报关单据包括进口报关单一式两份、正本报关委托协议书、海关监管条件所涉及的各类证件，申请报关。

若是法定检验商品应办理验货手续。如需商检，则要在报关前，拿进口商检申请单（带公章）和两份报关单办理登记手续，并在报关单上盖商检登记在案章以便通关。

海关依法审核单证、查验货物，查验无误后，进口企业缴纳进口税。交关税一般是到中国银行，等交完关税以后，银行在缴款书盖上银行的章。把缴款书交给海关，海关确认收到关税后，在提货单上盖海关的放行章，拿着这个提货单即可到船公司所在的码头提货。

六、验收和拨交货物

凡属进口的货物，都应认真验收，如发现品质、数量、包装有问题应及时取得有效的检验证明，以便向有关责任方提出索赔或采取其他救济措施。进口企业从船上卸货时，港务局应进行卸货核对，如发现短少，应及时填制“短卸报告”，交船方签字认可。如发生残损，应由保险公司会同商检机构对残损货物进行检验，确定残损程度和原因，并出具证书，向责任方索赔。

思考题

1. 订立品质条款应当注意哪些问题？

2. 有一批出口内衣共1000打，合同规定“数量可以增减5%”，试问：

(1)“数量可以增减5%”，这是什么条款？

(2)根据这个条款，卖方最多可以交多少打？最少可以交多少打？

3. 纺织品服装常用的计量单位有哪些？

4. 纺织品服装的包装方法有哪些？比较各种方法的优缺点。

5. 什么是集装箱运输？挂衣集装箱运输的优点是什么？

6. 举例说明合同中的价格条款包括哪些内容？

7. 怎样选择计价货币？

8. 海运提单的含义是什么？它有哪些种类？

9. 什么是保险索赔？被保险人向保险公司索赔必须具备哪几个条件？

10. 汇付、托收、信用证各自有什么特点？

11. 比较远期付款交单托收与承兑交单托收的异同？

12. 我国目前有代表性的纺织品服装检验机构有哪些？它们主要负责检验的项目包括什么？

13. 审核信用证主要审核什么内容？

14. 简述出口合同的履行流程。

15. 简述进口合同的履行流程。

16. 案例分析题：

(1)2001 年 12 月,美国 A 服装公司与中国 B 服装进出口公司签订了一宗服装进出口合同:由 B 服装进出口公司向 A 服装公司出口印花布,价格条件为 1.5 元人民币/码,FOB 连云港。双方在合同中约定:这批货物将在 2002 年 3 月、5 月、6 月、7 月分四批出口,交货日期分别为卖方受到买方寄送的衬衫布花样后 60 天。合同订立后,B 服装公司分别于 2002 年 1 月 10 日、2 月 28 日、4 月 20 日、6 月 10 日收到 A 服装公司寄送的印花衬衫布花样。B 服装进出口公司收到花样后分别于 3 月 8 日、4 月 30 日、5 月 15 日、8 月 9 日将四批印花布交付承运人完成交货义务。正当 B 服装公司等待 A 公司支付货款时,A 却发来电报称:由于 B 没有按照合同约定的期限交付货物,而且 B 的延期交货造成 A 无法及时将购买的印花布用于当年一款颇为流行的休闲衬衫的生产,致使 A 丧失了市场,A 有权撤销合同,拒绝支付货款。请问 A 公司对整批货物拒绝付款的做法对吗？

(2)国内某纺织品进出口公司与意大利某公司签订了销售合同。合同规定:男衬衣每包 1100 美元,FOB 青岛港。不可撤销跟单信用证,10 月 30 日前装船并启运。由于受意外台风影响,青岛港无法按时装货,直到 11 月 7 日才装船启运。国内公司立即通知意大利方面,随后将有关单据交给指定的付款行,之后遭到拒绝。问:银行拒付的做法是否正确？我国纺织品进出口公司有权接受货款吗？应当采取什么补救措施？

参考文献

[1]贾建华,等.新编国际贸易理论与实务[M].北京:对外经济贸易大学出版社,2004.

[2]卓乃坚.服装出口入门[M].上海:中国纺织大学出版社,2001.

[3]盛洪昌.国际贸易实务[M].北京:清华大学出版社,2006.

[4]张神勇.纺织品及服装外贸[M].北京:中国纺织出版社,2004.

[5]张炳达,等.国际贸易实务与案例[M].上海:立信会计出版社,2006.

[6]胡文堂.出口包装禁用偶氮染料检测问题[J].中国包装工业,2003(3):40.

[7]《纺织品技术规则与国际贸易》编委会.纺织品技术规则与国际贸易[M].北京:中国纺织出版社,2004.

[8]蒋耀兴.纺织品检验学[M].北京:中国纺织出版社,2001.

下篇　纺织品服装贸易案例与分析

案例一

青岛某纺织厂拟定向加拿大出口一批绣花被罩，国外要求花绣在被罩的横面。但合同签订后，该厂在加工时，认为花纹应绣在被罩的竖面才较明显，便擅自决定改变了绣花部位。货物出口到国外后，买方以布局与合同不符为由，要求全部退货。请问我方应如何处理较为妥当？

案例分析：在进出口业务中，如果卖方所交货物的品质与合同规定不符，买方有权拒收货物或提出索赔要求。因此，在上述案例中我方不能拒绝对方的退货要求。但从我方的利益看，由于货物已经生产出来并已出运国外，如果接受对方的退货要求，并将货物运回国内，将使我出口企业蒙受巨大经济损失。为了减少我方的损失，我方应该争取在我方提供一定经济补偿的条件下使买方接收货物，或者将出口合同改为由买方代卖。在买方拒绝上述二项建议的情况下，也要积极寻找其他的买主或代卖商。

案例二

内蒙古某出口公司向韩国出口 10 公吨羊毛。在合同中规定按公量计算，标准回潮率定为 11%。经抽样证明，10 公斤纯羊毛用科学方法去掉水分净剩羊毛 8 公斤，即该批货物的实际回潮率为 25%。通过下式计算：公量 = 实际重量 ×（1 − 实际回潮率）×（1 + 标准回潮率），求得上述货物的公量为 8.325 公吨，问这一计算方法是否正确？

案例分析：回潮率是含水量与干量的比值，不是含水量与干量加含水量的比值，因此，上述计算公量的公式是错误的。正确的公式应为：

公量 = 实际重量 ×（1 + 标准回潮率）/（1 + 实际回潮率）

通过这一公式可以计算出 10 公吨货物的公量为 8.88 公吨。

案例三

某厂外销布匹 4 万米，合同上订明：红白黄绿四种颜色各一万米，并附有允许卖方溢短装 10% 的条件。该厂实际交货数量为红色 10400 米，白色 8000 米，黄色 9100 米，绿色 9000 米，共计 36500 米。白布虽然超过 10% 的溢短装限度，但就四种颜色布的总量来说，仍未超过条件。在此情况下，是否只有白布部分违约还是全部违约？

案例分析：本案中，因为该交易在买卖合同下系属单一交易，因此，虽然总量仍符合溢短装条款，但由于白布短装超过 10% 的规定限度，应视为违反原定买卖合同。进口商有权向出口方索赔，甚至有权取消合同。

在国际贸易实务上，若一销售合同中包括若干有关联的商品，则对于合同中订有的溢短装条款的通常理解是，该若干商品在多装或少装上应方向一致，比例相同。此种规定是为了保护进口方的利益，一方面使其避免因有关联商品的溢短装不一致而蒙受无法完全配套生产和销售的损失；另一方面防止在市价变动时，卖方利用多装减价商品，少装涨价商品而从中渔利。

案例四

信用证到期时进口商应出口商的要求修改信用证，出口商限定7天内修订，而进口商要求10天内修订，最后出口商同意修改期限为10天，但提出必须先出运80%数量，其余20%需加价。进口商应如何处理：(1)合同成立，价格可随市场行情升降吗？(2)如果80%仍有利可图，20%的余量可以取消吗？(3)为防止出口商变相涨价，在信用证上或契约中如何限制？

案例分析：

(1)在对外贸易中，合同具有最高法律效力。合同一经订立，买卖双方之间任何一方违反合同，另一方将有权请求法律上的裁决。因此，在合约中已明确规定货物价格后，买卖双方必须以这一价格成交，不能再随市场行情的变化而提高和降低价格。出口商要求加价是不合理的。

(2)基于上述原则，合同中对成交数量已作了明确规定后，这一数量也不能随市场行情的变化而变化，任意取消订货或供货都是不可以的，因此20%的余量不能取消。

(3)因为信用证是典型的单据业务，银行在信用证业务中不涉及进出口商之间的具体交易过程，只是凭受益人提交的符合信用证条款的单据付款，因此，在信用证中一般不宜加入防止出口商变相涨价的条款。但进口商可以在买卖合同中经过与出口商协商后签订如下条款：No price adjustment shall be allowed after conclusion of contract（合同签订后不允许任意调整价格），这样可以保证出口商按合同供货，不进行变相涨价。

案例五

一批货物共100箱，自广州运至纽约，船公司已签发“装船清洁提单”，等货到目的港，收货人发现下列情况：(1)5箱欠交；(2)10箱包装严重破损，内部货物已散失50%；(3)10箱包装外表完好，箱内货物有短少。试问上述三种情况是否应属于船方或托运人责任？为什么？

案例分析：按照提单的规定，一般承运人仅对货物外表良好负责，同时承运人保证船舶的试航状态以及安全、谨慎收受、装载和运输货物，除此之外，承运人责任很小，并且按照惯例和提单条款，承运人还享有十多项免责权利。

上例三种情况下：承运人应对(1)(2)情况负责，而对第(3)种情况不负责。对第(1)种情况，因为提单上写明为100箱，而交货时仅交95箱，承运人应对欠交的5箱负赔偿责任；第(2)种情况，因为注明清洁提单，承运人应对货物“外表状况良好”负责，因此，对10箱严重破坏同时内部货物散失负赔偿责任；第(3)种情况，外表状况好，箱内货物短少承运人不负责。

案例六

有一批货物从广州出口到纽约，某船公司签发了一张由广州经横滨至旧金山的海运提单，问：这张提单是何种提单？

案例分析：此提单为转船提单，它是单一海洋运输方式的联运。转船提单的签发人要负责安排自装运港至目的港的全程运输。但是如果货物在运输过程中发生损失，提单签发人仅按照提单的责任范围，对第一程运输负责，而对货物在第二程海上运输中所发生的损失，则由第二程船方按照提单条款负责。

案例七

某公司以 FAS 条件进口纺织原料一批，出口商把货物以集装箱运至厦门港时，船运公司即以进口货物到货通知单通知该公司提货。而且在到货通知单中载有：本批货物是使用集装箱，必须在到货七日内提货，否则要加延滞费。该公司因急用原料又恐缴纳延滞费，便按照规定期限报关提货，但船公司却声称本航次运载的集装箱应由船公司整批处理开箱，不得分批开箱。问七天以后开箱，集装箱使用延滞费该由谁负担？这项原料买卖合同规定如有品质不符买方须于货到后一个月内提出索赔，如果此集装箱在货到一个月后才开箱，如发现该批原料品质不符，该公司是否仍可向国外出口商提出索赔？如果出口商不赔，该公司可否向船公司索赔？

案例分析：在集装箱运输中，船公司所使用的集装箱可能是自己公司的，也可能是向其他公司租用的。凡租用别人的集装箱，因为涉及租箱费用以及加速集装箱周转等原因，一般船公司会要求货方尽早拆箱以利于加快回收。比如本案例中，船公司在其发出的到货通知单上规定，货方须于货到七日内提货，否则加收滞期费用。但是，在提货时，船公司又以本航次集装箱由船公司整批处理开箱、不得分散开箱提货为由拒绝交货，使买方处于两难境地。如果因此发生延滞费用，应该由船方负责。为稳妥起见，货方可请有关方面出具货方延滞提货是因为船方要求所致的证明，以备发生争议时使用。买方因无法开箱检验，不能在索赔有效期内向卖方提出索赔，一般可向卖方申请延长索赔期限或检验时限，否则，在超过索赔期限以后再发生货损，买方无权向卖方提出索赔。只是由于卖方出于自身利益考虑不会答应延长索赔期限，此时由于船方上述行为给买方造成的损失，可由买方向船方索赔。

案例八

一批已购买保险的货物，装载该批货物的货轮在航运中发生了火灾，有经船长下令施救后，火被扑灭。事后查明该批货物损失如下：(1)500 箱受严重水渍损失，无其他损失。(2)500箱既受热烤、火熏损失，又受水渍损失，但未发现火烧的痕迹。(3)200 箱着火但已被扑灭，有严重的水渍损失。(4)300 箱已烧毁。试分析上述四种情况下海损的性质。

案例分析：灭船上火灾，因水或其他原因使船舶、货物受损害，包括将着火船舶搁浅或沉没所造成的损失，均应作为共同海损受到补偿，但任何烟熏或热烤所造成的损坏不得受到补偿。因此，本案中的情况的判断和处理如下：

对第(1)种情况，因为是船长为了船、货共同的安全，经过用水施救而造成的直接损失，而且500箱货物仅受水渍损失，既没有着火痕迹，也无热熏损失，应视为共同海损。

对第(2)种情况，由于没有任何着火痕迹，仅受到热熏和水渍损失，按保险业务的习惯做法，通常对热熏损失应列为单独海损，而对于水渍部分可列为共同海损，因为它是灌水施救的直接后果。

对第(3)种情况，由于这200箱已着火且已被扑灭，因此，虽有严重水渍损失，但只能列为单独海损。

对第(4)种情况，则理所应当视为单独海损。

案例九

我一公司接到客户发来的订单上规定交货期为今年八月，不久收到客户开来的信用证，该信用证规定："Shipment must be effected on or before September ,1997"。我方乃于九月十日装船并顺利结汇。约过了一个月，客户却来函要求因迟装船的索赔，称索赔费应按国际惯例每逾期一天，罚款千分之一，因迟装船十天，所以应赔款百分之一。问：(1)我方为什么能顺利结汇？(2)客户的这种索赔有无道理？我公司是否得赔？

案例分析：

(1)因为信用证是银行信用，是自足的文件，与合同无关。因此，卖方所提交的单据只需"单单相符，单证相符"即可结汇，而与合同相符否无关，我方提单中的装船日期在信用证中规定的装运期中，故我方单证是相符的，故可以顺利结汇。

(2)由于我方违反了合同中有关装运期的规定，故对方提出索赔要求是合理的，但对方的索赔金额是以国际惯例为依据提出的，而国际惯例本身不是法律，而是人们在长期的贸易实践中形成的习惯做法，对交易双方并无约束性，因此，对对方的索赔金额我方可以讨价还价。

案例十

某公司受国内用户委托，以本公司名义与国外一公司签订一项进口某种商品的合同，支付条件为"即期付款交单"。在履行合同时，卖方未经该公司同意，就直接将货物连同单据都交给了国内用户，但该国内用户在收到货物后由于财务困难，无力支付货款。在这种情况下，国外卖方认为，我外贸公司作为合同的买方，根据买卖合同的支付条款，要求我公司支付货款。问：外贸公司是否有义务支付货款？

案例分析：我外贸公司无付款义务。这是因为合同中的支付方式为即期付款交单，这种方式要求卖方应按合同规定向买方交单，买方才有义务付款。本案中，由于卖方没有按合同规定向买方交单，而是向国内用户交单，因此，外贸公司作为买方就没有义务付款。

案例十一

某公司以 FOB 大连价外销美国一批货物，货物出口时已由商检机构检验并出具检验证书，在大连港装船时情况良好，但在纽约港卸货时却发现包装破裂，产品散失，同时部分货物由于包装破裂而风化，此时卖方应否负责赔偿？

案例分析：按《2000 通则》，在 FOB 条件下，卖方负责装船以前的一切风险，买方负责装船以后的一切风险。由于货物装船时表面状况良好（已有商检机构出具的检验证书），则在装船后的风险应由买方承担。但本案中如确因卖方包装不良，致使在海运途中包装破裂、货物损失，则卖方对此负责。

案例十二

信用证上规定出口商须提供检验证明，但卖方在货物出口后，才发现未作检验证明，买方因此拒付，此时如由出口地再出具检验证明已不可能，问有什么解决办法？

案例分析：商检中本着平等互利的原则，通常规定卖方有检验权，买方有复验权。由于卖方疏忽，未作检验证明的严重错误的补救办法是：同意买方在卸货港对货品进行检查。如有品质异议，可以在货到目的港之日起一定时间内向卖方提出索赔。做这种检验的机构最好由买卖双方共同指定。如买方不同意，则由买方指定，作出卖方同意的公证机构出具的检验报告，以代替疏忽未做的检验证明。做检验报告的费用及货物因此耽搁而造成的仓储费用或损失，应由卖方负担。

案例十三

如商检局所验证的体积、重量与提单上的不同，是否会遭拒付？如被拒付，应如何补救？对此现象应如何设法避免？

案例分析：提单上所示体积、重量通常是在码头仓库丈量得到的，用来计算运费。商检局签发的检验证明书中的商品的重量和体积，是商检局在货物运往码头之前丈量所得到的。这两者得到的结论，因为丈量时间、地点和方法不同，难免有些差异，一般情况下，如果丈量出来的差异与货物的总重量、体积相比微不足道，便可视为无瑕疵，不致遭到索赔。

但是，在市场不稳定的情况下，买方有时会借此吹毛求疵，想办法减少付款或拒付货款。如果遇到这种情况，出口商可以就上述第一段的理由予以反驳，指出其拒付为不合理。但要注意是，如果提单上所示的重量、体积与检验证书相差太多，尤其当提单上所示的少，检验证书上所示的多时，很难说服买方不拒付。这时可以允许先提货，并作买方复验证明书，如能证实数量与合同规定确实不符，那么，就应该补足差额或退还货款。

至于如何避免商检局和船公司对丈量结果的不同，最好的办法是：让货主请同一个商品机构作为检验局与船公司的商检部门。另一个办法是：请货主的检验局在做检验证明书时，把误差忽略掉，按提单所示的数量列载。

案例十四

我一公司以 FOB 代租船条件外销日本工艺品一批，当货至日本后发现货损而产生索赔，后又查明货损确系包装不良所致，问：(1)可否向保险公司索赔，保险公司要求其先向船公司索赔合理吗？(2)最后客户向我公司索赔，经寄 Survey Report 内之数额超过 FOB 之全部价格，我方认为不合理，不予赔偿，对吗？(3)Survey Report 内所要求之数额我方可否讨价还价？

案例分析：

(1)保险公司的要求是合理的。因为进口货如属于运输中发生的损失，通常应由被保险人先向船公司索赔，如船公司依法可减免者，再向保险公司索赔并交船公司证明，保险公司方予以考虑。但有时船公司迟迟不予理赔，被保险人为保留索赔时效，只好一方面向船公司索赔，另一方面向保险公司索赔。

(2)因查明货损确系包装不良造成，其一切损失应由卖方即我方负责。在此情况下，进口商所受损失除货物价款外，还有运费、保险费、公证费、开证费、利息等，所以，索赔金额自然超过 FOB 价，故不予理赔是不对的。

(3)对于索赔金额自然可以讨价还价，但成功与否甚难预料。目前国际贸易中常用的方式有金钱的索赔，包括：赔款、折价、延期付款及拒付货款等；非金钱的索赔包括：补交、修复、替换、退货等。

案例十五

我某厂在日本有个办事处，此厂于日本某公司订二批货(涤纶长丝和络筒机)。出货时，该厂检查时正常。货到我国时，发现涤纶运到，但有 20% 不良。(1)可否要求厂家赔偿？(2)络筒机一直未到(船公司赔偿责任，依法需在一年内执行)，在此情况下，我方如何处理？(3)一年后又在仓库内找到了络筒机，船公司尚未采取索赔行动，仓租损失可观，该由谁负责？(4)机器投入使用了六个月后，发现不良，可否要求赔偿，该如何进行？

案例分析：

(1)出口货物在出口地经我方检验合格后，原则上出口商不再负责品质责任。然而该厂的检验，通常只限于样品检验，所以除非 100% 检验，否则货物运出后，事后证明属于卖方责任者，卖方仍应负责。

(2)我方厂家一发现络筒机未到，应立即向船公司要求延长时效，未获同意时应立即起诉，否则超过一年将影响索赔。

(3)找到货物，说明船方没有短卸，通常船方不负责任。但工厂可向港务负责人如码头、仓库等求偿。

(4)能否要求赔偿，应视案情而定，如果契约中有约定索赔期限者(如保质期等)，应依其约定办理；但如契约中，无约定索赔期限者，则应依货物性质及交易习惯而定。

案例十六

我国一进出口公司按 CFR 贸易术语与法国马塞一家进口商签订一批抽纱台步出口合

同,价值 8 万美元,支付方式为 D/P 即期。货物于 1997 年 1 月 8 日上午装船完毕,当天因经办该项业务的外销员工作较忙,忘给买方发装船通知,待到 9 日才发出。法商收到我装船通知向当地保险公司申请投保时,不料该保险公司已获悉该船只已于 9 日凌晨在海上遇难而拒绝承包。于是法商立即来电称:"由于你方晚发装船通知,以致我方无法投保,因货轮已遇难,该批货物损失应由你方负担并应赔偿我方利润及费用损失 80,000 美元。"不久我方通过托收银行寄去的全部货运单证也被代收银行退回,理由是:进口商拒不赎单。

案例分析:按 CFR 贸易术语成交,在正常情况下,货物在装运港越过船舷后一切风险,责任和费用均由买方承担。根据《2000 年国际贸易术语解释通则》,CFR(成本加运费)的定义是:CFR 成本加运费,是指在装运港货物越过船舷卖方即完成交货,卖方必须支付将货物运至指定的目的地港所需的运费和费用。但交货后货物灭失或损坏的风险,以及由于各种事件造成的任何额外费用,即由卖方转移到买方。

该通则还规定:"卖方必须给予买方货物已装船的充分通知……"CFR 第 A7 条款对卖方的该义务作了规定:卖方必须给予买方充分通知货物已按照 A4 规定交货,以及必要的其他说明,以便买方能够为接货采取通常必要的措施。

这里所说的"充分",既包括内容的充分,也包括时间上的充分,也就是说卖方要及时发出装船通知,以便买方有充分的时间办理投保,卖方发的装船通知时间越晚,买方办理投保的时间就越不充分。本案就因为卖方未能做到"充分通知"才导致钱货两空。反之,如果卖方于装船时或装船后毫不迟延地给买方发出装船通知,买方也及时向当地保险公司投了保,即使货物在买方投保之前就已在海上遇难,但在买方和保险公司均不知情的情况下,保险公司仍会承担该笔保险的赔偿责任。由此而来可见在 CFR 条件下卖方应及时发出装船通知的重要性。所以,人们在日常实物中又习惯于把装船通知称为"保险通知"。在按 CFR 或 FOB 贸易术语成交时,如果支付方式为托收,卖方为防止买方漏保或借故拒不赎单,应在货物出口之前向出口地保险公司投保"卖方利益险"。如果本案投保了此险,也不致钱货全部损失,足见外销业务精益求精十分重要。

案例十七

某年中国一家出口公司出口到加拿大一批男衬衫,价值人民币 128 万元。合同规定用塑料袋包装,每件要使用英、法两种文字贴头,但出口公司实际交货改用其他包装代替,并仍使用只有英文的贴头,国外商人为了适应当地市场的销售要求,不得不雇人重新更换包装和贴头,后向出口方提出索赔,出口方理亏只好认赔。

案例分析:许多国家对于市场上销售的商品规定了有关包装和标签管理条款,近年来这方面的要求愈来愈严,有的内容规定十分繁杂,不仅容量或净重要标明公制或英制,还要注明配方、来源国、使用说明、保证期限等,甚至罐型、瓶型也有统一标准,进口商品必须符合这些规定,否则不准进口或在市场上销售。这些管理条款一方面用来作为限制外国产品进口的手段,另一方面也是方便消费者的需要。从本案来看卖方不严格按照合同规定的包装条件履行交货义务,应视为违反合同。根据《联合国国际货物销售公约》第 25 条第 1 款规定:

“卖方支付的货物必须与合同所规定的数量、质量、和规格相符,并按照合同所规定的方式装箱或包箱。”因此出口公司的错误有二:一是擅自更换包装材料,虽然对货物本身的质量未造成影响;二是未按合同规定使用贴头。由于加拿大部分地区原是法国殖民地,销售产品除英文外常还要求加注法文,对此,加拿大当局已对对某些商品已在相关的法令中加以规定。本案买卖双方已经订明用英、法两种文字贴头,更应照办。总之为了顺利出口,必须了解和适应不同国家规定的特殊要求。

案例十八

1996年5月7日德国汉堡F银行开来远期信用证,金额为96,900美元,信用证中规定货物描述为:

Men's anoraks

Lot 1）6,000 Pieces ABGL 111

Lot 2）6,000 Pieces ABGL 112

来证还规定单据寄开证行,到期日向其纽约分行索汇。

9月24日受益人交议付行单据一套,经审单无误,遂向开证行寄单并向偿付行索汇。半个月后,议付行收到德国开证行来电称,由于发票与装箱单有不符点,开证人拒收单据,故开证行表示拒付。

议付行经与受益人查对,发现各项单据已按信用证要求列明数量,只是在货物总数量的表述中未能列明全部规格,即:

Men's anoraks

400 cartons =12,000 Pcs, Abgl 111（此处漏写 Abgl 112）。

上述差错实属微不足道,但开证人抓住这一不符点坚持拒付。后经了解,实际情况是开证人经营不佳,面临倒闭,以致借口不符点拒不赎单。

议付行经与出口公司联系后被迫只得将已获索偿款退回,并退赔利息2,254美元,授权开证行将单据无偿交给另一进口商而告终。

案例分析:此案的拒付起因主要是进口方面临倒闭,借口不符点拒付,用以转嫁风险。可见,办理进出口贸易首先要把交易对手的资信情况搞清,以免被动。

处理信用证业务的单据问题必须一丝不苟,滴水不漏,做到单证单单严格一致,以防对方有可乘之机。此案的实际货物毫无问题,只是单据有小小差错而招致损失。

案例十九

某贸易公司以FOB价向国内某厂订购一批货物,在买卖合同中订明如工厂未能于今年七月底以前交货,则工厂应赔付货款5%的违约金。后因工厂交货延迟五天,同时,贸易商被其买方索赔为货款的3%。问:贸易商是否可以以约定向工厂索赔,索赔5%,还是3%?

案例分析:此问题应从工厂延期交货的原因分析:如果工厂是由于自然灾害或社会条件

的不可抗力而延迟交货的,由于事故不是双方能预见,也不是任何一方的疏忽或过失引起的,且事故的发生是人力所不能抗拒的,在这种情况下,贸易商不能向工厂索赔。但有一点除外:依据公约规定,当既有不可抗力因素也存在当事人过失时候,当事人应承担相应的赔偿责任。也就是说在这种情况下,贸易商可向工厂索赔,这个索赔额要小于买方向贸易商的索赔额。

假如工厂是由于疏忽等过失而延迟交货的,则贸易商可依合同索赔。由于买方向贸易商的索赔额是贸易商方面的出手价的3%,它一般大于厂家对贸易商的货价的3%,并且很可能不等于这个出厂价的5%,这样又可分两个方面来看。当贸易商付给买方的索赔金额大于工厂对贸易商的出厂价的5%时,贸易商除了可得货款的5%的违约金外,还可继续索赔,直到总额达到他向买方付出的索赔价款。若贸易商支出的索赔小于与工厂合同的违约金(货款的5%),贸易商只需索取违约金即可。

案例二十

信用证规定:从中国港口运至神户100公吨羊绒,不许分批装运。受益人交来单据中包含两套提单:第一套提单表明载货船名"Zhuang He",航程为"018",装运港为"Tianjin",卸货港为"Kobe",净重为"51.48",装运日期为"7月11日"。第二套提单表明载货船名为"Zhuang He",航程为"018",装运港为"Qingdao",卸货港为"Kobe",净重为"51.05",装运日期为"7月17日"。银行接受单据付款。问:(1)银行付款的依据是什么?(2)此批货物的装运日期应为哪天?

案例分析:

(1)这批货能结汇是因为货物虽然在两个港口和不同的日期分别装货,但所装船只均为"Zhuang He"且航程均为"018",故此批货物并未构成分批,顺利结汇是理所应当的。

(2)至于这批货物的装运日期,应被认为是各个运输单据所显示的最迟装运日期,即7月17日。

案例二十一

伊朗S银行来证购买中方纺织品印花棉布48000码。信用证规定不准分批装运,但在购货数量48000之前有ABOUT字样。

收益人T公司按期只出运了印花棉布45600码,按国际惯例,凡有"约"(ABOUT)的条款时,货物数量可增加或减少10%的幅度。现在交货45600码属合理的增减幅度以内($48000-48000\times10\%=43200$)。受益人交单议付,议付行审单无误遂寄单索汇。开证行接到单据后声称,进口商开证人拒绝付款赎单,理由是实发货物短装。除非受益人在三个星期内将短装部分货物(2400码印花棉布)出运,否则,开证人不同意接受单据并付款。

受益人坚持来证中在货物数量前有"约"字样的规定,按统一惯例要求已经做到单证相符。后开证行来电表示开证人已接受单据并付款,此案遂了结。

案例分析:进口方拒绝接受单据的理由是不成立的。因为既然在要货数量上有

“ABOUT”的字样,实际上已经明确同意受益人可按统一惯例规定,在发货数量上增或减10%,受益人的做法是无可非议的。

案例二十二

2007 年 1 ~ 11 月,聊城检验检疫局共检验进口印度棉花 30 批、5900 吨,货值 837 万美元。经检验发现,其中 28 批不同程度存在质量问题,批次不合格率高达 93.3%。聊城检验检疫局及时出具索赔证书,为企业挽回损失 38 万美元。

案例分析:在进口印度棉花时,要选择信誉好、诚信度高的国外棉花供应商;在签订合同时,应细化质量、重量和索赔条款,特别应注意索赔有效期的签订,以避免索赔期过短而影响企业索赔。同时,棉花到货后及时到检验检疫局报检,积极配合做好鉴重、抽样、送样检测等工作,以便及时出具证书,对外索赔,维护企业自身利益。

案例二十三

2003 年 2 月,美国要向伊拉克宣战的时候,某家出口公司向以色列出口了 50 万美元的鞋子。2 月 26 日,货物已经上船了,3 月 26 日,船还未到以色列港口。战争打响了,海洋上集装箱船被导弹摧毁了。因为对方的客户没向保险公司投保战争险,结果索赔无门,货物损失,进口商也没有付款。

案例分析:出口商要观察进口方的环境是否有利于发展贸易。如果发现运输途中或交易的国家有发生战争的可能,应当提前投保战争险以降低风险损失。

案例二十四

A 纺织品进出口有限责任公司与意大利 B 商行签订了售货合同。合同规定:男衬衣每包 1100 美元 FOB 青岛港。不可撤销跟单信用证,10 月 30 日前装船并启运。由于受意外台风影响,青岛港无法按时装货,直到 11 月 7 日才装船启运。A 纺织品进出口有限责任公司即通知意大利 B 商行,随后将有关单据交给指定的付款行,之后遭到拒绝。问:(1)付款行拒付是否正当?(2)如果你是 A 纺织品进出口有限责任公司的法律顾问,你认为 A 纺织品进出口有限责任公司是否有权收取这笔货款?(3)如果 A 纺织品进出口有限责任公司有权收取这笔货款,可以采取什么补救措施以收取货款?

案例分析:

(1)付款行的拒付正当。根据《跟单信用证统一惯例》,信用证一经开出,即在开证行和受益人之间形成独立于买卖合同的信用证合同关系,银行根据单证严格相符原则审查单据。A 纺织品进出口有限责任公司提交的单证装运日期与银行单信用证不符,开证行有权拒付。付款行是开证行的代理人,因此,付款行拒付正当。

(2)根据一般法律原则,合同中一方当事人对因不可抗力而造成的违约可以免责。台风造成无法装货,属于不可抗力,A 纺织品进出口有限责任公司可以免责。A 纺织品进出口有限责任公司在不可抗力消除后,及时通知了意大利 B 商行,因此,A 纺织品进出口有限责任公司有权收取货款。

(3)可以采取以下补救措施：通知意大利商行修改信用证，使其内容与单据一致。然后，通过银行收取货款；或者根据买卖合同直接要求意大利商行付款，必要时可诉诸法律。

案例二十五

国内某贸易公司准备从韩国进口一批服装面料，双方签订了合同。付款方式是国内贸易公司开立的不可撤销的信用证。数量为1100箱，金额为5万美元，可以分装。不久，贸易公司从开证行拿到了进口单据。经审核，单单相符、单证相符，贸易公司将货款付清。这时，船公司通知贸易公司货物已经到港，贸易公司去提货，船公司告诉我方公司，他们手中的副本提单数量是100箱。船上实际箱数就是100箱。原来，韩国不法商人在单据议付前在正本提单上用相同字体加上了"1"，变成1100，英文前面加上了"ONE THOUSAND"。

案例分析：收到银行单据后，应与船公司联系看船是否到港，货物数量是否符合；所有的船公司在出提单时一定要规范，在大写英文前加上"SAY"，数量后面加上"ONLY"，防止不法商人作弊。

案例二十六

我某外贸公司，向日、英两国商人分别以CIF和CFR价格出售一批货物，有关被保险人均办理了保险，货物自启运地仓库运往装运港途中均遭受损失。问在这两笔交易中由谁办理保险手续？货损各自由谁承担？由谁向保险人办理索赔手续？

案例分析：本案例中，对日方商品的交易采用CIF条件，由卖方办理保险，若保险单抬头为卖方，则货损由保险人根据"仓至仓"条款承保损失，由卖方办理索赔手续；对英方商品的贸易采用的是CFR条件，由买方办理保险。如果买方没有办理在装运港装船前的保险，那么由于在上船以前的风险由我方负责，买方的保险公司对此不负责任，该项损失若我方没有投保，由我方自己负责。

案例二十七

我国内地某公司向美国商人购进一批棉花，合同规定为每公吨1450美元FOB New-York，轮船到港后，通知对方装货，但对方要求我方负担从纽约城内仓库到装船的一切费用，我方应如何回应？

案例分析：我方公司应当拒绝。根据《2000通则》中FOB贸易术语的规定，卖方必须支付货物有关的一切费用，直至货物在指定的装运港越过船舷时为止。因此，从纽约城内仓库到装运港的费用应当由卖方负责。

案例二十八

A向B发盘，供应中国一级兔毛5吨，每吨8万港元，限5天之内接受。B在与其朋友C交谈中无意透露了这笔生意。于是,C 在第二天向 A 表示按上述条件接受这 5 吨兔毛。后来 A 拒绝供货。C 即以 A 违反合同为由要求赔偿损失。请问 C 有无要求赔偿权利？为什么？

案例分析:C 没有要求赔偿的权利。根据《联合国国际货物销售合同公约》第 14 条对发盘的定义为:“向一个或一个以上特定的人提出的订立合同的建议,如果十分确定并且表明发盘人在得到接受时承受约束的意旨,即构成发盘。”即每一项有效的发盘都明确规定了受盘人,一个或一个以上特定的人,只有他们表示接受才可以达成交易。除此之外,任何第三人表示接受,均无法律效力。本案例中,A 的发盘是向 B 提出的,只有 B 是合法的受盘人,C 即便接受发盘,也不具备法律效力。因此 A 可以拒绝供货,C 也没有要求赔偿的权利。

纺织高等教育"十一五"部委级规划教材

书　名	主　编
纺织导论(双语)	顾　平
纺织英语(第三版)	黄　故
新型纺纱(第二版)	谢春萍
纺纱实验教程	杨锁廷
机织实验教程	朱苏康
织物纹织学	金子敏
针织学(第三版)(双语)	宋广礼　等译
针织工艺概论(第二版)	赵展谊
纺织品检验学(第二版)	蒋耀兴
针织工艺与设备(第二版)	龙海如
针织厂设计(第二版)	李　津
棉纺织工厂设计(第二版)	钱鸿彬
纺织工艺设计	张增强
毛衫设计与市场开发	毛莉莉
纺织品功能性设计	吴　坚
纺织品及服装外贸(第二版)	张神勇
进出口纺织品检验检疫实务	郭晓玲
非织造布技术概论	马建伟
技术纺织品	陈韶娟
纺织电测技术(第二版)	朱正锋
纺纱机械(第二版)	毛立民
织造机械(第二版)	陈　革
纺织厂空气调节(第三版)	周亚素
针织产品设计	张佩华
丝针织生产技术与新产品开发	陈慰来
现代纺织经济与纺织品贸易	高长春
纺织服装电子商务	汤兵勇
技术经济分析	郑建国
纺织服装外贸英语函电	刘　嵩
纺织服装外贸跟单	倪武帆
纺织服装外贸单证	倪武帆
纺织品服装市场调研与预测	刘国联
纺织品服装消费科学	戴晓群
纺织服装贸易概论	王建坤
纺织服装外贸案例分析	吴雄英
纺织服装进出口操作指南	钱竞芳
纺织服装质量控制与管理	王亚超　杨卫丰
纺织服装企业物流管理	王亚超
现代纺织企业管理(第二版)	孙明贵